网络文学出版编辑实务教程

中国音像与数字出版协会 编

SMPH
上海音乐出版社

图书在版编目（CIP）数据
网络文学出版编辑实务教程 / 中国音像与数字出版协会编.
– 上海：上海音乐出版社，2025.
ISBN 978-7-5523-2776-2
Ⅰ. G237.9
中国国家版本馆 CIP 数据核字第 2024B15S84 号

书　　名：网络文学出版编辑实务教程
编　　者：中国音像与数字出版协会

责任编辑：石　含
封面设计：何　辰

出版：上海世纪出版集团　上海市闵行区号景路 159 弄　201101
　　　上海音乐出版社　上海市闵行区号景路 159 弄 A 座 6F　201101
网址：www.ewen.co
　　　www.smph.cn
发行：上海音乐出版社
印订：上海盛通时代印刷有限公司
开本：890×1240　1/32　印张：11.875　字数：266 千字
2025 年 1 月第 1 版　2025 年 1 月第 1 次印刷
ISBN 978-7-5523-2776-2/G · 0210
定价：68.00 元
读者服务热线：(021) 53201888　印装质量热线：(021) 64310542
反盗版热线：(021) 64734302　(021) 53203663

审定委员会

编辑委员会

（以姓氏笔画为序）

序言

出版是将人类知识和智慧进行归纳总结的综合性工作，是文化传播和文明传承的重要手段，而人才培养则是强化这一手段的重要保障。近年来，在党和国家相关政策引领和技术驱动下，我国数字出版产业迅速发展，以网络文学出版和网络游戏出版为代表的业态创新更是成为出版业发展的重要力量。在高质量发展的背景下，如何构建一支有效支撑和服务于我国数字出版产业发展的人才队伍已成为行业发展的重大课题。

多年来，国家建立的出版专业技术人员职业资格和继续教育培训制度，为强化行业价值引领、提升从业人员能力水平、推动出版专业人才队伍建设提供了可靠的保障，也为加强对从事网络文学出版和网络游戏出版的数字出版编辑人员的岗位能力培训和在职继续教育工作提供了思路和借鉴。

一

相较于传统的书报刊出版业态，数字出版模式具有内容数据量大、交互性强、更新速度快，以及绿色环保的发展趋势，数字出版产品更是呈现内容多媒体多模态、超链接交互、服务开放性和智能化程度高等主要特点，数字出版产业也呈现平台化、产业集中度高、对技术与资本依赖程度高等基本态势。鉴于此，服务数字出版业的从业者的教育培训更需要正本清源、守正创新、积极探索，为内容生产、技术应用和管理创新等出版融合发展提供全新的能力评价体系。因此，为网络文学出版和网络游戏出版等相关领域从业人员编写并出版适用的岗位培训辅导教材，就成为一项意义重大的实践探索。

第一，出版辅导教材将有利于加强对相关领域从业人员思想教育和业务能力培养。包括网络文学出版和网络游戏出版在内的数字出版行业在经历多年持续的高速发展之后，不但需要强化网络思维、用户思维，更需要增强价值导向思维和高质量发展思维。出版业具有鲜明的意识形态属性和文化传播功能，网络文学出版和网络游戏出版同样具有价值引领、服务人民、传播知识的社会职责。出版辅导教材，可以普及国家相关法律法规和政策知识，提升从业者对社会主义核心价值观的深刻认知，推动构建一支思想水平高、业务能力强的网络文学和网络游戏领域人才队伍。

第二，出版辅导教材将有利于规范相关领域业务流程、提升产品和服务质量。网络技术催生了网络文学出版和网络游戏出版等新兴数字出版业态，带来了相关行业的快速发展。但作为一种出版新模式，网络文学和网络游戏的出版业务流程设置是否合理、出版单位和出版从业人员的把关者职能是否真正履行、相关产品质量和服务的精准性是否能够满足用户需求，这些都需要通过系统梳理后形成成熟规范，并以教材的形式固定下来、传播出去，从而实现从机制上对相关领域的业务规范化，提升全行业高质量发展水平和产品质量水平。

第三，出版辅导教材将有利于探索并形成数字出版领域人才队伍建设新模式。开展从业人员在职岗位培训和继续教育活动是传统出版单位一项优良的人才培养传统和出版质量管理措施，多年来的实践证明了其能够有效地提升出版从业者的思想政治水平和岗位业务能力。通过为网络文学出版和网络游戏出版等数字出版新兴业态编写并出版教材，建立在职培训和评价机制，有利于摸索相关领域的人才队伍建设模式，对于构建以人才队伍为保障的数字出版业高质量发展体系将大有裨益。

二

本套辅导教材是在围绕行业管理基本要求、紧贴网络文学出版和网络游戏出版的业务实践，并通过广泛调研的基础上完成编写工作的。教材共分三册，分别为《数字出版编辑基础教程》《网络文学出版编辑实务教程》和《网络游戏出版编辑实务教程》。

《数字出版编辑基础教程》主要为相关领域从业者提供数字出版行业的基础知识，力求让学习者了解我国数字出版业发展的基本情况，全书分为六章。第一章为“出版与出版学”，重点阐述了出版、出版的功能及出版学基础知识，让学习者熟悉出版行业和出版学科建设的基本情况。第二章为“数字出版”，重点讲解了数字出版与网络出版的概念、典型的数字出版产品和服务形态，并对当前我国出版融合发展情况进行了分析。这一章的内容有助于学习者熟悉和了解与自身工作相关的数字出版基础知识。第三章为“数字出版产业”，重点讲解了我国数字出版产业的发展现状，对数字出版产业中的基本特征、重要关系进行了分析，有助于学习者掌握我国数字出版产业的总体面貌。第四章为“数字出版管理”，重点讲解党和国家对数字出版业的管理要求和政策导向，从主体管理和产品管理两个维度深入浅出地阐述了我国数字出版业的基本管理制度和政策保障体系。第五章为“数字出版编辑工作”，重点讲解了数字出版工作中的编辑业务要求，对相关业务流程和语言文字规范进行了详细解读，有助于学习者熟悉网络文学出版和网络游戏出版过程中的编辑业务规范，掌握编辑工作的基础知识。第六章为“著作权与网络著作权”，重点讲解著作权的类型、网络环境下著作权管理要求和相关著作权保护措施。出版在本质上是著作权管理和运营，本章介绍有助于学习者掌握著作权基础知识，熟悉网络环境下的著作权管理和保护利用手段。

《网络文学出版编辑实务教程》以网络文学出版业务流程为主线，坚持从编辑实践工作出发构建网络文学编辑相关的岗位知识体系。根据网络文学出版的业务需求，全书分为六章。第一章为“网络文学出版产业”，重点阐述了网络文学的概念、特征及其与传统文学的关系，对我国网络文学产业的发展历程、发展现状和发展趋势进行了详细分析，对网络文学产业链的概念、特征、主体构成及重要关系与运行机制进行了描述。第二章为“网络文学编辑”，明确了网络文学编辑工作与传统文学编辑工作的区别、网络文学编辑工作的基本流程，对网络文学编辑的政治素养、思想素养、文学素养、策划运营能力及写作能力提出了要求。第三章为“网络文学创作”，重点讲解了网络文学创作主体和流程，网络文学主要题材类型的界定、分析。第四章为“网络文学内容管理”，重点讲解了内容的概念和类型，并对内容管理的一般流程、基本要求及平台进行了分析。第五章为“网络文学运营”，重点讲解网络文学运营工作的原则和类型，对内容运营、平台运营、用户运营、版权运营，以及品牌运营进行了详细的解读和分析。第六章为“网络文学传播”，重点讲解网络文学传播的特点，分析了网络文学传播的路径和受众，研究了网络文学传播渠道的管理机制。

《网络游戏出版编辑实务教程》以网络游戏企业业务流程为主线，明确了网络游戏编辑各岗位工作要求，全书也分为六章。第一章为“网络游戏产业”，重点讲解了游戏的概念、本质属性及基本特征，分析了游戏与网络游戏的发展历程，研究了网络游戏产业的现状和趋势，以及电子竞技产业的发展。第二章为“网络游戏出版编辑”，重点讲解了网络游戏编辑的工作特点和基本流程，对网络游戏编辑的一些基础知识和常用软件工具的应用能力提出了要求。第三章为“网络游戏产品策划”，重点讲述网络游戏产品策划的主要内容和流程，明确了编制网络游戏产品策划书的目的和编制过程中应注意的问题。第四章为“网络游戏产品开发与制作”，重点讲解了网络游戏产品开发与制作的相关内容，包括程序开发、美术设计、音频设计、本地化开发等，对相关编辑人员的工作职责和所需技能提出了明确要求。第五章为“网络游戏产品内容管理与测试”，重点讲解了网络游戏内容管理的概念、类型、一般流程和基本要求，明确了网络游戏产品的测试流程和要求。第六章为“网络游戏产品运营”，重点讲解了网络游戏运营的主要环节和意义；对网络游戏运营及盈利模式、运营的阶段划分，以及网络游戏品牌推广进行了分析；明确了网络游戏版权运营和中国游戏出海发行的挑战与对策，对游戏出海与中国文化传播的机制进行了详细阐述。

总体看，三册辅导教材围绕政策导向和紧贴业务需求，提出了网络文学出版单位和网络游戏出版单位相关从业人员的基本素质要求，构建了从业者应具备的业务能力框架，初步形成了较为科学和完整的知识体系，是一套能够满足相关领域人才队伍建设需求的辅导教材。

三

本套辅导教材的策划和出版工作历经三年多的时间，凝聚了主管部门、行业协会及从业单位 80 多位领导、专家和编写者的心血。作为我国第一套面向网络文学出版和网络游戏出版领域从业者岗位培训的辅导用书，教材的出版实现了从“0”到“1”的艰难而可喜的跨越！

三年多来，主管部门相关领导出席教材编写工作论证会议，多次就教材的体例、结构及内容组织提出了指导性意见；中国音像与数字出版协会组织了有效的工作班子，协会领导认真负责、亲力亲为，研究解决策划和编写过程中的各种困难和问题；上海市新闻出版局相关领导同志全程参与，持续督导工作进度、指导具体工作过程；广大编写工作者任劳任怨、甘于奉献，更是为此项工作付出了开创性的智力劳动；出版单位领导和责任编辑作风严谨、工作专业，为教材的最终出版提供了质量保障。这一方面体现了党和国家对数字出版行发展的高度重视、对人才队伍建设的殷殷关切，另一方面也充分反映了广大数字出版从业者对行业高质量发展主动作为、对提升自身业务能力的迫切需求。辅导教材的出版，为数字出版相关领域的人才队伍建设打下了坚实的基础，为后续开展在职辅导培训和岗位能力评测等继续教育活动提供了有力的内容资源保障，也为下一阶段在主管部门领导下开展的数字出版编辑职业规划设计及相关技术等级制度的建立提供了有效的支撑。同时，也应该看到，由于没有先例可循，加之编写者水平和能力的局限，辅导教材中可能还存在着一些不足和问题，欢迎各级领导、行业专家和广大数字出版工作者给予批评指正，以便后期的修订和完善。

党的二十大提出，坚持科技是第一生产力、人才是第一资源、创新是第一动力，深入实施科教兴国战略、人才强国战略、创新驱动发展战略，开辟发展新领域新赛道，不断塑造发展新动能新优势。二十届三中全会进一步强调，必须增强文化自信，发展社会主义先进文化，弘扬革命文化，传承中华优秀传统文化，加快适应信息技术发展新形势，培育形成规模宏大的优秀文化人才队伍，激发全民族文化创新创造活力。作为出版新质生产力的典型代表，数字出版行业更要坚持党管人才的基本原则，要积极引导广大数字出版专业人才爱党报国、爱岗敬业，坚持以习近平新时代中国特色社会主义思想，特别是以习近平文化思想为指导，坚持正确的价值导向，以优秀的作品服务人民，以良好的服务回报社会，为构建有效传播中华优秀传统文化的全媒体传播体系贡献力量。在此过程中，这套为网络文学出版和网络游戏出版从业人员提供岗位能力培训的辅导教材将会发挥更加重要的作用。

2024 年 12 月于北京

目 录

第一章

网络文学出版产业

重点提示：网络文学的概念、特征及其与传统文学的关系；网络文学产业的概念、特征和产业发展中的重要关系；网络文学产业的发展历程、发展现状和发展趋势；网络文学产业链的概念、特征、主体构成及重要关系；网络文学产业链的演化与运行机制。

第一节　概　　述

《中华人民共和国国民经济和社会发展第十四个五年规划和2035年远景目标纲要》明确提出，“实施文化产业数字化战略，加快发展新型文化企业、文化业态、文化消费模式”。作为我国数字文化产业的重要内容源头，网络文学产业近年来实现了跨越式发展，创作活跃，生态繁荣，规模不断扩大，质量不断提升，已发展成为贯穿图书出版、广播影视、动漫游戏以及文创周边等产业链的新兴文化现象，也成为文化生产的重要力量。

一、网络文学

（一）网络文学的概念

文学的发展与创新一直与媒介的变迁有着密切的关系。无论是早期的口头文学和民间文学，还是后来的龟甲兽骨、竹简布帛、纸张，再到广播、电视，文学的发展始终都经由媒介的发展而呈现出不同的文学形态和文学特点，网络文学正是随着互联网的崛起和普及所产生的文学现象。1996 年，《中国时报·资讯周报》推出了“网络文学争议”专栏，被认为是“网络文学”在我国印刷传媒中的首次正式采用。

“网络文学”并不是简单的“网络＋文学”式的二元结构，而是一个跨学科的学术概念。在学理层面，它既不是文学创作与信息技术的简单嫁接，也不是文学“上网”这样的单纯事实，而是涉及了很多“非文学”和“类文学”的要素。我们可以从三个方面来理解网络文学的内涵：

一是指“网络上传播的文学”，即凡在互联网上传播的文学或类文学作品都是网络文学，不仅涵盖了网络上的新媒体文学（如文学性网页，博客、微博、微信、短信等微文学作品），也包括经数字化处理后上传到互联网上的传统文学作品。这种网络文学同传统文学仅有媒介和传播方式的区别，并不涉及文学本质的变化。当然，尽管传统文学并不发端于网络，但当他们走向网络时，不仅扩充了网络空间的文学资源和文学力量，也为网络文学的发展提供了基础和土壤。

二是指“网络文学”，即作者利用计算机工具和各种技术手段直接在网络虚拟空间中创作，并在互联网上首先发表的文学作品，网络空间永远是它们的“起源地”和出发点。该类作品通常会借鉴传统文学的创作手法，在创作过程中与读者“即时互动”，不断获取读者反馈，并根据读者需求作出适当调整。相较于传统文学，网络文学不仅有媒介载体的不同，还有创作方式、作者身份、题材内容、情感展现、语言表达、叙事结构等方面的诸多改变，作为汉语文学在网络空间的艺术实践，它依托网络，迅速崛起。这也是迄今为止被广泛认同和接受的概念。

三是指“多媒体文学、超文本文学”，即利用网络多媒体和交互技术创作出来的，具有动态的文字、图片、音视频以及超链接设计和互动式读写功能的文学作品，如接龙小说、多媒体小说等。此类文学作品需要在计算机和网络技术的支撑下完成创作、运行、传播、互动、反馈等，其阅读过程实际上是对计算机指令的操作与选择，具有很强的网络依赖性。换言之，作品若离开网络媒介，就无法独立存在，若印刷成纸质版，便会丧失其部分甚至全部特色，导致无法完整欣赏。

要给一种文学作品下定义，需要考虑三个基本因素：一是它所使用的媒介与传播载体；二是它存在的范式以及由此构成的塑造形象的方式；三是其审美特质与艺术宗旨[欧阳友权.网络文学概论，北京大学出版社，2008：4.]。从网络文学的发展现状来看，其使用媒介、传播载体和作品存在方式是基本确定的，但其文学特质往往受到诸多质疑，无论是在语言修辞、人物形象和情节结构的形式层面，还是在情感、思想和文化的内容层面，绝大多数网络文学缺乏文学应有的归纳概括，以及严肃的历史意识和思想深度[蓝爱国.网络文学的概念观察,文艺争鸣,2007(3):23.]。

综上所述,本书将网络文学定义为:以互联网为展示平台和传播媒介,首先在互联网上发表的,供用户阅读和参与创作的一种新型文学形态。这一定义包含以下几层意思:一是网络文学是以互联网为传播媒介;二是网络文学是在互联网上首先发表的;三是网络文学与网民可以形成良好的互动;四是网络文学具有不同于传统文学的特征。

国家新闻出版总署2010年出台的《关于加快发展我国数字出版产业的若干意见》中提出,“网络原创文学是一种重要的数字出版产品形态”。2014年和2020年先后印发的《关于推动网络文学健康发展的指导意见》和《关于进一步加强网络文学出版的通知》均使用了“网络文学”这一说法。考虑到本书的主要用途、产业特征以及行业习惯,本书统一采用“网络文学”概念。

(二)网络文学的主要特征

网络文学依托现代信息技术和通信技术,秉承网络开放、共享的精神,在广大网民的积极参与下,获得了长足的发展,已成为我国数字出版产业的重要组成部分和网络文艺的重要类型,广受众多文学爱好者及青少年喜爱,具有内容丰富、形式多样、题材多元、传播广泛、消费便捷等特点,其主要特征表现在以下几个方面:

第一,传播媒介的平台化。网络文学主要传播渠道包括网络文学网站、文学社区、博客、微博、微信等。这些平台由媒介机构搭建,以信息传播技术为支撑,用于向受众提供信息和服务。网络文学的写作、发布、审核、评论、营销等各个环节均依托平台完成。

第二，创作主体的多元化。网络媒介的出现使得受众已经不再是传统意义上的信息被动接受者，而成为强大的参与者和创造者。互联网所具有的平等性、兼容性、开放性和虚拟性等特点消弭了贫富、雅俗、社会地位高低的差距，使得网络文学的话语权回归民间，社会各界多元参与创作，普通百姓的情感、意志与表达得到释放和满足。

第三，创作过程的互动化。网络文学极大激发了普通网民参与文学创作的积极性，使普通民众兼具文学的创作者、传播者和阅读者于一身，他们通过网络这个虚拟空间，或对原作加以拓展，或对原作进行演绎，或对原作进行彻底的改写以展现其对文本的独特解读，而读者的点击、阅读、评论、转帖等行为也对创作者持续写作与完善作品产生了直接的影响。

第四，文本形态的多样化。网络文学的文本形态主要分为四类：一是以文字为主的网络原创作品和数字化处理后的已出版的文学作品；二是超文本文学，超文本文学作品在文本内部或文本结尾设置有超文本链接点，提供不同的情节走向供读者在阅读时选择，不同的阅读选择会产生不同的结局，因此也称为多向文本文学，超文本文学着眼于读者的高度参与、自由发挥与即兴创造；三是多媒体文学，多媒体文学是在超文本链接的基础上，将文字与图片、音频、视频、动画等结合起来形成一个多媒体融合的艺术文本；四是机器创作，该类作品由经过大量样本训练的人工智能完成，实现图像、视频、音乐，甚至小说、剧本的创作。

第五，情节内容的类型化。类型化以追求和表现事物性质的普遍性观念为目的，并以观念直接呈现为手段，使人物形象单一化、概念化，它是概念化和教条主义在创作和文风中的反映[雷丽平.网络类型小说受众审美研究，中国传媒大学出版社，2020：8.]。某一类型文本，如言情、玄幻、穿越等有其基本固定的情感模式、价值判断和艺术特征，容易在作者和读者间构建交流通道，形成情感共鸣。类型化使网络文学快速占有市场，并根据不同层次审美情趣对读者进行了分流，为文学网站从大众化服务向小众化服务转型提供了基础。

同时必须看到，网络文学也存在数量大、质量低，有“高原”缺“高峰”，抄袭模仿、内容雷同，机械化生产、快餐式消费，以及片面追求市场效益，侵权盗版屡禁不绝，市场主体良莠不齐，管理规则不健全，市场监管不完善等突出问题。这些问题不同程度的存在，影响了网络文学的创新化、精品化发展。广大网络文学从业者和网络文学编辑要清醒地认识到，推动网络文学健康有序发展，对繁荣文学创作，引导文艺创新，提升数字出版产品质量和服务水平，培育出版产业新的增长点，丰富网络内容建设，激发民族文化创造活力，满足人民群众精神文化需求，增强国家文化软实力等都具有重要意义。

（三）网络文学与传统文学的关系

中国网络文学是伴随着互联网、手机和移动阅读终端等新兴媒介出现而迅速成长和发展起来的。作为一种新生事物，它从诞生之日起，就获得了人们的普遍关注，在此之前，中国文学形态有纯文学和通俗文学之分，自此之后，人们便将非互联网文学统称为传统文学了。

网络文学与传统文学既有相同点又有较大区别。其相同点主要表现在以下三个方面：

第一，具有精神产品和物质产品双重属性。两者同属文学范畴，都是精神生产活动的成果，需要遵循精神文化产品的生产规律，自觉讲品位、讲格调、讲责任，抵制低俗、庸俗、媚俗。同时，它们又是物质生产活动的成果，在其生产过程中需要投入必要的人力、物力和财力，需要一定的物质载体。在两种属性中，精神产品属性是本质属性，产品价值主要由其承载的精神文化内容决定。因此，文学创作中要以培育和践行社会主义核心价值观为引领，推动中华民族最基本的文化基因与当代文化相适应、与现代社会相协调，发展中国特色社会主义文化，坚持以正确的舆论引导人，以高尚的精神塑造人，以优秀的作品鼓舞人，为人类精神文明的健康发展作出贡献。

第二，追求高质量的内容。两者都要遵循语言文字要求和表述规范，遵循社会道德和伦理规范，追求思想意义、题材内容、艺术手法的创新与发展，力求有尽可能高的思想性、科学性和艺术性。反对粗制滥造，必须做到内容完善、文字通顺、逻辑严密、材料准确、无原则性问题，着力打造思想精深、艺术精湛、制作精良相统一的精品力作。

第三，强调艺术感染力。两者都要力求为读者提供健康而又有感染力的精神体验。通过场面、情境、结构、情节、人物、语言、风格等的描写，使读者获得精神上的愉悦和美的享受，产生深度共鸣，达到启迪智慧、涤荡心灵、磨炼意志、照亮人生的目标，不断增强文化的传播力、吸引力和感染力。

网络文学与传统文学的区别主要表现在以下四个方面：

第一，传播媒介不同。传统文学出版使用的媒介是语言及其文字符号，传播的载体是有形的物质性的纸介质，产品流通需要通过打包、运输、上架等一系列复杂的组织工作来实现。网络文学出版的媒介是二进制的比特流，它可以将文本、图片、音频、视频等相互融合，满足全方位、立体化的审美需求。网络文学出版的载体为互联网络，它具有传输速度快、存储容量大、信息资源无限共享等特性，这很大程度上避免了传统文学发表作品难、制作成本高、流通周期长、传播速度慢等缺点。

第二，创作方式不同。传统文学内容创作多以个人为主，更多体现个人意志、个人情感，具有独创性、新颖性、专业性、严谨性等特征。网络文学创作过程中，作者与读者之间充分互动与交流，体现出一种"集体创作"倾向。读者的这种深度参与，使得网络文学创作过程更自由、更随性，创作者可根据读者的诉求，随时调整其创作思路和艺术构思，接力写作、多结局小说竞写、网络征集故事情节等写作方式则更多体现了集体智慧。传统文学的叙事只能通过时间的线性叙述达成空间的连点展示，网络文学则不然，它可以把语言叙述与声音表达、图片展示、音像画面融为一体，在传统的线性叙述中搭设了一个多媒体并进的信息平台[欧阳友权.网络文学概论，北京大学出版社，2008：9.]。

第三，阅读模式不同。传统文学大多呈现出一种静态的、单向度的阅读模式，而网络所具有的多方向、多主体传播属性使得网络文学呈现出社会化阅读特征。社会化阅读是一种建立在智能化、平台化技术基础上的分享式阅读，是以社会关系网络评价为基础的关系式阅读，是一种以读者选择为基础的主动型阅读[周根红.网络文学与网络文化，海峡文艺出版社，2020：50.]，此时的阅读不仅仅是"读书"，而是将阅读、分享、评论、社交、营销等融为一体。读者通过社会化阅读实现了读者与读者、读者与内容、读者与社会的互动，也在交流互动中获得了情感和价值的认同。

第四，情感表达不同。传统文学和网络文学都表达一定的人类情感获得价值，而人类情感与人类需求和动机相联系。按照马斯洛的需求层次理论，人类需求按照生理需要、安全需要、爱与归属需要、尊重需要、自我实现需要由低层次至高层次依次排列。传统文学着重表现人类对其生存状态、存在价值、精神目的和自我实现体验等多方面的深层关注，而网络文学则更注重表达人类的基本情感。由于人类的基本情感是永久性而稳定的，并不因为高层次需要的出现而丧失其意义，所以网络文学及其表达的情感内容拥有相对固定的价值，如更具有情绪的感染作用，富于休闲与娱乐性，更容易被理解和更引人入胜等。

另外，网络文学与传统文学在专业水准和现实追求方面也有一定的区别和不同。如在专业水准方面，传统文学和网络文学都具有专业性，但传统文学往往因为强化专业性而远离了普通民众，而网络文学则注重专业性与普及性的结合，甚至有部分作者自愿放弃对专业目标的追求，将立足点彻底转移到网民喜好上去，结果导致网络文学的一部分作品质量堪忧。而在现实追求方面，传统文学重在揭示真实，即按照世界的本来面目再现世界，其功能在于反映现实生活所达到的深度和广度，在于表现主流社会本质和深度历史内涵。网络文学则强调虚拟的真实，即按照个人理想塑造世界，注重表达文本自身所营造的虚拟世界的真实性，使得作品常常因缺乏现实性而流于虚无空洞。

总之，中国网络文学是中国文学的重要组成部分，它既有独特的发展逻辑，也服从于中国文学的整体发展脉络，它与传统文学虽有不小的差异，但两者之间亦存在着千丝万缕的联系。某种程度上讲，网络文学是传统文学在网络上的延伸和突破，有理由相信，网络文学与传统文学的“融合再造”将带来中国现代文学的大繁荣。

二、网络文学产业

（一）网络文学产业的概念

产业是社会经济活动中一些具有某种相同生产技术特征或产品特征的经济活动系统。从一般意义上看，产业的活动和行为是介于单个经济主体和国民经济总体的中间层次，产业的演进是内部功能和外部环境共同作用的结果，并随社会分工的发展而发展。从内部功能结构上看，产业是分布在经济系统中的经济资源（如自然、社会、信息、知识、技术等资源），通过相互依存、相互制约、相互提升资源配置效率的动态关联关系而组成的具有特定功能的聚合体。从外部环境上看，任何集合（系统）都是生存在一定环境中的，产业系统也不例外，其生存环境受国内和国际的政治、经济、文化、科学、教育等环境的影响。

网络文学产业是网络文学相关企业或组织开展网络文学出版活动的集合，是由所有参与网络文学生产和提供网络文学服务活动的企业或组织组成的国民经济生产部门，是随着社会主义市场经济体制的逐步完善和现代生产方式的不断进步而发展起来的新兴产业，也是出版产业和文化产业的重要组成部分。网络文学产业链的上游包括网络文学创作者、网络文学出版单位等，主要负责网络内容的生产；中游包括电影、电视、网络剧等影视制作公司，以及动漫、游戏、有声等产品开发公司，主要负责网络文学内容的二次增值，扩大网络文学影响力，提升网络文学的市场规模；下游包括主题公园、文创、图书、旅游等产业，以及各类衍生品开发及销售企业，主要负责提升网络文学的经济效益，实现价值变现。我国网络文学产业链环环相扣，上下联动，实现了全产业链开发的产业发展路径，成为文化产业中发展较为迅速的产业形态。

（二）网络文学产业的特征

目前，我国网络文学产业正在从高速发展阶段向高质量发展阶段转型，产业结构进一步优化，与相关产业的融合不断加强，呈现出鲜明的产业特征。

第一，内容建设为基础。庞大的网络文学作品规模及其持续的增长动力，是网络文学产业发展和进步的基础，而内容无疑是网络文学可持续发展的保障。只有拥有优质的内容，才能吸引优秀的作者和广大的网络用户，才有网络文学产业链的价值延伸。伴随着读者对于优质网络文学作品的追求，以及网络文学产业自我提升的要求，网络文学出版单位在内容管理、内容精品化、版权保护等方面持续发力。

在内容管理方面，建立编辑责任制度、先审后发制度、三级审核制度、作者实名制度、总编辑负责制度等制度规范，全程监控作品的发布和更新情况，采用“机审人读”并重的工作方式，实施发布审核、编辑审读、日常审核、专项审核、技术监控、用户举报审核等流程，确保每个环节可控无盲点。此外，在合同签订、编辑配备、作者福利、作者培养等方面不断调整和完善作者服务体系。

在内容精品化方面，一是通过举办网络文学征文大赛，吸引广大作者创作出弘扬社会主义核心价值观，展现中国力量、中国精神、中国效率，无愧于时代的优秀作品；二是通过举办线上线下作者沙龙、主题研讨、采风交流等活动，引导作者树立正确的历史观、民族观、国家观和文化观，扎根中国大地、聚焦伟大实践、反映时代特征，从现实生活中汲取创作养分与创作力量；三是制定主题出版和现实题材出版计划，从普遍撒网型收稿模式向垂直聚焦型收稿模式转变，围绕充分展现中国人民的伟大创造精神、伟大奋斗精神、伟大团结精神、伟大梦想精神，推进弘扬中华民族精神作品的出版传播；四是加大优秀作品的全版权运营，通过在 App、公众号等多渠道推荐，纸质图书出版，影视、动漫改编，以及“翻译出海”等多种方式，最大限度地发挥网络新媒体传播正能量的导向作用。

在版权保护方面，相关法律法规逐步完善，相继出台《民法典》《著作权法》（第三次修正）等法律法规，开展“剑网行动”净化版权生态，发起行业“正版联盟”支持正版打击盗版。各网络文学出版单位通过成立专业版权管理团队、健全版权管理环节、引进先进技术提升版权管理效能、优化侵权盗版内容实时监测和处置方案等措施，使创作者的合法权益得到更加有效的维护。

第二，技术平台为支撑。网络文学产业的发展高度依赖技术平台，涵盖内容编辑与内容检测、产品发布与全渠道分发、产品全版权运营、内容推荐与内容阅读，以及信息反馈与分析等多个方面。网络文学技术平台在提升网络文学用户体验、完善用户生态，引导作者创作方向，强化网络文学产业的精准化运作，拓展网络文学产业链，推动业态快速变革和生态体系持续优化等方面发挥了积极作用。例如，通过综合运用大数据、人工智能等技术进行网络文学质量的智能评定，提高优质作品分发效率的同时，自动驳回违反出版管理规定的内容；通过建立版权管理系统，在减少内容侵权风险的同时，提升版权运营效率和效果；通过持续优化的内容推荐算法，提高用户满意度，增加用户黏性；通过优化计算机深度学习模型，自动完成人物识别和角色关系构建；等等。

同时，由于互联网平台化特征，网络文学出版单位借助国内运营经验，很好地将网络文学作品输出到了全球各地，推动中国网络文学出版“走出去”，有力地推动了中华文化出海的体系建设。

第三，泛娱乐产业生态。中国网络文学已经发展成为一种新媒介文学、融媒体文学，它打破了传统文学构建的作者—出版商—经销商—读者的产业生态，而是与影视、游戏、动漫、有声、演艺、周边等娱乐产业进一步接轨，成为娱乐产业中不可缺少的一部分。网络文学的内容生产者、消费者、运营商、IP 衍生开发商、第三方服务商、行业协会、高校科研机构等主体之间，主体与生态环境之间相互连接并释放作用力，在“文学—艺术—娱乐”生态圈层和“生产—分销—收益—再生产”产业循环下，催生出以网络文学为内容源头，以互联网络为基础，囊括出版、影视、游戏、动漫、演艺、周边产品等业态的庞大泛娱乐生态体系，基于网络文学所延伸的产业链价值也将大大超过网络文学本身。

第四，文化与资本的融合。中国网络文学的发展是一个文学与商业资本合作不断深化的过程，文化资本对网络文学的介入主要表现在三个方面：一是网络文学创作趋向类型化，主要表现为作者的有偿写作和功利化追求。由于各文学网站普遍采用付费订阅模式,作品的点击量直接影响作者收入,对订阅量、月票数、打赏金额等的追求使得作者在创作时趋向大篇幅、类型化,奇幻、玄幻、言情、穿越等各种类型的网络文学加快了分众和模式化的步伐。文学网站也依赖签约作者及其作品吸引广大读者,从而实现商业运作的双赢。二是网络文学资源的高度集中,主要表现为通过资本运作实现内容、作者、用户、渠道等资源的高度集中。盛大集团于 2004 年开始大规模收购文学网站并于 2008 年成立盛大文学有限公司,从根本上改变了文学网站的生态格局。2015 年初腾讯收购盛大文学之后,网络文学逐步形成以阅文集团为龙头,掌阅文学、百度文学、阿里文学和中文在线相互竞争的市场格局,这直接影响到网络文学市场的资源配置,构成了中国网络文学的总动势与大格局。三是网络文学运营主体多样化,主要表现为进入网络文学产业的运营主体来自不同行业,如内容聚合、游戏、社交媒体、电商、移动终端开发、应用软件开发等,这些主体有些与文学直接相关,有些与娱乐产业相关,有些与软硬件产业相关。

第五,社会公众的高度参与。网络最主要的特征不是传播信息的快捷,而是它构筑起了虚拟空间,并给人以“在场”的感觉和参与的自由,网民群体数量的不断扩张和高度的参与意识成为网络文学产业发展的不竭动力。第 53 次《中国互联网络发展状况统计报告》数据显示,截至 2023 年 12 月,我国网民规模达 10.92 亿,互联网普及率达 77.5%,网民使用手机上网的比例达 99.9%,庞大的网民规模为网络文学进一步拓展市场创造了良好的外部条件。根据中国音像与数字出版协会的数据,2023 年中国网络文学用户规模达 5.50 亿，相较 2022 年，增长了约 5 200 万人，在全体网民中的占比达到 50.37%，还有较大增长空间。大量出现的网络文学粉丝群体通过百度贴吧、百度搜索、微博、QQ、微信等新媒体形成了一个个稳固的社群，这一组织形式对文学作品的网络化传播起到了重要作用，进一步提升了网络文学的经济价值。

第六，作者队伍的年轻化。网络文学作品发表的低门槛性与便捷性、读者群体的超大规模和商业运作模式的完整性，使得越来越多的年轻人全身心投入到网络文学的创作中。根据中国音像与数字出版协会的数据，截至 2023 年底，我国网络文学平台驻站作者总数约为 2 929.43 万人，其中 45 岁以下作者占比达 82.55%。显然，网络文学的创作主力未来将仍然延续队伍年轻化特征。年轻的创作者大多精力旺盛，具有强烈的表达欲望，对新鲜事物的接受和领悟力强，思想也更具突破性，为网络文学产业注入了旺盛而持久的生命力。但是，正由于绝大部分作者年纪尚轻，生活体验较浅，认识问题、分析问题的能力相对较弱，而高度商业化运作带来的网络写作的强目的性，使得作者在写作中高度关注点击率、订阅量、排行榜等影响收益的因素，导致作品更易流于功利化和世俗化。

（三）网络文学产业发展中的几个关系

网络文学无疑是中国当代文学的一支新生力量，代表着中国当代文学的未来和希望，已形成了以付费阅读、广告等盈利形式为主的线上经营，以 IP 改编为核心的衍生产业，以及以线下出版为主要经营内容的产业化模式[欧阳友权. 中国网络文学二十年，江苏凤凰文艺出版社，2019：1.]。当前，网络文学要保持持续的发展动能，需要处理好几方面的关系。

第一，社会效益与经济效益。据中国音像与数字出版协会测算，2023 年中国网络文学市场营收规模为 383.0 亿元，同比增长 20.52%，网络文学产业所带来的经济效益已不容小觑，此时，社会效益与经济效益的关系便凸显出来。

鲁迅先生说，要改造国人的精神世界，首推文艺，举精神之旗、立精神支柱、建精神家园，都离不开文艺。作为社会主义文艺大家庭的重要成员，网络文学的社会效益主要表现为三个方面：一是社会责任，主要表现在作品对社会意识形态的表达，使受众通过阅读文学作品，树立正确的世界观、人生观和价值观；二是文化价值，表现在对中国文化的传承和传播过程中，弘扬有利于中华民族发展的文化传统；三是文学影响，这体现了网络文学的艺术价值，应创造出贴近实际、贴近生活、贴近群众的具有社会影响力的作品。

网络文学作为一个产业，需要通过市场竞争实现盈利并扩大再生产，争取利润的最大化。但是，对短期利润的过度追求，势必带来文学作品内容的过度娱乐化、粗制滥造、同质化等问题，将作为表达人类心灵希冀的文学作品引向小视野、小境界的格局，文学应有的认知、教育和审美等社会功能也会变得踪影难觅。

因此，我们应该清醒地认识到，社会效益是网络文学价值的核心，“一部好的作品，应该是把社会效益放在首位，同时也应该是社会效益和经济效益相统一的作品。文艺不能当市场的奴隶，不要沾满了铜臭气。优秀的文艺作品，最好是既能在思想上、艺术上取得成功，又能在市场上受到欢迎。”

第二，生态治理与产业发展。网络文学是社会主义文化的重要组成部分，在文化发展格局中占据着特殊的地位。一方面，网络文学作品数量巨大，作者规模庞大，受众广泛，具有很大的社会关注度和社会影响力。根据中国音像与数字出版协会的数据，截至 2023 年底，我国网络文学作品规模已达 3 786.46 万部，作者数量达到 2 929.43 万人，用户规模达到 5.50 亿人。另一方面网络文学不断与影视、动漫、游戏、音乐、有声读物、舞台剧等媒体实现跨界融合，通过作品热度、内容转化率、商业扩展潜力等多个维度筛选作品，利用大数据相关技术精准定位用户喜好，引导内容生产，提高运作效率，对社会经济、政治、文化的各个层面产生了深刻的影响。

然而，我国现有网络文学市场还不完善，网络文学在追求市场价值的过程中，存在侵犯知识产权，优质内容供给不足，作品评价体系尚不健全等问题。这些问题单靠市场机制无法解决，需要政府发挥宏观调控作用，加强行业监管，引导和鼓励市场提供优质网络文学作品，打击和整顿侵权盗版，提高版权保护水平，加大网络文学数字技术发展的扶持力度，鼓励和支持网络文学走向海外，传播中华文化，增强国家软实力。

同时，政策的出台也要遵循市场规律，激发市场活力，做到兴利除弊，即进一步扩大网络文学产业发展中所呈现出的优点和所取得的重要成就，减少产业发展中涌现出的缺点和阻碍产业发展的因素，坚持建设发展和管理引导并重，管理引导要为网络文学的建设发展服务，制定的方案措施要符合网络文学产业的发展规律，要成为良好市场秩序的建设者与维护者，推进网络文学产业健康可持续发展。

第三，内容引领与用户需求。伊莱休·卡茨提出的“使用与满足”理论将媒介接触行为概括为一个“社会因素＋心理因素—媒介期待—媒介接触—需求满足”的因果连锁过程，表明人们使用媒介的目的是满足自身需要，如知识认知、情感表达、压力疏解等，这种需求同社会因素和个人心理因素相关。此外，就文学的社会功用来说，文学作品有愉悦、认知、教育等社会功能。这说明，网络文学阅读承载着满足受众需求与实现其社会功效的双重责任，无论何时，具有较高思想性和艺术审美价值的优质内容都是读者所期待和推崇的。

从网络文学产业发展的角度看，网络文学内容的主流化、精品化不仅是网络文学自身的需求，也是时代的需求和历史的必然，是当代文学发展的大势所趋，现实题材网文创作的迅速崛起恰恰证实了这一点。自 2014 年以来，现实题材作品出现了明显的回归迹象，具体表现在创作题材开始涵盖改革历程、社会热点、生活变迁、文化传承、青年成长等多个方面，洋溢着当代生活和时代气息的优秀作品不断涌现。由于这些作品反映了人民群众当下的生活状态和精神气质，更易引发共鸣和讨论，因此往往会获得强大的关注度和不俗的市场表现。网络文学中现实主义成分的增加，不仅仅是政策支持或主流文化的影响，它的发展恰恰迎合了时代的需求、市场的突破，以及读者审美的需要。

随着网络文学的传播方式和存续方式的不断变换和升级，网络文学产业发展已从数量取胜进入了质量取胜的时代，追求真善美、传播正能量的高水平原创作品层出不穷，网络文学也逐渐摆脱质疑走进主流视野，这一切成果的取得依靠的不单单是庞大的作品基数，更需要高品质作品铸就起的坚实底蕴和带来的强大凝聚力。

第四,国内市场与海外市场。随着我国进入全面建设社会主义现代化国家、向第二个百年奋斗目标进军的新发展阶段,需求结构、产业结构、技术体系和经济增长动能等都在发生变化。《中华人民共和国国民经济和社会发展第十四个五年规划和2035年远景目标纲要》明确提出,"加快构建以国内大循环为主体、国内国际双循环相互促进的新发展格局。强化国内大循环的主导作用,以国际循环提升国内大循环效率和水平,实现国内国际双循环互促共进。"

我国有14亿人口,国内生产总值已超过110万亿元,人均国内生产总值超过1万美元,城镇化率超过60%,有4亿多中等收入群体,是全球最有潜力的超大规模消费市场。网络文学产业若要获得长期而稳定的发展,依然要把满足国内需求作为发展的出发点和落脚点。一是不断加大供给侧的改革力度,坚持导向为魂、移动为先、内容为王、创新为要,提高产品供给能力和供给质量,推出更多具有深邃思想内涵和丰富艺术表现形式的精品力作。二是深入挖掘和激发国内市场需求潜力,坚持扩大内需这个战略基点,加快培育新业态新模式,瞄准可能需求开拓全新市场,用过硬的内容质量、优质的服务方式、良好的用户体验满足广大人民群众多渠道、深层次、个性化的内容服务需求。三是深化要素市场化配置,合理布局土地、资本和劳动力基本三要素,大力发展知识、技术和数据要素市场,推进各类生产要素的自由流动和优化组合。努力提升编辑的政治素质、责任意识、专业水平和业务能力;加大作者培育力度,优化作者创作环境;重视基础研究,强化技术创新,让先进技术贯穿生产流程、内容审核、版权保护、IP运营、用户服务和经营管理等各个环节;加快数据要素的市场化,着力构建以政策法规为依据、技术创新为特征、绿色发展为目标、数字要素为核心、安全可信为基础的数据要素市场化配置新体系。

改革开放后,我国对外文化交流不断扩大和深化,影响力日益增强,国家文化软实力得到提升,网络文学已成为文化“走出去”的重要力量。目前,中国网络文学海外传播范围已覆盖世界200多个国家和地区,其中包括40多个“一带一路”沿线国家和地区。

毋庸置疑,网络文学产业的高质量发展依然需要更大范围、更宽领域、更深层次的对外合作与交流。在推进我国网络文学产业国际化过程中,有必要做好以下四个方面的工作:一是要确保海外传播内容的精品化、本土化、差异化及融合性;二是团结各方主体联合发力、强劲出海,共同打通出海航程的“最后一海里”;三是开拓产品传播形态的多样化、IP化及精准化,以精细化管理促高质量发展;四是激励和培育更为专业化的海外传播队伍。网络文学作为社会主义文化建设的重要组成部分,是中国文化出海的生力军,在全球化浪潮中,肩负着讲好中国故事、传播中国声音的重要文化使命,要以习近平新时代中国特色社会主义思想为指引,紧抓时代机遇,加快出海航速,补强弱项短板。在传承中华传统文脉的同时,运用中国网络文学独特的话语体系和时代语境,推动构建人类命运共同体,助力中国文化走出去。

三、网络文学相关产业

(一)数字文化产业

数字文化产业是指以文化创意为核心内容,以数字技术为依托，以网络化、数字化、智能化、融合化为发展方向所进行的文化创作、生产、传播和服务的新兴产业，呈现出技术更迭快、生产数字化、传播网络化、消费个性化等特点，有利于培育新供给，促进新消费。《中华人民共和国国民经济和社会发展第十四个五年规划和2035年远景目标纲要》明确，提出“实施文化产业数字化战略，加快发展新型文化企业、文化业态、文化消费模式。”

数字文化产业以内容建设为根本、先进技术为支撑、创新管理为保障。一方面强化新一代信息技术的支撑引领作用，重塑采编流程、建设平台终端、优化管理手段，强化版权保护，打造内容资源库，提升内容生产能力；另一方面加快推进文化与科技的深度融合，有效整合各种媒介资源、生产要素，推动信息内容、技术应用、平台终端、管理手段等方面的共融互通，推进文化产业质量变革、效率变革、动力变革，更好以先进技术建设社会主义先进文化，重塑文化生产传播方式，抢占文化创新发展的制高点。

数字文化产业新业态主要包括数字出版、数字影视、数字演播、数字艺术、数字印刷、数字创意、数字动漫、数字娱乐、高新视频等，它们与旅游、体育、教育、信息、建筑、制造等产业的融合发展，可以有效延伸产业链。

近些年，我国文化产业与数字技术协同推进、融合发展，新型业态蓬勃兴起，为产业高质量发展注入新动能，数字文化产业成为优化供给、满足人民美好生活需要的有效途径和文化产业转型升级的重要引擎。国家统计局的数据显示，2023年文化新业态发展韧性持续增强，新业态特征较为明显的16个行业小类实现营业收入52 395亿元，比上年增长15.3%，快于全部规模以上文化企业7.1个百分点，文化新业态行业营业收入占全部规模以上文化企业营业收入的40.45%，占比较上年提高4.45个百分点。

（二）数字内容产业

数字内容产业是指将文字、图片、音频、视频等信息内容运用数字化技术进行加工、处理、制作，并向用户提供数字化产品及服务的新兴产业类型。它以现代信息技术为基础，以创意内容为核心，以互联网络为载体，通过数字化产品的生产、流通和服务活动实现内容增值。数字内容产业大致分为两大类：一是数字内容生产，包括对内容信息的数字化加工、处理，以及制作生产数字内容产品；二是数字内容服务，包括以网络平台为媒介传播数字内容产品及提供相关服务。

我国数字内容产业主要包括数字阅读、数字影视、数字游戏、数字音乐、数字动漫、数字教育等行业。然而，数字内容产业的范畴也并非一成不变，随着互联网和移动互联网技术的进步，智能互联产品层出不穷，创新商业模式不断出现，未来产业格局一定会进一步迭代发展。

虽然目前我国尚未有数字内容产业的统一产值测算口径，但国家统计局每年都会对全国规模以上文化及相关产业企业的收入进行统计，考虑到数字内容在文化产业中的重要地位，我们可以通过文化及相关产业企业收集数据，以及内容创作生产行业数据对数字文化产业的发展状况有一个大体认识。根据国家统计局2024年1月30日发布的统计数据，2023年全国7.3万家规模以上文化及相关产业企业实现营业收入129 515亿元，比上年增长8.2%。其中内容创作生产的行业收入28 262亿元，所占比重约为21.82%，比上一年增长10.7%，增速高于文化企业平均水平。

总之，数字内容产业的兴起和发展为信息的生产和传播带来了范式转换，促进了媒体、出版、教育、娱乐、广告等多个领域的革新，具有创意性、引领性、低消耗、可持续的鲜明特点和转方式、调结构、促消费、扩就业的独特作用。

（三）网络出版产业

“网络出版”一词是伴随20世纪90年代中期互联网迅速普及后被广泛使用的。在我国，网络出版通常指经新闻出版行政部门和电信管理机构批准，从事互联网出版业务的互联网信息服务提供者，在批准业务范围内将自己创作或他人创作的作品经过选择和编辑加工，登载在互联网上或者通过互联网发送到用户端，供公众浏览、阅读、使用或者下载的在线传播行为。

2016年3月10日，《网络出版服务管理规定》正式施行，该规定将“网络出版服务”界定为“通过信息网络向公众提供网络出版物”，明确了从“互联网出版活动”到“网络出版服务”的转变，出版平台也不再局限于“网站”，而是扩展到了“智能终端”。同时界定网络出版物为：“通过信息网络向公众提供的具有编辑、制作、加工等出版特征的数字化作品”。范围主要包括：

1. 文学、艺术、科学等领域内具有知识性、思想性的文字、图片、地图、游戏、动漫、音视频读物等原创数字化作品；

2. 与已出版的图书、报纸、期刊、音像制品、电子出版物等内容相一致的数字化作品；

3. 将上述作品通过选择、编排、汇集等方式形成的网络文献数据库等数字化作品；

4. 国家新闻出版广电总局认定的其他类型的数字化作品。

从《网络出版服务管理规定》相关要求来看，网络出版物一般有两类：一类是从已出版的图书、报纸、期刊、音像制品、电子出版物等转换而来的作品；另一类是经过编辑加工后直接进行网络出版的作品。从内容上看，网络出版物涉及文学、艺术、教育、自然科学、社会科学、工程技术等方面。从产品形态看，网络出版物主要形式有电子图书、数字报纸、数字期刊、数字音乐、数据库、移动游戏、网络动漫、有声书等。

网络出版服务是伴随社会生产力的发展而出现的出版形态和传播方式，是新兴出版样式之一。网络出版物与传统出版物在本质属性上有高度的一致性，可以看作是传统出版活动在网络上的延伸与发展。相较于传统出版从作者到出版单位再到批发零售商最后到读者的传播链条，网络出版实现了内容资源、出版者、读者两两互动的新形态，呈现出知识传播速度快、内容出版周期短、人群覆盖面广、信息交流频繁，以及改版修订更加便捷等特点。

参照中国新闻出版研究院发布的年度中国数字出版产业报告相关数据，可从宏观上了解网络出版产业的整体发展态势。报告显示，中国数字出版产业规模从 2006 年的 213 亿元，2010 年的 1 051.79 亿元，到 2020 年突破万亿元，在 2023 年达到 16 179.68 亿元，年均复合增长率超过 29%。2023 年产业收入中，传统书报刊数字化收入为 113.89 亿元，移动出版（仅包括移动阅读）567.02 亿元，在线教育 2 882 亿元，数字音乐（包括在线音乐、音乐短视频、音乐直播、在线 K 歌业务）1 907.5 亿元，网络游戏 3 029.64 亿元，网络动漫 364.03 亿元，博客类应用 125 亿元，互联网广告 7 190.6 亿元。从以上数据可知，网络出版产业一直保持着较快的发展势头，这源于优质内容生产、储备和积累为产业发展奠定的良好基础，以及付费用户规模化对产业发展形成的强大助力。

（四）网络文学产业与相关产业关系

《国民经济行业分类》(GB/T4754－2017)中与网络文学产业关系较为密切的分类有三个："信息传输、软件和信息技术服务业"(I门类)中的"互联网信息服务"(642 中类)和"数字内容服务"(657 中类)，以及"文化、体育和娱乐业"(R门类)中的"数字出版"(属于 862 中类"出版业"中的 8 626 小类)。其中，"互联网信息服务"指除基础电信运营商外，通过互联网提供在线信息、电子邮箱、数据检索、网络游戏、网上新闻、网上音乐等信息服务。"数字内容服务"指数字内容的加工处理，即将图片、文字、视频、音频等信息内容运用数字化技术进行加工处理并整合应用的服务，含数字文化和数字体育内容服务。"数字出版"指利用数字技术进行内容编辑加工，并通过网络传播数字内容产品的出版服务。

国家统计局 2018 年发布的《文化及相关产业分类(2018)》涉及的范围包括两个方面：一是以文化为核心内容，为直接满足人们的精神需要而进行的创作、制造、传播、展示等文化产品(包括货物和服务)的生产活动，具体包括新闻信息服务、内容创作生产、创意设计服务、文化传播渠道、文化投资运营和文化娱乐休闲服务等活动；二是为实现文化产品的生产活动所需的文化辅助生产和中介服务、文化装备生产和文化消费终端生产(包括制造和销售)等活动。其中与网络文学产业关系较为密切的分类有两个：一是“新闻信息服务”中的“互联网其他信息服务”，包括网上新闻、网上软件下载、网上音乐、网上视频、网上图片、网上动漫、网上文学、网上电子邮件、网上新媒体、网上信息发布、网站导航和其他互联网信息服务；二是“内容创作生产”中的“数字出版”。

国家统计局2021年发布的《数字经济及其核心产业统计分类(2021)》中的数字经济是指“以数据资源作为关键生产要素、以现代信息网络作为重要载体、以信息通信技术的有效使用作为效率提升和经济结构优化的重要推动力的一系列经济活动”。数字经济核心产业是指“为产业数字化发展提供数字技术、产品、服务、基础设施和解决方案，以及完全依赖于数字技术、数据要素的各类经济活动，包括数字产品制造业、数字产品服务业、数字技术应用业、数字要素驱动业、数字化效率提升业等5个大类”。其中与网络文学产业关系较为密切的分类有两个：一是“数字技术应用业”中的“动漫、游戏及其他数字内容服务”，指将动漫和游戏中的图片、文字、视频、音频等信息内容运用数字化技术进行加工、处理、制作并整合应用的服务活动，以及数字文化、数字体育等其他数字内容服务；二是“数字要素驱动业”中的“数字内容出版”。

从以上国家发布的相关产业分类中可以看到，与网络文学产业相关的网络出版产业、数字内容产业和数字文化产业都隶属于数字经济核心产业范畴。它们具有如下特征：一是以文化为核心、以内容为基础，用于满足人们的精神需要；二是以数字技术为支撑，即利用数字技术进行内容的创作、编辑、加工和制作；三是以网络为媒介，通过互联网传播数字内容；四是以服务人民精神文化生活为目标，即与消费者深度互动，满足其多样化、个性化需求，实现数字内容产品的出版服务。

《中华人民共和国国民经济和社会发展第十四个五年规划和2035年远景目标纲要》提出，要“实施文化产业数字化战略，加快发展新型文化企业、文化业态、文化消费模式，壮大数字创意、网络视听、数字出版、数字娱乐、线上演播等产业”，数字出版等网络文学产业业态是文化数字化战略的关键一环。因此，网络文学产业概念的外延基本按照“网络文学产业—网络出版产业—数字出版产业—数字内容产业—数字文化产业”方向逐渐扩展。当然也必须清楚地认识到，产业概念并不是静止和封闭的，这些产业之间也并非简单的包含或并列关系，而是相关产业的发展和信息技术的演进，其外延会不断扩展，内涵也会随之发生相应的改变。

第二节　网络文学出版产业概况

一、发展历程

中国网络文学从最初自发性的、无功利性的创作，到走向商业化、产业化的路径，再到当下泛娱乐产业生态、全版权运营体系和中国网络文学模式出海的构建，走出了一条极具特色的发展道路。

（一）萌芽探索期（1995—2002 年）

中国网络文学自 20 世纪 90 年代伴随着互联网技术的应用和普及逐渐蓬勃兴盛，为中国当代文学开启了新一轮的重大文学转型与变革。1994 年 4 月中国正式接入国际互联网，开启中国互联网时代。

1995 年 8 月，内地第一个 BBS“水木清华”在教育网上开通，旗下开设的文学、武侠等板块成为网络文学爱好者创作、阅读和交流的园地。1998 年春，“榕树下”正式上线，成为当时中国最大的中文原创文学网站，聚集了一大批文学界颇具影响力的网络作家，吸引了众多的文学爱好者，成就了中国网络文学的第一个高峰期。此后，“清韵书院”“黄金书屋”“书路”等一批文学网站相继问世。同年，网络小说《第一次的亲密接触》诞生，掀起了全民写作热潮。1998 年也因此被称为中国“网络文学元年”。

1999 年，“天涯社区”“红袖添香”创立。2000 年 7 月，“中国文学期刊网络联盟”网站开通，国内数十家知名文学期刊《人民文学》《作家》《花城》《大家》《钟山》《北京文学》《上海文学》《江南》《民族文学》等纷纷加盟；9 月，辽宁出版集团推出中文电子图书阅读器——掌上书房，在全国出版界掀起了一轮数字化阅读革命；10 月，“幻剑书盟”成立；12 月，“中文在线”成立。此时，新浪网率先在门户网站中开设读书频道，随后，“搜狐读书频道”“腾讯读书频道”相继上线，人民网、千龙网、新华网等综合网站也开通了读书频道。2002 年，“起点中文网”“晋江原创网”（2010 年更名为“晋江文学城”）开始试运行；同年，“博客中国”开通。

总体看来，这一时期网络文学产业从初创到迅速成长再到衰落，呈现出如下特征：一是原创性不足，除“榕树下”专注网络原创作品发表外，其他网站多以内容转载或上传实体图书的扫描本为主；二是缺乏盈利模式，网络文学的创作和内容服务还处于纯分享阶段，基本不含有商业因素，作者的持续写作和网站的正常经营均难以为继；三是互联网普及率低，网络文学受众有限，1997—1999 年，我国互联网普及率不到 1%，2002 年上网计算机为 2 083 万台，上网用户为 5 910 万人，仅占我国总人口数的 4.5%。

但是，处于初创阶段的网络文学产业不仅完成了内容、形式、媒介、渠道等层面的初步探索，产业体系架构的从无到有，而且培养了一大批忠实的读者，促进了网络文学消费市场的形成，为网络文学产业的进一步发展奠定了基础。

（二）蓬勃发展期（2003—2015 年）

伴随着网站流量的剧增和运营成本的增加，以及对大量优质原创内容的渴求，网络文学网站经营者认识到建立有效盈利模式的必要性和紧迫性。2003 年 10 月,起点中文网推出 VIP 付费阅读模式并成功运行。至此,原创文学网站较好地解决了作品选评、作者创作和网站运营等问题,用户付费阅读网络文学作品成为网站盈利的主要模式,文学网站开始步入了商业化运营、市场化开拓、规模化发展的新阶段。

2004 年 10 月,盛大网络收购了起点中文网,此后又陆续整合了“红袖添香”“小说阅读网”“榕树下”“言情小说吧”“潇湘书院”等原创文学网站。2008 年 7 月,盛大文学集团成立,开始对网络文学实行全产业链运营。2011 年 7 月,“作家在线”上线,依托中国作家协会和中国作家出版集团的内容资源,为读者提供了一个了解文学动态、欣赏文学佳作和参与文学讨论的优质网络互动平台。

面对网络文学作品浩瀚的体量、网络文学作家显示出的实力和影响力,以及网民高昂的参与热情,网络文学逐渐被传统文学界所包容和接纳,与传统文学的沟通交流、融合互补不断深入。2009 年 7 月,鲁迅文学院首开网络作家培训班;9 月,阿耐的长篇网络小说《大江东去》获中宣部“五个一工程”奖,这是网络小说首次跻身国家级文艺奖项。2011 年,第八届茅盾文学奖允许公开出版的网络小说参与评奖;同年,中国作家协会组织了网络作家与传统作家进行“结对交友”活动,架起了网络作家与传统作家沟通交流的桥梁。2015 年,国家新闻出版广电总局首次组织“优秀网络文学原创作品推介活动”,向社会推介 21 部网络文学原创佳作。

网络文学产业展现的巨大潜力在吸引源源不断的商业资本的同时,也带来了网络类型小说的高度繁荣,并以此为契机,中国网络文学开始了跨媒体产业运营，形成了以网络文学内容为源头，向影视、游戏、动漫、有声、演艺、出版、周边等泛娱乐文化领域的渗透与融合。2013年腾讯文学成立并组建“内容”“产品”“版权”三大专业团队，开始泛娱乐产业布局。2014年11月，百度文学成立并完成了旗下各文学子品牌架构，打造文学泛娱乐产业链。2015年1月，中文在线在深交所创业板上市，成为网络文学首家上市公司；3月，腾讯文学与盛大文学完成整合，阅文集团正式成立，实现了优势整合、强强合作；4月，阿里文学成立，以内容生产、合作引入以及版权产业链的双向衍生为主，打造互联网娱乐文化品牌。此后，各网络文学出版单位加大优质IP的引进和开发力度，泛娱乐产业规模不断扩大，网络文学价值日益凸显，产业生态日趋成熟。

第37次《中国互联网络发展状况统计报告》显示，截至2015年12月，中国网民规模达6.88亿，互联网普及率达到50.3%，半数中国人已接入互联网。同时，移动互联网塑造了全新的社会生活形态，“互联网＋”行动计划不断助力企业发展，互联网对于整体社会的影响已进入到新的阶段。此时的网络文学用户规模已达29 674万，网民使用率达到43.1%。

总体看来，伴随资本的强势介入、平台的资源整合、媒介技术的发展、新媒体业态的变革和产业链的延伸，这一时期网络文学产业呈现如下特征：一是多方资本入局和移动互联网的发展，为网络文学产业化、规模化发展提供了有力支持；二是创新出适合自身发展的商业模式——付费订阅、广告收入、版权合作，特别是以内容深耕为基石的全版权运营模式，极大拓展了网络文学的发展空间；三是获得了社会的普遍关注，与传统文学的交流和融合逐步深入；四是网络文学展现出巨大的商业价值，产业结构不断完善，已发展成为文化产业的重要组成部分。

（三）提质增效期（2016年至今）

随着网络文学产业的迅猛发展和影响力的提升，网络文学逐渐进入国家顶层设计层面，日渐成为社会主义文艺的重要组成部分。

2015年10月，中共中央出台的《关于繁荣发展社会主义文艺的意见》指出，“网络文艺充满活力，发展潜力巨大，要坚持建设、管理、发展、引导并重的方针。”此后，《关于加强网络文学作品版权管理的通知》（2016年）、《网络文学出版服务单位社会效益评估试行办法》（2017年）、《关于进一步加强网络文学出版管理的通知》（2020年）等都为网络文学的健康发展指明了方向，网络文学产业也逐渐告别无序化竞争，进入理性发展阶段，呈现出健康、有序、多元、创新的发展态势。

网络文学作品向现实化、品质化和定制化方向发展，网络文学产业生态不断优化。一是主题出版和现实题材作品创作不断加强，产生了一批聚焦国之大者、传承中华文化、弘扬中国精神、观照壮阔现实的优秀作品；二是更加注重作品的内容与质量，不断向更精细、更专业方向发展，生产出一批既有深厚思想价值，又为大众喜闻乐见，且具有较高商业价值的优秀作品；三是强调受众的全方位体验，网络文学作品创作伊始，产业链各方就携起手来共同策划、共同创作、共同开发产品，全方位为读者、听者、观众和游戏爱好者服务，以“定制化创作”实现“跨行业拓展”。

付费阅读业务、版权业务和广告业务等网络文学基本商业模式更加成熟，特别是全版权运营更加专业化、体系化，通过线下实体书出版、线上多平台分发，以及 IP 衍生价值向漫画、动画、影视、游戏，以至演出、音乐、周边等扩展，强化了版权的内容优势，使得海量内容以多种形式更大范围、更深层次地触达用户，实现版权的多维度增值。

此外，“免费阅读＋广告变现”这一新商业模式使得用户无须为阅读网文支付费用，平台通过精准广告、广告联盟、大数据推荐等方式从第三方获取收益，作者则根据作品阅读量和用户喜爱程度，按比例与平台分成获取收入。这一模式可以有效地将网文阅读触角延伸至下沉市场，以拓展新的用户群体，建立新的阅读增值模式，同时可以极大压缩盗版文学网站的生存空间。但同时也带来了用户付费意愿下降，平台订阅收入减少，以及作品同质化现象更为突出，网络文学创作质量整体下滑的负面影响。

网络文学产业在稳步加大中国作品“走出去”步伐的同时，由作品单一输出向网络文学模式整体输出转化，通过图书出版、作品翻译、IP 改编与运营、海外本土化传播、投资收购合作平台等方式，让中国网络文学模式在海外落地生根，为充分展现中华文化独特魅力，推动中西文明交流互鉴发挥了积极作用。中国音像与数字出版协会相关数据显示，我国网络文学“出海”营收规模由 2018 年的 4 亿元，增长至 2023 年的 43.50 亿元，增长超 10 倍。同时在未区分重复授权、多语种翻译、授权地区及海外原创等因素的情况下，网络文学“出海”作品规模已由 2019 年的 10 万多部，达到了 2023 年的 69.58 万部，在“出海”数量上实现了巨大的跃升。

总体看来，这一时期网络文学产业呈现如下特征：一是由高速发展向高质量发展迈进，产业规模增速逐年放缓，由2015年的增长51.7%逐渐下降至2023年的9.47%；二是内容结构不断优化，主流化、精品化趋势增强，现实题材类作品逐年增加，2020年新增的约316万部作品中，现实题材类作品占比约为42.2%；三是跨界合作更加紧密，优质IP得到充分开发，在与音视频、游戏等行业的合作中逐渐发挥出核心引领作用；四是对外合作呈现良好发展态势，中国网络文学走出去规模不断扩大，在海外的影响力不断增强。

二、发展现状

（一）总体市场规模

1. 产业规模持续扩大，呈现繁荣发展景象

网络文学产业的成长是伴随着中国互联网迅猛发展的，网络文学的各个发展阶段也离不开互联网的普及和推动。根据中国互联网络信息中心（CNNIC）的统计报告，每隔五年作为一个时间节点，可以看到中国互联网与网络文学之间密切的发展关系。自网络文学发展伊始，1998年至2002年网络文学处于萌芽探索期，得益于互联网强劲的发展势头，中国网络文学产业虽然经历了大起大落的波动，但是仍为后期成长奠定了坚实基础。2003年互联网基础设施和网民数量初具规模，网络文学产业发展的“硬件条件”已经达到，网络文学开启“井喷式”发展阶段。此后，随着移动互联网普及，网络文学呈爆发式增长，连年攀升，商业模式逐渐成熟，形成当前繁荣发展的产业景象，如表1-1所示。

表 1－1　网络文学发展基础情况

名　　称	1998 年	2003 年	2008 年	2013 年	2017 年	2021 年
上网计算机台数	54.2 万	2 083 万	7 800 万	——	——	——
网民数量	117.5 万	5 910 万	2.1 亿	5.64 亿	7.72 亿	10.32 亿
移动网民数量	——	——	5 040 万	4.2 亿	7.53 亿	10.29 亿
网络文学用户数量	——	——	——	2.33 亿	3.78 亿	5.02 亿

近年来，我国网络文学产业市场规模稳步发展，在免费阅读模式和付费阅读并存的情况下，市场规模进一步提升，但伴随用户基数增长放缓，整体市场规模增速也开始趋于平缓。根据中国音像与数字出版协会测算，2023 年网络文学产业规模进一步壮大，约为 383.0 亿元，较 2022 年的 317.8 亿元增长了 65.2 亿元，同比增长 20.52%，如图 1－1 所示。

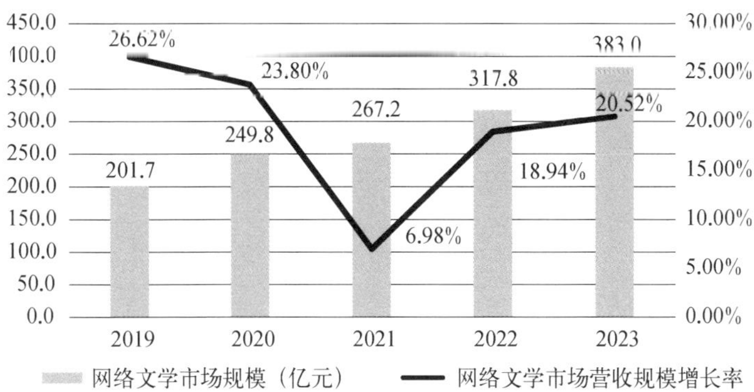

图 1－1　2019—2023 年中国网络文学市场营收规模

2. 商业模式走向成熟，逐步形成产业生态

自2003年起点中文网推出VIP付费阅读模式开始，网络文学商业模式逐步成形。伴随着越来越多的写手加入，网络文学作品的商业模式也逐渐成形。其后，网络文学作品与影视、动画、媒体开始发生融合，联合打造文化产品，网络文学全版权运营应运而生。目前，各网络文学公司从创作培育、平台升级、IP模式创新等方面同时发力，网络文学作品与图书、影视、动漫、游戏、音乐、衍生品等企业不断输送精品内容持续融合，产业生态初现。未来，网络文学将向着更细分、定制化的方向发展，全版权运营也将在网络文学创作、生产和运营各个环节多方面渗透，从而推动网络文学产业生态走向成熟。

收入结构方面，“付费＋免费”相结合是网络文学经典的变现模式，同时在免费模式基础上还衍生出广告收入的变现方式。目前，网络文学产业已经形成以订阅收入、版权收入和广告收入“三驾马车”并驾齐驱的收入运营结构，付费和免费模式也在齐头并进发展。通过这样多元化的运营模式，推动用户在看广告免费阅读、会员免广告、按章节扣费模式基础上，定制化选择符合自己消费习惯的阅读方式，从而提升下沉市场用户的渗透率。

3. 国际合作成效显著，彰显中国文化魅力

根据中国音像与数字出版协会的调研，自2012年晋江等网络文学出版单位开始在东南亚等地区加大力度推动网络文学作品的输出以来，我国网络文学“走出去”逐渐形成了从“作品出海”“版权出海”到“模式出海”再到“文化出海”的发展路径，更多的网络文学作品走出国门，并且在世界范围内引起反响。同时，伴随着中国网络文学商业模式的发展和成熟，网络文学将作为

凸显中华民族自信、扩大中国文化影响力的重要载体，持续为中国文化走出去、讲好中国故事贡献力量。

（二）作品基本情况

1. 作品创作情况

受网络开放、宽容的环境影响，网络文学逐渐成为大众自由表达思想、交流信息的平台。平民化的特征将曾经的传统文学拉进现实，网络文学作品也在这样的背景下迅速发展开来，众多作者、读者迅速扩充进来，导致中国网络文学作品规模长期保持着稳定增长的趋势。2017 年网络文学作品累计规模为 1 646.7 万部，2023 年达到 3 786.46 万部，作品年均复合增长率为 14.89%。

作品题材方面，网络文学经过了二十多年的发展，创作题材已经基本稳定。目前的网络小说类型多达 60 多类。其中，玄幻、奇幻、仙侠、武侠、游戏、竞技、都市、言情、军事、历史、科幻、惊悚等 12 种类型是网络文学网站上普遍存在的基础类型，此外还有魔幻、修真、黑道、推理、轻小说等众多类型，并且还分出诸多子类。中国音像与数字出版协会的数据显示，2023 年玄幻奇幻、悬疑推理、新类型小说（如二次元、同人、新小说等）、灵异科幻和武侠仙侠仍然是用户偏好较高的题材，具体如图 1－2 所示。虽然各年龄段网络文学用户的题材偏好有较大区别，但总体而言，玄幻奇幻、悬疑推理是各年龄段都排名比较靠前的题材。尤其是随着经济社会的发展和互联网文化的不断创新发展、深度融合，网络文学产品类型和形式得到进一步开发和创新，积极迎合了各年龄段用户的口味和兴趣。

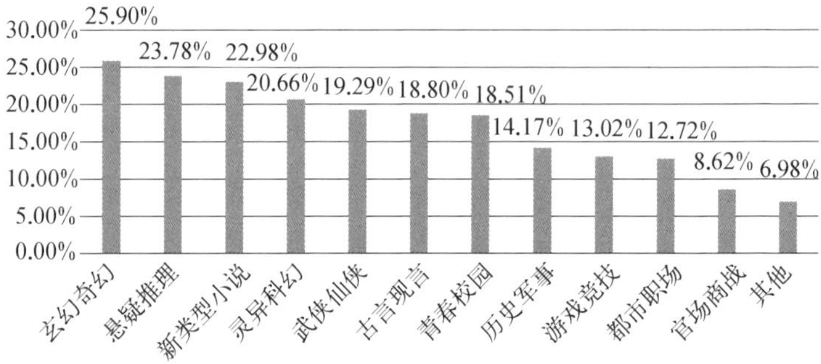

图 1－2 2023 年中国网络文学用户题材类型偏好占比

目前网络文学 IP 的衍生方向主要为有声读物、影视剧（电影、电视剧、网络剧、网络大电影、微短剧等）、动漫、游戏、纸质出版物等五个方向。如前文所述，中国音像与数字出版协会测算的数据显示，截至 2023 年底，网络文学的 IP 改编数量达到 72 674 部/个，较之上年度增长 33.7%，中国网络文学的改编呈现蓬勃发展态势。

2. 作品主要特征

（1）作品规模持续增长，题材结构逐步优化

从网络文学作品增长的趋势上看，网络文学作品长期处于海量、高产状态。网络文学作品规模的持续增长，侧面说明当前网络文学作品的创作环境和发展前景得到了市场和创作者的认可，优秀的网络文学作品源源不绝。

近年来，随着社会各界对精神文化需求的持续攀升，网络文学的题材结构进一步优化，现实题材占比进一步提高。许多彰显时代风采，洋溢生活气息，追求真善美、传播正能量的精品力作不断涌现。优秀作品创作强劲，尤其是一些现实题材的作品

持续升温，离不开国家和社会的倡导和引导。从中国作协到地方作协和文学网站，都出台了一系列措施鼓励现实题材作品的创作。

(2) 受众欢迎题材相对集中，作品衍生影响力强劲

总体来看，言情、都市和玄幻类题材作品受众面最广、最能迎合当下网络文学读者的需求，因此不论是网络文学作品本身，还是 IP 改编量都占据市场主体地位。其次是悬疑推理、灵异科幻、游戏竞技等题材，也占据较大领域市场份额，虽然 IP 改编量与前几类相比略少，但是其作品及 IP 改编作品的影响力也很广泛。其中，古言现言类题材作品容易引起粉丝的共情，长期占据网络文学大部分市场份额。其 IP 改编难度较玄幻、武侠仙侠这类题材低，改编成本也较低，衍生品影响力较大。另外，玄幻奇幻和武侠仙侠这两类题材也是当前网络文学的热点题材，不论是网络文学作品还是 IP 改编衍生品，不论是本土市场还是海外市场，都维持着较高的热度。

（三）作者基本情况

1. 作者发展情况

中国网络文学的成长离不开作者队伍的发展壮大，目前作者规模总量已经远远超过传统文学作者，成为中国文学界不可或缺的重要组成部分。经过多年的发展，中国网络文学作者开创了网络文学多种类型的表达方式，并且以孜孜不倦的态度和精神持续推出众多精品力作，为社会文化发展贡献了自己的力量。长期以来，网络文学市场规模逐年扩大，社会认可度逐渐提升。这离不开资深作者的持续产出，以及大量新鲜血液的注入。截至 2023 年底，我国网络文学平台驻站作者总数约为 2 929.43

万人。其中,笔龄(创作年限)在 3 年以下的作者占比在近 3 年有所降低,而笔龄 5 年以上的作者占比持续增长。一方面体现了创作者进入这一行业门槛较低,另一方面也反映了我国网络文学行业创作者的中坚力量正在壮大,网络文学作家队伍的职业化初见成效。

表 1－2　2021—2023 年网络文学作者笔龄分布占比

年份	3 年以下	3～5 年	5～10 年	10 年以上
2021	34.4%	41.2%	20%	4.4%
2022	30.94%	42.92%	21.58%	4.56%
2023	29.85%	39.1%	25.28%	5.77%

2023 年,中青年作者依然是网络文学创作的绝对主力,具体如图 1－3 所示。相较 2022 年,45 岁以上的作者比例有所上升,网络文学作者圈正在扩展。整体来看,作者队伍更趋稳定和成熟,为推出更多高质量的网络文学作品提供了雄厚的基础。

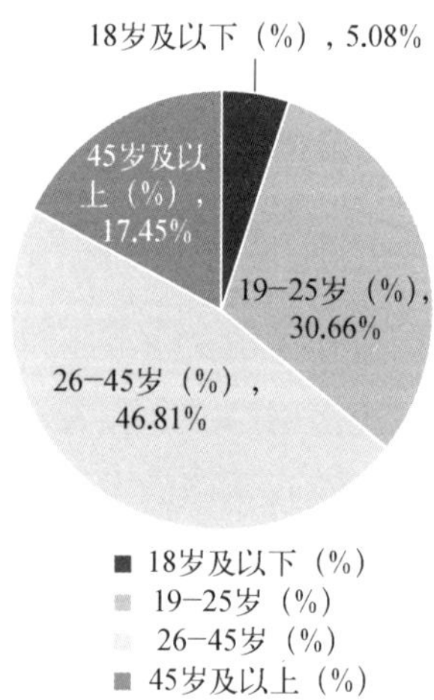

图 1－3　2023 年网络文学作者年龄分布

长期以来,网络文学作者性别比例相对持中,2019—2021 年女性作者占比均超过男性作者。然而,自 2022 年开始男性作者比例超过女性作者,具体如表 1－3 所示。

表 1-3　中国网络文学作者性别分布

	2019 年	2020 年	2021 年	2022 年	2023 年
男性作者	46.9%	44.4%	48.85%	50.54%	51.88%
女性作者	53.1%	55.6%	51.15%	49.46%	48.12%

随着大众对网络文学作品审美的提升，也吸引了更多更专业、更高端的作者加入创作队伍。因此，近年来网络文学作者整体学历结构有所优化，这与社会对于网络文学作品认可程度的提高，以及读者对于网络文学作品内容质量要求的提升有着一定的关系。在作者的学历分布上，2023 年，大学本科作者占比近 50%，达到 49.98%；研究生及以上学历作者占比也达到 7.82%。说明网络文学作者学历得到大幅度优化，尤其是高学历、专业化人才逐步涉足网络文学创作领域，持续为网络文学推出高质量作品注入强有力的支撑力量。

网络文学作者的收入方式主要包括订阅付费、打赏、IP 版权交易等。根据中国音像与数字出版协会的测算数据，2020 年，网络文学作者的收入水平与 2019 年相比基本保持不变。2019 年网络文学作者的平均月收入为 5 133.7 元，2020 年为 4 961 元，变化幅度不大。

从网络文学作者地域分布来看，2020 年生活在北上广深一线城市的作者占比为 12.9%，成都、重庆、杭州、武汉、西安、天津、苏州、南京等新一线城市的作者占比为 19.4%，二线、三线及其他城市的作者人数占比则分别为 24.7% 和 43%。结合中国音像与数字出版协会 2018 年、2019 年和 2020 年三年的数据，网络文学作者的人数基本呈现出一线城市最少、新一线和二线城市人数相近、三线城市人数最多的分布。纵向来看,一线和新一线城市作者人数的占比从 2018 年至 2020 年呈现出明显的下滑趋势,分别从 17.3%和 23.3%下降至 2020 年的 12.9%和 19.4%,二线城市的作者人数占比则在 2019 年有所增长后,在 2020 年也出现了下滑。相对应地,三线城市的作者人数占比一直呈现出稳定的上升趋势,从 2018 年的 38.1%上升至 2020 年的 43%。

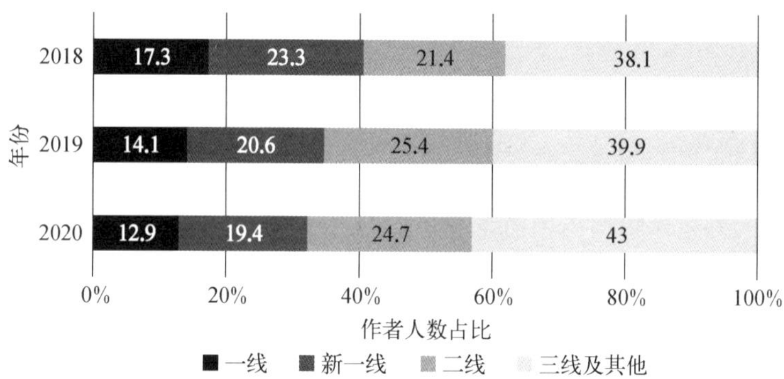

图 1-4　中国网络文学作者地域分布

2. 作者发展特征

(1) 网络文学作者覆盖面广,年轻化趋势明显

网络文学作为互联网背景下的新兴文化类型产业,从根源上就更加贴合年轻群体的表达诉求和阅读需求。网络文学长期以来展现出蓬勃活力的内容生态,也恰恰说明了整体产业发展的年轻化趋势。自网络文学产生以来,创作群体就以青年为主,随着“网生代”成为网络接受和消费的主体,二次元、游戏电竞等题材作品“破圈”势头明显,年轻作家表现欲更加旺盛,也更加容

易迎合读者的共鸣。目前，网络文学创作已经迎来“95 后”时代，他们思想更具突破性，对于新鲜事物的接受和领悟能力也更强，更多的年轻势力加入网络文学的创作中也使网络文学保持旺盛而持久的生命力。

（2）作者以兼职写手居多，广泛呈现零散创作特征

网络文学的创作者还是以兼职写手居多。受网文创作市场竞争环境影响，多数创作者选择在有本职工作的基础上利用业余时间开展创作。兼职作家往往具备不同身份，学生、工人、医生、警察、计算机工程师、科研人员、法医、律师、退役军人、公职人员……他们将生活经历融入创作中，把不同行业的现状呈现在作品中，具有比较明显的零散创作现象。同时，随着网文作品质量竞争持续加剧，读者对作品要求越来越高，高学历人才也开始在网络文学作者队伍中频现身影。他们结合自己的专业背景和职业经历创作文学作品，为网络文学打造精品的宏伟蓝图贡献了力量。

（四）读者基本情况

1. 读者发展现状

纵观 1997 年至 2023 年《中国互联网络发展状况统计报告》，二十多年来中国网民规模从 62 万激增到 10.92 亿，同时手机网民规模也达到 10.91 亿，为网络文学的用户群体扩张提供了丰厚的现实基础。

中国音像与数字出版协会的数据显示，在各年龄段的网络文学用户中，2023 年 60 岁以上占比 4.55%，46—59 岁占比 17.34%，26—45 岁占比 36.72%，19—25 岁占比 27.96%，18 岁以下占比 13.43%。年轻群体仍处于网络文学用户群体的核心

地位，19—36岁年龄段的用户占比达到42.2%，“90后”群体占比近五成，其活跃度和参与度均保持较高水平，读者群体呈现比较明显的年轻态势，具体如图1-5所示。

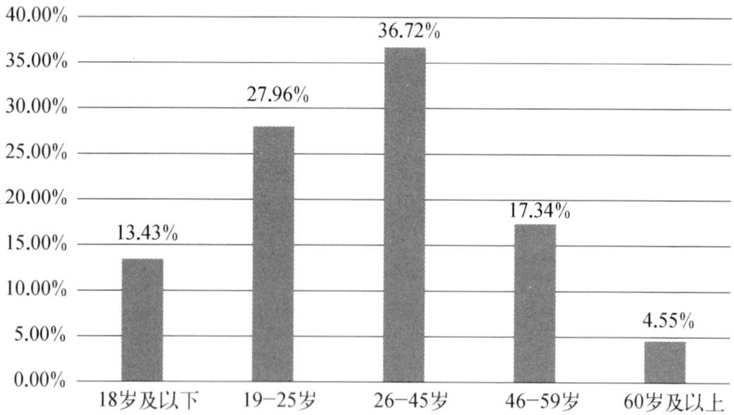

图1-5　2023年中国网络文学用户各年龄段分布

在阅读场景和阅读时间上，网络文学用户的阅读地点相对分散，呈现移动化、分散化的特征。根据中国音像与数字出版协会的2022年数据，休闲时间（含工作日夜间睡前、周末假期和午间休息）阅读网络文学的用户比例为61.08%，通勤和碎片化时间阅读网络文学的用户比例合计为52.40%，具体如图1-6所示。

经过多年的实践和发展，免费阅读和付费阅读模式相辅相成，为网络文学用户提供了更多个性化选择。同时，网络文学在粉丝经济、互动方式创新等方面的推动下，付费模式也在迅速融入用户生活，逐渐被市场接受且较为多样。从中国音像与数字出版协会2022年的数据上看，网络文学用户选择按章节付费的模

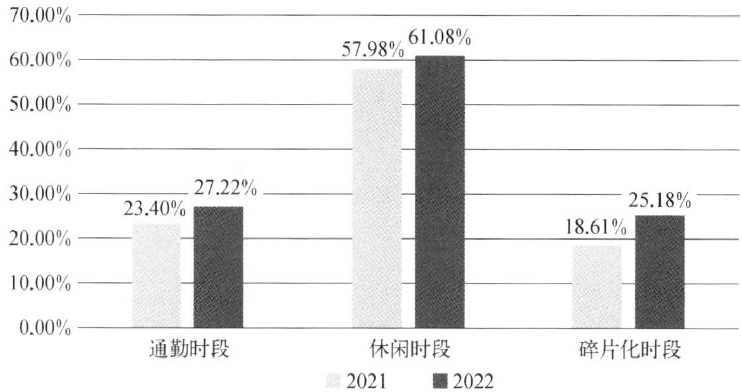

图 1－6　2021—2022 年中国网络文学用户阅读场景分布对比

式更多，比例达到60.39%，另外，通过购买会员资格和打赏的方式进行付费的用户比例分别为 17.73% 和 14.60%，具体如图 1－7 所示。

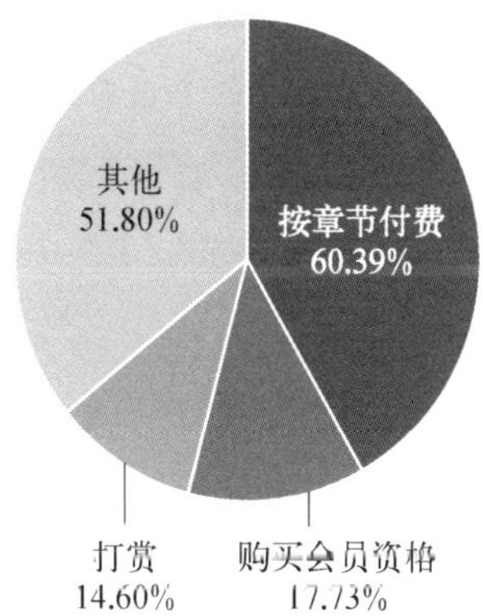

图 1－7　2022 年中国网络文学付费方式比例分布

2. 读者发展特征

(1) 用户年轻化趋势明显，下沉市场进一步激活

网络文学作为新兴文化产业的重要组成部分，依托互联网以数字形式存在，其载体和内容都长期处于科学技术和社会文化发展的前沿，用户覆盖范围广泛，其中年轻化是网络文学用户结构的核心特征之一。另外，免费阅读和新媒体文激活了下沉市场，成为刺激数字阅读市场快速发展的新兴力量，为网络文学的内容和用户带来新增量，也拓宽了网络文学市场规模。网络文学作为具

备较强娱乐性质的内容产品，大众接受程度较高，对经济发展程度、受教育程度等方面适应能力较强，未来二三级以下城市的潜在网民市场仍具备较大的成长空间。

(2) 多种消费模式并存，粉丝经济提升用户黏性

在互联网加速信息互通的环境下，与传统文学形式相比，网络文学具有较强的用户引导性，互动是其区别于其他文学形式的核心特征之一。经过长期的积累和发展，网络文学的盈利模式从获取用户点击量到打赏，再到如今的流量奖励、交互式创作等，粉丝在产业中长期扮演着极其重要的角色。各大网文平台也在加强用户社区互动方面做了很多尝试，增加 IP 与用户之间的黏性，提升粉丝日常活跃度。

(3) 阅读形式多样化，场景碎片化、移动化特征明显

“碎片化”是互联网发展和移动设备不断丰富带来的必然趋势，网络文学阅读也具备这样的特殊性，主要体现在阅读场景的移动化、阅读时间的碎片化和阅读设备的多样化。许多用户的阅读场景分散在交通、办公室等不同场所，移动化特征突出。同时，移动端是网络文学用户使用的主要设备，其中手机、电纸书等移动端更加能够满足用户随时随地阅读的需要。

三、发展趋势

(一) 加强网络文学理论研究，健全完善评价评论体系

长期以来，与传统文学不同，网络文学的经营方向往往旗帜鲜明地瞄准市场，其点击率排名、付费阅读、打赏、价值链开发、IP 打造等，都是为了实现市场效益最大化。在市场利益环境的驱动下，网络文学作品在很长一段时间集聚了很多格调不高、内

容粗糙的作品，作家创作也往往会被市场利益捆绑。近年来，在网络文学市场机制的作用下。与影视、动漫、游戏等形成了一个较为完整的产业链，也开始朝着高质量发展的方向不断迈进。因此，有必要基于网络文学的基本理念、市场运作方式、产业生态等展开科学研究，尤其是要建立网络文学评价体系，从网络文学的市场机制中发现文学评价体系的内在因素，如从付费阅读中分析网络文学的互动性，从价值链开发中挖掘网络文学的延伸性，从市场运作中透视文化产业的运作模式，从而建立与市场机制相适应的网络文学评价体系。基于完善的评价体系，可以深入挖掘更多思想性、艺术性俱佳的网络文学作品，避免作者的作品因名气不够、文学网站的宣传不力等因素而被读者忽略。

（二）增强精品内容生产能力，构建文化强国重要力量

内容精品化始终是行业生存和发展的核心和关键。尤其是互联网时代，网络文学的快速发展极大丰富了文学作品的内容题材和传播方式，逐渐成为文化产业发展的重要内容源头。伴随着相关产业链的形成和网络文学市场化运作的不断深入，网络文学也面临着如何持续实现高质量、精品化发展的挑战。近年来，全民阅读优秀项目推介工作、百佳数字出版精品项目、优秀现实题材和历史题材网络文学出版工程、数字阅读推荐作品等一系列国家和行业级的遴选项目，推动着网络文学行业精品内容的生产、创作和传播，在价值引导、质量提升等方面起到了极大的促进作用。同时，各网络文学出版单位积极开展精品内容宣传，如天翼阅读平台自 2018 年发布上线“新时代 新经典——学习习近平新时代中国特色社会主义思想重点数字图书专栏”，上线以来，该专栏内作品每年不断更新、不断积累。截至

2022年，专栏内数字图书总计超230部，涵盖习近平总书记著作集、讲话单行本、论述摘编，学习读本、思想研究、用语解读、工作足迹等多个栏目，为网上学习习近平新时代中国特色社会主义思想提供了更加丰富生动的内容和便利条件。

各网络文学出版单位未来也应坚持自觉担负起新时代赋予的文化使命，坚持中国特色社会主义文化发展道路，增强文化自信，围绕举旗帜、聚民心、育新人、兴文化、展形象建设社会主义文化强国，以社会主义核心价值观为引领，发展社会主义先进文化，弘扬革命文化，传承中华优秀传统文化，满足人民日益增长的精神文化需求，不断提升国家文化软实力和中华文化影响力为目标，打造更多导向鲜明、内容优质的精品网络文学作品，构建双效统一、勇担责任的行业良好生态，自觉抵制"唯流量""唯金钱"等错误倾向，抵制"颜值就是正义""财富就是成功"等错误价值，抵制病态审美、"饭圈"乱象等错误做法，做网络文明的践行者和宣传者。

（三）强化IP全链条发展模式，多元化提升企业竞争力

在产品运营方面，阅文、掌阅、咪咕等平台逐步推出精品路线，以高质量作品打造自身的核心竞争力。随着网络文学产业生态雏形初现，各网络平台在经营思路上也有所转变，不再盲目追求"大而全"，很多都转向对于IP的深度开发。尤其是网络文学IP在有声、影视剧、动漫、微短剧、剧本杀等领域多点开花，甚至在近期热议的"元宇宙"领域也有网络文学IP活跃的身影，网络文学正朝着IP开发的纵深领域不断演进。以阅文集团为例，它通过跨场景的无缝衔接，对原著粉丝进行唤醒和影视粉丝进行巩固，利用站内活动、延伸内容等多种形式，使以内容为基石

的“IP 书影多场景联动”模式浮出水面。例如在改编的影视剧播放期间，原著在“起点读书”App 上的在线阅读人数、单书在线阅读收入增长数十倍，推荐票和聚集粉丝量都达到一定规模。跨平台的不同场景用户因“故事”而互动讨论，推动精品 IP 能够持续保持热度，并且在多领域得到应用。在好内容的前提下，IP 价值链不断夯实，内容的全程变现能力及其带来的文化凝聚力正逐步得到体现，从而形成企业在市场中的核心竞争力。经过多年发展，网络文学市场仍然高度集中，龙头企业间合作进一步加强，资源整合速度加快。

同时，各平台探索 IP 全链条发展模式卓有成效，增强网络文学内容在泛娱乐化产业中培育、运营、衍生上的优势，推进产业朝着内容精品化和主流化不断演进。一方面，网络文学各平台将由之前的“分而治之”发展到“强强联手”，实现共创、共享、共赢的局面。除了传统的阅文、掌阅、中文在线等平台间将实现更多业务交叉合作之外，豆瓣、知乎、今日头条等网站也涉足网络文学领域，将以故事性文字参与到网络文学生产、转化的产业链条当中，推动网络文学的业态发生很大变化。另一方面，网络文学将进一步发挥自身在文化产业的巨大影响力，推动有声、影视、动漫、微视频等相关企业参与到网络文学产业环节当中，成为连接各产业融合发展的纽带，进而推动极具产业活力的网络文学生态系统逐渐形成。

元宇宙等新兴概念在网络文学产业也受到广泛关注，平台也将探索网络文学与元宇宙携手发展的可能。同时，与线下相结合也是网络文学未来可探索发展的重要领域。通过打造全场景一站式知识文化服务平台。加强社会合作，建立一站式行业服务机制，链接线下书店、赋能线下场景融合，满足不同行业需求，打造新型数字化知识服务联运模式。

（四）以“四力”构建培养模型，建强行业的作者队伍

“四力”具体指脚力、眼力、脑力、笔力。“不断掌握新知识、熟悉新领域、开拓新视野，增强本领能力，加强调查研究，不断增强脚力、眼力、脑力、笔力”是习近平总书记对宣传思想干部的谆谆教诲、殷殷期待。对于网络文学第一生产力——作者的培养，应从“四力”出发，建强新时代网络文学作家队伍。

作者是网络文学产业发展的根源，因此要进一步完善培训体系和重点联系作家机制，增强网络作家的向心力、凝聚力和创造力。一方面，行业协会要发挥引领作用，对网络文学作家进行定期培训和宣传，通过自主办班、联合培训、指导教学等多种形式组织开展培训活动，通过年度考核或者竞赛等形式进一步引领网络文学作者创作方向。另一方面，网络文学龙头企业需进一步将作者管理、作者培育作为主营业务方向，利用设置产业园区基地、创办大学、构建考核制度等方式，以人才培养为根本，以学科建设为龙头，让网络文学新人更快走上职业道路，让网络文学成为社会主流，从而创作出更多更好的高质量作品。此外，还要充分发挥知名网络作家的“头雁”作用，建立重点网络作家联络服务机制，加强对重点网络作家的团结引领，推荐优秀网络作家参加社会活动，加强线上互动、线下沟通，引导广大网络作家成为网络文明的实践者、参与者和建设者。

（五）推进行业出海能力建设，助力海外传播体系构建

当前，网络文学已经成为展现中国形象的重要窗口，作品海

外输出量、覆盖地区不断增加，形成了持续广泛的文化扩散效应。可以看到，众多网络文学本土化进程迅速扎根，大 IP 及其衍生产品在海外延伸效应持续扩大，中国网络文学的海外本土化传播体系已经初步建立。下一步网络文学企业要更加注重海外市场的开拓和建设，紧密跟踪海外用户需求，完善作品海外供给体系，做好中国故事和中国声音的全球化、分众化、区域化表达，提升中国文化国际传播影响力、中华文化感召力和中国形象亲和力，努力构建起健康有序、多元立体的中华文化海外传播体系。

一方面，网络文学出版单位持续做好海外平台、翻译体系建设工作，进一步推动自有品牌的本土化运营生态的搭建工作。同时，也要积极通过投资海外网站、文化传媒公司、出版社等方式，与外方达成战略合作，扩大中国网络文学的国际传播。此外，中国网络文学产业海外传播在进一步探索除“经典中国国际出版工程”“丝路书香出版工程”“中国当代作品翻译工程”等工程项目外，在政策扶持、项目支持、服务保障等方面应更加有针对性地完善网络文学产业海外传播支持机制。从顶层设计的角度，进一步规范海外传播的作品品质，鼓励高质量的作品发挥更大的传播效果。

另一方面，要结合我国数字经济发展优势，推动数字技术助力网络文学出海，以数字化带动国际化。通过“云展示”“云贸易”“云交流”等方式，进一步以数字技术带动网络文学、以网络文学带动周边产业，形成海外传播、发展的传导效应，从产业融合、产业联动的角度综合布局中国文化产业走出去，为中华文化海外传播体系的建设贡献积极力量。

（六）健全完善行业监管机制，维护健康发展市场秩序

近五年是我国网络文学行业治理大见成效的时期，自2005年，连续开展近二十年“剑网”行动，并推出《网络信息内容生态治理规定》(2019)、《关于进一步加强网络文学出版管理的通知》(2020)、《关于加强新时代文艺评论工作的指导意见》、《关于开展文娱领域综合治理工作者的通知》(2021)、《互联网信息服务深度合成管理规定》(2022)等政策文件，引导产业健康发展，推动行业自治能力不断健全。在网络文学全行业的共同努力下，形成了积极健康、向上向善的网络文化，营造了清朗的网络空间。未来，行业内的协会组织应充分发挥行业引领作用，进一步强化行业自律、提升编审水平、尊重作家权益、推动网络文学的精品化的提升。同时，在技术标准、内容标准、人才标准等方面，进一步组织好行业内部力量，即加强内容审核、强化编审管理、规范作品推介、加强从业人员培训、强化版权保护意识和措施、建立自查自纠常态化工作机制等方面制定具体措施，推动行业内形成良好风气和健康发展的产业生态。

一方面，网络文学要充分利用好新兴技术，加大内容治理力度，以建立“屏蔽词库”与AI审核的方式提高“净网”效率，匡正网络文学过度商业化，要求网络文学出版单位审核、编辑等程序规范化，提升网络文学的社会效益，这是在持续打击侵权盗版、净化网络环境的基础上，在网络文学产业蔚为大观之后，对网络文学精品内容的呼唤。

另一方面，加强版权保护的技术创新，以新技术加强对网络文学作品的版权保护和内容审核。进一步探索防止盗版抓取的特殊算法，在内容重复筛查等方面发挥更大作用。另外，也要充

分发挥网络文学龙头企业的市场经济作用，承担行业治理责任、参与行业治理行动，推动企业自治与行业治理协同发展，形成多元参与治理的产业管理体制。

第三节　网络文学产业链

一、概念及特征

（一）定义

1. 产业链的概念

产业链是产业经济学中的一个概念，是各个产业部门之间基于一定的技术经济关联，并依据特定的逻辑关系和时空布局关系客观形成的链条式关联关系形态。总体上看，产业链包含价值链、企业链、供需链和空间链四个维度，这四个维度在相互对接的过程中形成了产业链的活动机制和客观规律。从产业链的实质活动主体上看，它是用于描述一个具有某种内在联系的市场主体（即企业）组织，存在两维属性：结构属性和价值属性。在产业链运行过程中，市场主体间产生关联并进行价值交换，上游环节向下游环节输送产品或服务，下游环节向上游环节反馈信息。

关于产业链概念的思想内涵最早可追溯至亚当·斯密的分工理论，他认为产业链的形成是基于产业分工的结果。此后，1958 年赫希曼在《经济发展战略》一书从生产过程中前后联系的视角论述了产业链的概念，但是西方学界对产业链的研究多聚焦于供应链、价值链、生产链。正式提出产业链的概念，并进行系统论述和研究最早是中国学者提出的。1985 年姚齐源等人在有关区域市场的论文中提及“产业链”一词，但是他们并未解释“产业链”的概念内涵。20 世纪 90 年代初期我国学者傅国华在研究海南农业发展问题时，最早提出了“农产品产业链”的概念，并将产业链界定为“产—运—销”的生产链条。经过多年的研究和探索，“产业链”的概念和内涵最终在中国学者的研究过程中达成一致，即与产业发展的竞争与垄断、分工与协作、生产效率与效益等问题有较强关联，产业链的概念本质是立足于产业层面。

综上所述，产业链是由产业分工不同但具有一定经济技术联系的关联企业基于价值链的基础所组成的市场主体组织，是产业关联环节在空间上构成的产业组织形式。产业链并不是一个独立的概念，是与价值链、供应链、生产链交织缠绕，是贯穿了产业组织的生产活动、价值活动和供应活动在内的集合，与生产链、价值链、供应链的概念存在交织。

2. 网络文学产业链的概念

虽然产业链的概念及其相关研究已经达成基本共识，但是网络文学产业链由于仍处在形成与发展过程中。广义上看，网络文学产业链概念应是产业链概念的细化，即“由分工不同但具有一定经济技术联系的关联企业基于价值链的基础所组成的网络文学企业联盟，是网络文学产业关联环节在空间上构成的产业组织形式”。

狭义上看，网络文学产业链作为出版产业的一部分，可理解为“出版产业链”概念的延伸，即“以出版价值链为基础的具有连续追加价值关系的出版关联企业组成的市场主体联盟组织”[方卿等.出版产业链研究，高等教育出版社，2011：34.]。基于这一定义，可以将网络文学产业链定义为：网络文学关联企业基于数字出版价值增值活动所组成的市场主体联盟组织。具体而言，网络文学产业链是网络文学产业纵向分工活动的表现形式，是网络文学关联企业形成的一种产业空间组织形式，是由具有网络文学价值增值关系的价值环节组成的功能网链，是产业关联关系的一种体现。

（二）特征

网络文学产业链作为互联网时代下的新兴产物，其表现形式和运行表现出了较为鲜明的特性，具体包括：

1. 主体独立性

网络文学产业链当中参与的各方为单独的市场主体，互相之间通过网络技术和市场经济作用联系在一起，在空间、时间上呈现较强的独立特征。网络文学各市场主体相互之间既不存在类似于企业组织中的领导隶属关系，也不是完全松散的市场主体。网络文学产业链主体的独立性，是指在产权、独立经营权上是独立，而不是说其可以独立于任何产业链之外，或者生产关系之间不发生联系。

2. 技术关联性

网络文学产业链的形成是技术创新推动的结果。技术联系是实现网络文学各市场主体间联系的纽带，网络文学产业链的形成是技术诱导、推动的结果。该技术对网络文学产业上下游深度渗透，且利用技术链接和贯穿整个产业链条。技术的进步也推动了平台和价值的衍生和转化，在产业链价值增值过程中发挥了突出作用，技术能力越强越可能在未来的产业生态演进过程中占据竞争优势。

3. 产业融合性

网络文学产业链的媒介融合特性，表现在各大网络文学平台争相打造、推出以全版权贯通产业链上下游为特色的复合出版平台，以实现网络文学内容的一次发布、多媒体、多元化展示。多媒体虽然仅是出版产品的一种表现形式，但本质离不开对内容的需求。同样，网络文学同一内容能够制作成多种媒介产品，以实现内容的深度开发。此外，网络文学产业链的产业融合特征也表现在了其内容载体的媒介形式上，最终产品的载体则包含了 PC、平板电脑、电子书阅读器、手机等多种媒介形态。

4. 价值多元性

网络文学产业链方面，以国内典型的网络文学平台为例，既有网络文学上游这类控制内容创作生产的环节占据产业链高端，也有像中国移动等下游控制渠道的运营商占有更高的附加价值。但是如果将产业链向上延伸至作者或出版单位的内容提供源头，阅文集团、中国移动等均可以归入下游直面消费者的内容发布环节，从这个意义上说，依然是下游环节附加值更高。可见，网络文学产业链呈现多层次、复杂的局面。

二、市场主体

（一）主体构成

网络文学产业链的主体，即网络文学关联要素，是网络文学产业链各环节价值增值活动的参与者。随着网络文学产值规模的日益扩大、网络文学的运营模式逐渐成熟，也逐渐吸引了其他产业要素的参与，产业链的主体数量逐渐丰富、产业链主体类型更加多元。从目前网络文学产业链主体构成的实际情况看，基于其在网络文学产业链中承担的业务活动及角色定位不同，网络文学产业链的主体大致可以划分为产业链上游、中游、下游三大类，其中各自又包含几类具体的主体要素。

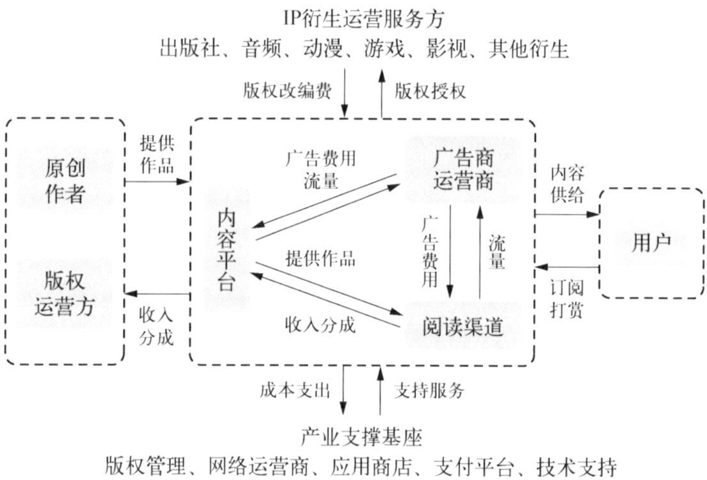

图 1－8　中国网络文学产业链主体构成

1. 产业链上游

网络文学产业链上游，是进行网络文学产品或服务的开发、生产的主体，即内容生产者。网络文学的内容是整个产业链运行的核心和基础。从内容组织主体上看，网络文学上游可分为原创作者和版权运营方两个部分。

网络文学的内容生产者，即网络文学原创作者，他们是网络写作活动的内容组织者。与传统文学作者不同，网络文学作者往往不受现实中人文精神、传统创作思想和氛围的限制，更多地在抒写“自我”“本我”“真我”。因此，网络文学作者也体现出自由化、自我化、大众化、开放化等特征。

网络文学版权运营方，是指对网络文学作品拥有版权交易、改编等支配权力的主体。网络文学版权运营方通常不涉及内容创作,而是以版权签约的方式开展网络文学的内容组织交易业务,其中包括阅文集团等网络文学平台方、传统出版机构等。但总体上来看,阅文集团等网络文学平台方仍然是网络文学版权运营方的主力,其依靠买断原创内容资源进行多媒介的深层次开发,积极向传统出版、影视剧等领域拓展,使版权价值最大化,实现了自身利润及作者分成的双赢。

2. 产业链中游

网络文学产业链中游,是网络文学开展日常业务活动的产业链主体,也就是维持网络文学产业链日常交易运转的几方市场主体。从市场主体的类别上看,网络文学中游可分为监督部门、内容平台、阅读渠道和广告商等。

网络文学内容平台,是指依靠自身搭建的出版平台开展网络文学出版与发布业务的平台组织。网络文学内容平台既包括进行内容数字化加工的出版平台,如内容投送的发布平台、内容发布管理平台等,具体包括网络文学网站、数字出版商或出版社等。网络文学出版的网络化、虚拟化特征,使得内容的出版、发布及消费一体化成为可能,是网络文学产业链中极其重要的组成部分。

网络文学阅读渠道,是指网络文学能够得到多样化发布呈现的平台组织,具体形式包括应用程序(App)、终端设备、电信服务商等。网络文学的阅读渠道是网络文学的重要表现形式,同时也为网络文学的普及提供了展示基础,为阅读场景多样化创造了可能。

网络文学广告商,是指利用网络文学平台传播商业推广信息的过程。网络文学广告商是网络文学产业链的重要组成部分,也是网络文学产业产生经济价值的重要来源。尤其是对于采取免费模式运营的网络文学平台而言,网络文学广告商是用户的成本转移。网络文学广告的表现形式具体包括横幅联播广告、翻页广告、视频广告等。

因此,网络文学运营商、移动运营商也是网络文学产业链中重要的参与主体。由于自身网络优势,移动运营商在很早期就拓展了网络文学电子书业务。例如,中国移动、中国电信、中国联通不仅与众多网络文学内容平台合作,也开发了自己的阅读平台,展示和销售网络文学产品。此外,移动运营商还采取流量利润分成的模式与网络文学版权运营方进行合作,并享有网络文学产业链的剩余利润。

此外,网络文学产业链中游还有两个其他重要主体,包括IP衍生运营服务方和产业支撑基座。

IP衍生运营服务方,是指网络文学版权内容的潜在价值转化。网络文学在适宜多形态呈现的优质内容资源打造文化产业链方面,具有得天独厚的适配性。网络文学的形式与内容适宜全版权开发。按照《著作权法》规定,著作权人可享有发表权、署名权、修改权、保护作品完整权、复制权、发行权、出租权、展览权、表演权、放映权、广播权、信息网络传播权、摄制权、改编权、翻译权、汇编权以及应当由著作权人享有的其他权利等17种。丰富的权利内容为多元化的产品开发奠定了法律基础,网络文学网站通过签约、代理、成立工作室等途径将版权经营的形式从线上发表延伸到了实体书出版、动漫动画、影视改编、游戏制作、衍生品授权、展览等,形成了一次生产、多次售卖的全版权运营格局。

产业支撑基座，是指支撑网络文学产业链运转的其他服务机构，具体包括技术服务方、版权代理商、网络运营商、支付平台等。如果说内容是数字出版产业发展的基础，那么产业支撑基座则是其推动力。网络文学作为网络服务行业和数字出版产业的一部分，其发展及产业链的构建高度依赖技术服务和其他服务机构的有力支撑，产业支撑基座参与构建网络文学产业链，不仅极大地推动了网络文学作品的IP转化进程，也为网络文学产业链运转提供了保障。

3. 产业链下游

网络文学产业链下游只有一个主体，即用户群体。与传统用户群体不同，网络文学用户主要是通过数字终端设备，采取下载、在线等方式进行阅读的主体。网络文学用户体现出较为明显的交互性，用户是网络文学产业链的重要参与者，其通过评论、点赞、打赏等方式，与作者产生互动，并且在很多情况下会影响作者创作的思路，形成网络文学作品集体创作的氛围和场景。

（二）产业链中的几个重要关系

处理好网络文学产业链中相关主体的关系，对于促进网络文学产业发展具有重大意义。

1. 内容生产者与版权运营方

内容生产者，即网络文学创作主体，包括传统作家、专业网络作家和一般网民，其核心作用是撰写网络文学的文字内容，是网络文学产业链运转的基础，也是所有市场主体运行的源头。版权运营方主要是基于内容生产者产出的内容产品，对版权进行市场交易和市场转化。因此,内容生产者以文字撰写为中心,而版权运营方则要以版权交易为基础。

2. 内容平台与阅读渠道

内容平台是阅读渠道的内核,阅读渠道是内容平台的展示和具体化。内容平台只是将内容产品采用技术手段集成在一起,但是需要经过阅读渠道,对广大读者进行呈现和展示。读者只有通过阅读渠道才能够看到内容平台上的产品。

3. IP 衍生运营服务方与内容生产方、版权运营方的关系

IP 衍生运营服务与内容生产方、版权运营方的关系十分密切。内容生产方和版权运营方是 IP 衍生运营服务的前提,IP 衍生运营服务是内容生产方和版权运营方的结果。只有内容形成产品,并形成版权产品才可以进行 IP 交易。IP 衍生运营服务则是内容生产和版权运营的继续,不仅是内容的延伸,更是内容产品价值链的延伸。

4. 用户与其他各环节的关系

用户群体也是网络文学产业链中不可或缺的重要环节,用户的打赏是网络文学内容平台和阅读渠道盈利的重要部分,其反馈信息也是内容生产和版权运营的重要参考。他们与编辑过程的其他环节,尤其是内容生产和版权运营,有着非常密切的关系。内容生产和版权运营的最终目的,是向广大消费者提供优秀的出版产品,以满足广大消费者的精神文化需求,而网络文学的用户群体是保证这一目的得以实现的必要环节。另外,与其他出版产品有所不同,网络文学的用户反馈信息既能对未来作品提供参考,也能为当时处于内容生产过程中的内容产品和版权运营提供了重要参考依据。

（三）产业链主体价值体现

在技术创新与产业发展的相互作用下，网络文学产业链的价值主要体现在两个核心环节，即内容生产和价值转化。网络文学产业链的价值增值活动主要围绕这两大价值创造活动展开，产业链主体竞争的焦点也主要体现在对这两个环节的把控上。

1. 内容生产

网络文学产业链的内容生产环节，即从事网络文学产品生产的产业链业务环节，包括作品的创作与编辑加工等。从狭义上讲，内容生产主要指的是文字资源的生产，包括内容的组织和数字化呈现。从广义上讲，网络文学的内容生产，除了包括组织文字以外，还包括网络文学产业链最终产品的产出所必需的一系列支撑生产的相关活动，如衍生产品的生产和运营等。

2. 运营与传播

网络文学产业链的价值转化环节，即开展网络文学内容资源与其他产业融合过程中产生经济价值的产业链业务环节。网络文学的价值转化环节不仅是产业链的重要组成部分，未来将占据越来越举足轻重的核心地位。围绕网络文学衍生出来的版权作品、人物，甚至是符号，都可与其他文化创意产业如动漫产业、影视产业等发生融合，从而使网络文学的内容资源发挥更深层次的价值。

三、演化及运行机制

（一）演化

网络文学产业链结构是由低级向高级、由单一向复杂、由单向向生态演进的过程，产业链始终处于不断变革中，持续发生着演化，其发展现状与演化趋势也展现出网络文学产业的独特性。

随着技术的创新与进步，网络文学产业链也在不断演化，产业链的市场主体在不断发生变化，产业链的内部结构和运行系统不断发生变化，由此也导致了产业链的演化。

在网络文学产业链形成的初期，也是网络兴起的初期，内容产品呈现的方式单一，主要是文字内容的简单展示，涉及的市场主体也相对单一，此时的网络文学产业链是一种单向、单一的产业形态。严格来说，此时网络文学产业链还未形成规模，网络文学产业链条尚未正式形成。

此后，随着技术的持续进步，科技与网络文学相关企业不断融合，网络文学的运营模式逐渐多元化，网络文学市场也更加壮大，网络文学产业生产运营逐步完善。此时，网络文学产业链也衍生、分化出了两条发展路径：一条是网络文学平台主导的网络文学出版，另一条则是围绕版权交易衍生出的产业生态。

随着新兴技术对内容产业影响的深入，网络文学与其他产业边界逐渐被打破，网络文学产业链中的市场主体和运行方式在不断扩张和创新，市场主体之间在市场机制作用下自发相互协调合作，并逐步形成产业组织生态，网络文学产业链的生态化趋势也逐步显现。

总体上看，网络文学产业链是沿着“单向—生态”的轨迹向前发展和演进的。随着网络文学产业链不断拓展、整合，产业链内部的各方市场主体将联系更加紧密，伴随着网络文学平台化发展趋势、关联市场主体关系的进一步增强，产业链形态生态化的特征将更加明显。

（二）运行机制

产业链的运行机制，是实现产业链有效运行的内在机理与运行方式，是影响产业链有效分工协作的因素与制度安排，也是产业链在运行过程中应遵循的作用机制。对于网络文学产业链而言，其运行的动力来源于两个部分：一个是由资金、技术、政策、市场推动的价值创造机制，另一个是由利益驱动的利益分配机制[芮明杰，李想. 网络状产业链构造与运行，上海人民出版社，2009：34.]。价值创造与利益分配是网络文学产业链运行的关键因素，创造机制是保证网络文学产业链有效运行的重要基础，利益分配机制则是实现网络文学产业链稳定运行的前提保障。

1. 价值创造机制

经过多年发展，网络文学产业链的价值创造机制已成长为围绕内容生产为核心、包含多个市场主体的循环结构，而并非传统简单的线性结构。在内容生产方、版权运营方、内容平台、阅读渠道、用户等多方主体的分工协作下，共同形成网络文学的主产业链。

网络文学产业链价值创造机制具有两大特点：一是产业链的市场主体间的关系是双向的，例如内容生产者为用户提供文字内容，用户为内容生产者反馈写作思路和打赏、订阅等行为，从而推动网络文学产业链形成循环结构；二是网络文学产业价值创造机制未来市场主体将呈现多元化趋势，产业链的价值创造机制范围和规模会越来越大。

2. 利益分配机制

网络文学产业链利益分配机制主要表现在市场交易行为。

内容生产方、版权运营方、内容平台、阅读渠道、IP 衍生运营服务方、产业支撑基座、用户等几个方面在市场机制的作用下,共同推动了网络文学产业链的利益分配机制运行,总体上呈网络状结构。

网络文学产业链的利益分配机制有两大特点:一方面网络文学产业链的利益分配体现在现实交易上,即内容生产方、版权运营方、内容平台、阅读渠道等供应主体通过资源投入获得收益,用户通过付费订阅、打赏等行为对供应方实现价值反馈;另一方面,网络文学产业链利益分配体现在内容产品的增值行为上,即 IP 衍生运营服务方通过产品潜在价值的挖掘和价值转化,从而实现收益,并对其他供应方主体进行价值反馈。

思 考 题

1. 网络文学的概念和特征是什么?
2. 网络文学与传统文学的关系是什么?
3. 网络文学出版与传统文学出版的区别是什么?
4. 网络文学产业的特征是什么?
5. 如何处理网络文学产业发展中的几个关系?
6. 中国网络文学出版产业经历了哪些发展阶段?
7. 网络文学产业链的概念和特征是什么?
8. 网络文学产业链上中下游主体都包括哪些?
9. 如何处理网络文学产业链中的几个重要关系?
10. 网络文学产业链价值创造机制的特点是什么?

第二章

网络文学编辑

重点提示： 网络文学编辑工作的特点、网络文学编辑工作与传统文学编辑工作的区别、网络文学编辑工作的基本流程；网络文学编辑的文学素养要求、策划运营能力要求；网络文学编辑的常用软件工具应用能力要求；网络文学编辑的人才培养。

网络文学是基于网络创作和传播的一种文学形态，它同传统文学一样包含诗歌、小说、散文和戏剧等体裁，但是它的表现形式更加多样，如超文本形式和多媒体作品形式等。

网络出版物是指通过信息网络向公众提供的，具有编辑、制作、加工等出版特征的数字化作品，包括文学、艺术、科学等领域内具有知识性、思想性的文字、图片、地图、游戏、动漫、音视频读物等原创数字化作品。网络文学作品属于网络出版物的一类，具有网络出版物特征，需要按照网络出版物要求进行管理。

因此，开展网络文学作品的策划、创作、运营和传播必须由一定数量且具备一定能力素养、满足必要岗位要求的网络文学编辑担任。网络文学编辑是数字出版编辑的一个重要组成部分，就网络文学出版工作而言，网络文学编辑具有传统文学出版编辑不一样的工作特点和岗位能力要求。网络文学的创作具有世界设定、人物创设和故事创造等基本要求。因此，网络文学编辑除了要具备一定的语言驾驭能力、信息收集能力之外，还需要具备一定的文学素养和写作知识。同时通过互联网运营和传播数字形态出版产品，网络文学编辑还应具有常用软件工具运用能力和新媒体渠道的运营能力。网络文学编辑不仅是人文价值的开掘者，还是人文价值与技术平台之间的桥梁，也是技术平台的操作者和维护者。从这个意义上来说，从事网络文学出版工作的网络文学编辑不仅是思想挖掘者，还是新媒体时代的“把关人”，这对从事网络文学出版工作的网络文学编辑提出了更高的要求。

第一节　概　　述

数字技术的迅猛发展，给网络文学的编辑工作带来了严峻的挑战，也对网络文学编辑提出了更高的要求。目前，网络文学已成为全民阅读的重要组成部分，在文学阅读和数字阅读市场占有绝对优势。第 53 次《中国互联网络发展状况统计报告》显示，截至 2023 年 12 月，我国网民规模为 10.92 亿，互联网普及率达 77.5%，互联网应用规模位居世界第一；我国网络文学用户总规模达到 5.20 亿，占网民总数的 47.6%。网络文学的全民阅读浪潮,已成为不可阻挡之势。目前,网络文学已经成为文学殿堂里重要的一员。网络文学作家数量远远超过传统作家,网络文学作品数量也远远超越传统作家作品,网络文学读者数量更是远远超过传统文学作品的读者。加之网络文学编辑工作具有全天候和交互性等特点,其发布的信息可以是更新的作品内容,也可以是对读者表达的一些信息如断更、请假、感谢、解读等。因此,努力提高网络文学编辑人员的业务素质,积极发挥编辑工作在网络文学出版工作中的作用显得尤为重要。网络文学编辑还应该具有高度的职业责任感和政治敏锐感,及时作出判断,把上传的信息有选择性地实时发布出来,积极地引导读者、服务读者。

一、主要特点

无论是传统文学出版,还是网络文学出版,都是提供具有一定思想性和文学性的优秀文学作品,并且在保证社会效益的前提下,尽可能取得一定的经济利益,因此两种编辑工作存在许多相同的地方,但也存在着明显的区别,并且表现出各自不同的特点。

从事网络文学出版工作的网络文学编辑,必须熟悉网络技术的一些典型应用,同时对网络文学作品的内容、表现形式及运营传播方式有深入的了解,还必须与创作者保持实时的沟通。与传统出版物编辑相比,网络文学编辑工作具有如下主要特点:

(一)需要掌握网络文学作品的类型化特点

由于读者喜好和需求的多样性,网络文学作品具有类型化特点。所谓类型化，是指网络文学作品的分类维度多、产品线长、作品丰富。同时，网络文学作品的类型化特点，也推动网络文学作品创作不断深入和边界不断扩展，这也使得网络文学行业挖掘市场潜力和提升作品适应性的能力不断增强。

因此，网络文学编辑需要全面了解不同网络文学作品类型和读者的不同喜好，正确地引导读者和服务读者，推动网络文学作品的精品化，助力网络文化高质量发展。

（二）需要熟悉典型的数字出版技术应用

网络文学作品文本和章节具有跳跃性的特点，当鼠标移至超链接对象时，就可以链接到其他相关对象上。因此网络文学编辑开展工作时，需考虑网络文学作品的跳跃性特质，以及由Internet中的超文本/超媒体技术所决定的平面媒体所不具有的超链接特性。

利用超文本/超媒体技术，按照人的思维方式存储、整理、浏览各种信息，充分利用信息间的各种关系，将其有机地结合在一起。读者在浏览过程中能够按自己的需要灵活地访问各类信息，既可以采用完全线性的方式来访问内容，也可以利用超链接方式非线性地访问信息和内容，这种非线性方式与其包含的多媒体信息资源，更加贴近人类多维、发散的思维活动特点。

超文本/超媒体技术主要有三个要素：节点、链和网络。节点中存放有文字、图片、音视频等信息；链用于描述各节点之间的关系；网络是由每个节点通过链与其他多个节点发生关联所构成的网状结构。节点内容的多元化导致了网络文学编辑元素的多元化，令超链接的编辑方式具有跳跃性的特征。读者在阅读传统纸质媒体时，看完标题后直接进入正文部分；而在阅读网络文学时，读者首先看到的是作品标题，点击标题后，页面会刷新跳出一个新窗口出现正文内容，读者的阅读视野从一个平面跳入另一个平面，从一个空间进入另一个空间。这种编辑方式与传统纸质媒体的编辑方式截然不同。

从某种意义上来说，读者阅读网络文学实际上是在时间与空间的两维之中获得作者生产出的最新作品。网络文学编辑应充分利用网络文学作品的超链接特性，注重作品的时效性与连贯性，避免读者因为时间和空间的变化而导致生疏感，从而产生对作品的负面印象。

同时，网络传播具有交互主体性。不同于传统纸质媒介的“一对多”传播方式，网络文学平台提供了一种双向传输的信息渠道。网络传播的一对一、一对多、多对一、多对多的传播方式模糊了传播者和受众的身份，传播者和受众可以互为主体。这种双向的交流和互动有利于双方在信息共享中互相认同、相互沟通和相互理解，更好地发挥双方的积极性和主动性，把信息传播推向深处，有利于网络文学作品的宣传和推广，有利于作者和读者之间的互动和交流。

因此，网络文学编辑要根据网络文学作品创作、生产和传播过程中的交互特性，强化与作者的沟通，充分尊重读者受众的主体性和传播权利，建立完善的运营和服务机制。同时，在大数据技术和 AI 技术快速应用的背景下，网络文学编辑还应掌握和熟悉一些常用的数据分析方法和 AI 的技术应用技巧。因此，网络出版过程中常用到的多媒体技术、数字版权保护技术、元数据技术、文档格式技术、数据分析和人工智能等数字技术，网络文学编辑都应加以熟悉和了解。

（三）需要开展实时在线的更新和维护工作

传统文学作品一般在作品达到一定规模后才会出版，因此，传统文学的编辑工作是在一个时间段内统一进行。但网络文学创作和传播使作品更新的时效性大大增强，通过网络可以第一时间发布信息，也可以第一时间更新、修改、删除已发布的信息。发布的信息可以是作品的更新内容，也可以是对读者的一些回复如感谢、解读等。因此，网络文学编辑工作具有即时性和持久在线的特点。

网络文学编辑及时更新和维护作品的工作特点，使信息的筛查和过滤相对困难，容易带来虚假、有害信息的传播风险。因此，网络文学编辑需要有高度的职业责任感和政治敏锐感，及时作出判断，规避风险，切实担当起信息更新和把关的角色。

二、与传统文学编辑工作的区别

与传统文学编辑工作相比，网络文学编辑工作具有以下不同：

（一）作品价值的评判主体不同

传统文学作品的出版一般由一个或者少数几个编辑把关，其作品内容主要取决于编辑个人的审美能力和审美取向。这难免会错失一些优秀的作品。比如《尘埃落定》《狼图腾》等都曾不被看好而险失出版的机会。

网络文学作品的出版虽然也需要编辑把关，但相对而言编辑把关环节的主体更加多元。网络文学作品的价值还可由读者和评论者来评判。

（二）内容把关和加工机制不同

传统文学出版严格落实三审三校制度，从根本上保证了作品的思想价值、艺术价值和内容质量。

网络文学作品的海量性，使得网络文学编辑根本无法做到精挑细选，只能通过快速浏览、关键字审查，以及“机器＋人工”等方式，保证作品的合法合理合规。因此，网络文学出版应在充分利用技术审校的基础上，逐步建立严格的审稿制度和规范的编辑加工流程，落实三审三校制度，形成更为科学的内容把关和加工机制。

（三）题材选择和内容表现形式不同

传统文学出版的题材一般经过作者严密选择，内容严谨，表达规范，符合正统文学的表达范式。

网络文学出版则注重内容的简单易懂，且更具娱乐性，因而尤其受到年轻群体的喜爱。

（四）运营和传播的方式方法不同

传统文学出版的营销活动大都在选题策划之初就已开始，并贯穿编辑出版过程始终。宣传方式包括人员推销，平面、影视、网络媒体宣传等多种手段。

网络文学出版的运营和传播主要采取首页推荐、排行榜、作品精选、置顶、加精、飘红、预告等方式，以及通过技术手段，进行个性化算法推荐。同时，基于作品的 IP 开发也是网络文学运营服务的重要方式。

另外，传统文学出版和网络文学出版的具体出版流程、出版周期等方面也不尽相同。总体来说，目前网络文学出版在内容把关方面还需加强，但在运营传播方式上比传统文学出版更加丰富多样。在这些环节中，网络文学编辑应发挥更大的作用。

三、基本流程

网络文学编辑从事网络文学作品的出版工作，一般包括以下三个主要工作流程：

（一）网络文学作品的创作与管理

网络文学作品的出版首先要经过策划和创作环节。由于网络文学作品创作的网络化及作者的广泛性，作者主动投稿、编辑组稿与约稿、编辑策划选题等方式同时存在。虽然网络文学作品主动投稿现象普遍，但最终作品的上线运营和出版必须满足网络文学平台的出版要求。因此，网络文学作品的创作与管理环节十分重要。

作者主动投稿时，一般应根据网络文学出版方或网络文学平台的要求及规范上传自己的作品并完成签约。编辑组稿与约稿时，可以通过个人定向征稿、原有作者推荐新人、广发征稿函、举办征文比赛等方式来获得稿源。编辑策划选题则由网络文学编辑根据现有作品选题情况，挖掘新的想法、创意、点子，对有些已经形成爆款的作品或目前平台缺少急需补强的类型的作品，进行主动的选题策划。无论网络文学作品采用哪种策划与创作方式，均应遵循相关的法律法规要求，并按照网络文学平台的流程要求进行作品策划与创作。

策划创作好的网络文学作品应纳入网络文学出版单位的内容管理平台进行管理。一般采用集中式或分散式管理模式对作品进行全生命周期的管理。根据作品的运营和传播需要，还应对作品进行采集、入库、存储和资产化的转换。在此过程中，网络文学出版单位应建立网络文学作品的内容管理制度体系，并根据政治导向、文学价值、编校质量和版权管理的一般要求，应用内容管理的技术平台对网络文学作品进行质量审核管理，确保上线作品的质量。

（二）网络文学作品的运营

网络文学作品的运营一般包括产品运营、内容运营、平台运营、用户运营和版权运营，此外还需要开展作家服务等工作。

内容运营是规划、调整、促进、管理网络文学平台上所产生的作品，以及其他主要由UGC（用户产生内容）方式产生的互动信息，包括用户评价、打分等一系列与阅读、写作相关行为所产生的内容。目的在于提升网络文学平台的内容品质与价值。

平台运营主要是通过对业务的观察以及与用户的交流，不断调整平台（包括网站、手机客户端、小程序、其他硬件设备的相应软件终端）所提供的各种服务，以便更好地提升用户创造内容、浏览内容的舒适度与积极性。

用户运营主要通过不断设计和调整产品方向、产品服务，维护老用户，吸引新用户，最终达到扩大阅读人群，增加作品数量、优化写作质量的目的。

版权运营的主要方向是对版权进行评估、定价、包装、推广、销售、开发，最终达到版权变现、作品增值的目的。

严格意义上说，作家服务工作是用户运营的一个分支。读者更贴近普通用户一点，而作者则更特殊。读者的定位大体属于消费者，而作者的角色更为复杂，一方面是消费者，另一方面还是内容供应商，网络文学平台需要对作者进行管理和服务。

（三）网络文学作品的传播

网络文学是由于互联网的兴起而发展的，因此，互联网的开放共享特质对网络文学作品的传播产生了很强的影响。网络文学的传播机制一直处于变化之中，在发展中成熟，在选择中完善。

网络文学作品的传播具有即时、双向以及自优化等特点，包括创作者、传播途径、传播媒介以及读者等所有构成网络文学生态的构成要素不断地完善着网络文学作品的传播机制。从传播路径上看，网络文学网站、移动终端、微博微信以及各大排行榜和奖项对网络文学作品的传播路径产生了极大影响。同时，由于从移动端到线下实体渠道的拓展，基于网络文学 IP 生态构建的有声读物、影视动漫、网络游戏以及海外渠道的日益成熟完善，网络文学作品的传播范围越来越广，作品的影响力越来越强。网络文学编辑开展作品的传播推广和管理，也将是一项越来越具有挑战性的工作。

第二节　能 力 要 求

网络文学编辑是从事网络文学作品策划、生产管理和运营传播的主要参与者，连接着作者、作品、市场及用户。同时，网络文学出版是一种精神文化生产与传播活动，具有强烈的意识形态属性，与国家政治因素和法律法规也存在着紧密的关系。因此，网络文学编辑能力的强弱直接影响着网络文学行业的健康和可持续发展。

一般来说，网络文学编辑除了要具有深厚的专业基础知识和广博的跨学科知识之外，还必须具有较高的政治素质和思想素质。网络文学编辑需要较高的政治素质，这是由我国的出版工作是为人民服务、为社会主义服务的性质所决定的。作为网络文学编辑不但要坚持马克思主义在文化工作中的主导地位，还要在日常工作中运用其立场、观点和方法分析、解决问题。同时，网络文学作品往往反映了作者的思想和意识，当前一些网络文学作品的格调不高、品位不佳，有些还存在香艳猎奇和挑逗情节，因此作为把关人的网络文学编辑一定要基于自身的思想品位对作品中的反科学的、荒诞的以及低级趣味的内容严格把关、认真负责、及时纠正。

此外，网络文学编辑还应具备较强的学习能力、数据处理和分析能力以及创新和协调沟通能力。在此基础上，一定的文学知识素养、产品策划和运营服务能力，以及常用的一些软件工具的应用能力也不可或缺。

一、文学知识素养

网络文学编辑要想对作品的文学价值高低作出评判，首先必须具备较高的文学知识素养。“打铁还需自身硬”，网络文学编辑如果不具备一定的文学知识素养，就无法在海量的作品中发现和辨别内容质量较高的作品。

网络文学编辑要想不断提高自己的文学素养，就要多阅读优秀的文学作品，加强对社会的了解，对历史、世界有一定的见解；掌握基本的文学知识，并在文学领域有比较系统的研究；了解当今文学发展的基本趋势，关注网络文学的发展动态，有一定的网络文学作品阅读量并持续阅读最新网络文学作品。

编辑人员只有具备较高的文学知识素养，才能对文学作品所包含的思想和精神价值作出正确的判断和评估。编辑人员只有具备较高的文学素养，才能对相关文学领域的研究动态、热点问题和宏观发展趋势有比较充分的把握，才能增强编辑选题策划的能力，才能对书稿有较高的鉴别能力，才能够与作者沟通交流和平等对话，获得作者的信任。反之，就无法对书稿框架结构的科学性和内容质量提出质疑和建议。这就要求一个优秀的网络文学编辑，必须是该行业领域的专家。

同时，网络文学编辑作为从事内容创意和生产工作的专业技术人员，对文学作品内容的把控能力要求较高。这就要求网络文学编辑在拥有较广博的基础知识和较专业的领域知识之外，还应拥有较高的语言文字水平和较强的写作能力。

二、产品策划能力

选题策划是编辑与出版工作之本，是编辑人员应认真履行的重要职责。因此，一名优秀的编辑，必须具备较强的选题策划能力。而网络文学出版产品策划更是一项综合性很强的编辑工作。

与传统文学作品的选题策划相比，网络文学出版产品选题策划需要考虑的因素会更多，如跨媒体、跨栏目的横向合作，文字、图片、动画、视频等手段的组合运用，超链接、超文本引发的网状结构的运用，网上论坛、网上调查等交互方式的大量采用，等等，这些因素无不有助于更好地为受众服务。

因此，网络文学编辑除了具备选题策划能力之外，还需要建立正确的受众观。“胸怀受众，心想受众”的用户思维，是网络文学编辑产品策划能力的重要体现。网络文学编辑的受众观主要有以下几点：

第一，要注重满足受众对信息的立体需求。受众的需求是立体的、多方面的，这就需要编辑考虑媒体的包容度，能够实现多种信息源、同类声音、异类表现在传播过程中最大限度地呈现。

第二，要注重满足受众对多样形式的追求。这就要求在选题策划时，注意产品在表现手段上考虑文字、图片、动画、视频等多种手段的组合运用，使作品的表现形式更加丰富多彩。

第三，要注重满足受众及时、方便检索信息的需求。网络超文本、超链接技术所提供的主题检索等功能的运用，大大增强了文本的整体表现力，用户通过网络搜索可以迅速找到所需的内容。选题策划时，要注意网络超文本、超链接的有效运用。

第四，要注重满足受众交流、沟通的愿望。选题策划时，编辑要注意网上论坛、网上调查、互动游戏等交互方式，使产品表现出很强的互动性。

三、运营服务能力

网络文学运营服务主要包括产品运营、内容运营、平台运营、客户运营、渠道运营以及版权运营等众多环节。针对网络文学作品而言，网络文学编辑需要重点关注其产品运营和客户运营，同时，应能兼顾其他运营服务模式的开展策划和组织更有效的运营活动，努力提升自身的运营服务能力。

（一）产品运营

1. 产品的发布

由于网络文学作品发布活动涉及不同媒体渠道的呈现，因此，网络文学编辑要具备一定新媒体渠道运用能力，要具有较强的互联网思维和用户体验思维，时刻关注数字技术、跨界合作和用户体验，以适应各种新的信息传播方式和服务模式。

2. 产品的传播

虽然网络文学出版方或平台会安排专门的工作人员对产品进行运营和维护，但网络文学编辑是网络文学作品内容的重要把关者，更加熟悉产品的内容，应该积极配合运营人员采用合适的上线方式和商业模式对产品进行营销和销售，并采用相关的数据统计分析工具，对实现销售的产品进行统计分析。另外，编辑要持续地对产品的内容进行维护，及时修正数字出版产品可能出现的瑕疵。

在网络文学作品的传播过程中，需要掌握包括网络文学产品在内的数字出版产品传播所具有的及时性、双向性、自由性和个性化等特点。网络文学编辑应认真分析网络文学作品的商业特点及其传播机制，及时了解相关作品内容的传播途径和受众反馈情况，积极开展传播渠道的建设、拓展和运维管理。

（二）客户运营

客户是指具有某种价值交换关系的自然人或组织[马莉婷.电子商务概论(第2版)，北京理工大学出版社，2019：50－52.]。对于网络文学编辑来说，其客户包括两类，一类是提供文学作品内容的创作者（作家），另一类是消费网络文学平台产品的用户（包括渠道和个人）。由于客户作为一种企业战略资源，具有较强的市场价值、规模效应以及品牌影响力，因此网络文学编辑开展客户运营工作时，应制定明确的运营规划和策略，推动客户运营更好服务于文学作品传播和企业价值提升。

针对网络文学作品内容的创作者，网络文学编辑应区分不同创作者类型、分析各类作品具体特征、跟踪作品创作过程、研究并反馈作品传播效果等。针对网络文学作品的消费者，网络文学编辑应明晰网络用户特点和需求，从个性化与普遍性两个维度提供服务，以主动性和被动性两种方式开展运营。

与此同时，网络文学出版企业也应建立必要的客户关系管理体系，制定客户资源开发与管理策略，综合利用内容运营、渠道运营、版权运营等多种运营手段，提升企业运营水平，扩大网络文学作品的传播范围。

四、常用软件工具运用能力

网络文学编辑岗位与传统编辑岗位所需能力不一样的地方，还重点体现在数字出版系统的应用能力和常用软件工具的运用能力之中。本书相关章节会详细介绍数字出版系统的应用要求，本节简单说明网络文学编辑应具备的常用软件工具运用能力。

无论是起草文件、撰写选题报告、审读、加工和校对文学作品，还是产品发布、运营以及统计分析数据，形形色色的办公软件已经成为编辑工作必备的基础工具。必要的时候也会把图像处理软件、思维导图软件等的使用纳入网络文学编辑的日常工作中。

（一）传统办公软件

网络文学编辑的日常办公活动离不开传统办公软件，如Word、Excel、PPT等都是常见的办公软件。使用办公软件，可以制作最常用的文字、表格、演示等多种文档，可用于文字编辑、排版、校对、印刷、展示等环节，并且可以利用计算机技术的强大数据处理功能处理数据材料，包括数据的收集、存储、处理、整理、检索和发布，有利于科学管理产品数据，大大提高了办公效率。

（二）专业写作软件

随着科学技术的发展，越来越多各具特色的编辑器出现在软件市场，为编辑工作带来了更多的便利。专业写作软件种类较多，功能繁杂，多以App和web形式为主，不仅具备传统办公软件的文字处理功能，还具备一些特有的写作功能。

一些早期的写作软件，主要是从优化写作体验的角度出发为写作提供辅助。比如，可以提供一些无干扰模式、极限写作模式、离线写作模式等，在一定程度上解决拖延症，减少写作干扰。

真实的写作流程往往遵循一种非线性的逻辑，随着思考的逐渐深入，真正的写作过程是一种思写合一的过程。一些写作软件可以在内部提供一些思考工具，与写作过程有机融合，让作者或编辑可以随着思考的逐渐深入，不断地跳转、重写、反复编辑，最终完成稿件。此类软件可以大大降低长文的压力和焦虑，方便内容重组，非常适合非线性写作，同时可以兼顾文章细节和全局结构。

随着人工智能的高速发展，AI 技术逐渐被应用到各行各业。对于编辑而言，人工智能技术在写作辅助领域的发展值得进一步关注。目前，市面上的智能写作软件已经非常成熟，可以围绕写作流程进行全过程辅助，提供创意发现，素材库、话题推荐，写作模板，内容改写、续写、修改润色，审核校对，文章质量检测，多语言翻译等功能。一些网络文学网站提供的写作软件甚至具备内容管理、作品数据分析、读者互动等功能，还具备作家社区、作家群组交互等作家群社交功能。

（三）其他辅助工具

网络文学编辑还会经常用到一些办公辅助软件，如图像处理软件和思维导图软件。

图像处理软件主要处理以像素所构成的数字图像。编辑使用其众多的编修与绘图工具，可以对数字图片进行修复、合成、美化等各种处理，其功能在图像、图形、文字、视频、出版等各方面都有涉及，可以广泛应用到广告制作、平面设计等工作中。

思维导图软件是一种创造、管理和交流思想的通用标准工具，可视化的绘图软件有着直观、友好的用户界面和丰富的创作功能，可以帮助编辑有序地组织思维、资源和项目进程。通过思维导图软件可以随时开展头脑风暴，帮助编辑快速理清思路，还能帮助编辑提炼作品架构、情节大纲等。思维导图结构有普通导图、鱼骨图、二维图、树形图、逻辑图、组织结构图等，主要是以结构化的方式来展示具体的内容，让编辑可以随时把握大纲或工作计划的全局，从而提高工作效率。

总之，网络文学编辑通过应用多种工具软件，既可以提升日常工作效率，也可以有效增强自身的岗位工作能力。

第三节　人才培养

在2021年9月召开的中央人才工作会议上，习近平总书记强调，“深入实施新时代人才强国战略，全方位培养、引进、用好人才，加快建设世界重要人才中心和创新高地，为2035年基本实现社会主义现代化提供人才支撑，为2050年全面建成社会主义现代化强国打好人才基础”。产业的持续健康和高质量发展离不开人才队伍建设，人才是衡量一个国家综合国力、产业发展潜力的关键指标和核心要素。因此，培养和提高网络文学编辑人才队伍的水平是网络文学行业高质量发展的重要一环。

一、制定培养规划

网络文学编辑人才的培养规划，既包括网络文学行业主管部门根据行业发展需要提出的行业人才培养战略规划，也包括企业根据发展目标制定的企业人才发展规划，还包括具体的企业人力资源发展规划。

随着网络文学行业规模持续扩大，作品数量和创作者人数增加，日活跃用户群体数亿万计，行业出海战略稳步推进，如何构建一支政治素质硬、思想水平高、业务能力突出的网络文学编辑人才队伍，是主管部门和平台企业必须从战略高度认真思考和严密部署的重大课题。通过对行业人才布局、技能型人才和领军型人才分布、国际化人才以及研究型人才现状等情况进行分析，提出问题和解决方案，形成行业和企业的人才培养规划，提升我国公共文化服务能力，进而提升行业高质量发展水平。

国家新闻出版署2016年3月10日实施的《网络出版服务管理规定》中明确提出，“各地出版行政主管部门应加强对网络出版从业人员的管理，定期组织岗位、业务培训和考核”。2020年6月，国家新闻出版署印发《关于进一步加强网络文学出版管理的通知》，提出要“加强网络文学出版队伍建设。深入开展马克思主义新闻出版观教育，提高网络文学从业人员内容导向把关能力，增强责任感使命感。加强队伍教育培训，网络文学出版单位从事内容审核的编辑人员应按时参加出版专业技术人员继续教育，每年累计不少于72小时，取得出版主管部门颁发的继续教育合格证书；网络文学出版单位法定代表人、总编辑或主要负责人应在规定时间内参加出版主管部门组织的岗位培训，取得国家新闻出版署统一印制的岗位培训合格证书。引导广大网络文学从业人员对读者负责、对社会负责，加强品德修养，恪守公序良俗，弘扬新风正气，打造精品力作，维护网络文学行业良好声誉和网络文学出版工作者良好形象。”2022年3月，国家新闻出版署印发《关于组织实施2022年度出版融合发展工程的通知》，优先启动包括“出版融合发展优秀人才遴选培养计划”在内的两个子计划。2022年4月，中共中央宣传部在《关于推动出版深度融合发展的实施意见》中明确提出要“建强出版融合发展人才队伍”，夯实人才培养基础、强化高层次人才培养激励和发挥企业人才建设主体作用。2016年12月28日，北京市人力资源和社会保障局、北京市新闻出版广电局联合发布《北京市新闻系列（数字编辑）专业技术资格评价试行办法》，正式启动北京市数字出版、数字新闻、数字音视频等数字编辑专业领域职称评价工作，这是在全国率先开展数字编辑职称评价办法。以上这些均是行业主管部门对有关网络文学编辑提出的明确要求，为网络文学编辑人才培养创造了良好的政策环境，也为行业人才队伍的健康发展指明了方向。

各行业组织和平台企业应以此为契机，制定编辑人才的培训和培养规划，完善企业人力资源数量、质量和结构，形成领军型人才和国际型人才突出、技能型人才和复合型人才协调的人才队伍体系，为网络文学行业发展提供强大的基础保障。

二、完善管理机制

在人才战略规划和发展计划的基础上，优化完善网络文学编辑人才制度体系和人力资源管理机制，是网络文学出版单位提升核心竞争力的关键要素。

一般而言，一个网络文学出版单位的人才制度体系和人力资源管理机制应该包括人才战略规划、年度培训计划、职位责任说明、岗位能力要求、薪酬和绩效管理、员工关系管理、招聘和配置要求以及企业知识管理等基本管理单元。通过不同单位的协同运营，形成选人用人、育人留人及人才退出的有效机制。

2022 年 4 月，中共中央宣传部印发《关于推动出版深度融合发展的实施意见》，提出要建强出版融合发展人才队伍、发挥企业人才建设主体作用。出版单位根据出版融合发展事业需要，制定相关人才建设规划、制度、举措，坚持全员参加与专人负责相结合、内部挖潜与外部引进相结合，不断扩充融合发展人才队伍。对专门从事融合发展业务的人员实施专项培养计划，在产品策划、内容编辑、技术开发、传播运营等方面，培养一大批骨干人才、青年英才、业务新秀，对优秀人才在考核评价、工资待遇、职业发展等方面给予更大支持。鼓励有条件的出版企业，聚焦融合发展前沿，跨单位调集优秀人才组建攻坚团队，在人才梯队、科研条件、资金投入等方面给予配套支持。

上述政策要求，为行业组织和网文平台企业提供了明确指引，在充分发挥企业主体作用的基础上，形成更加完善的网络文学编辑人才培训管理机制和队伍体系。

三、健全培训体系

2022 年，“数字出版编辑”纳入新修订的《中华人民共和国职业分类大典》，相应的工作任务和职责也得到了明确，标志着该职业得到了国家的正式认可。这对包括网络文学编辑在内的数字出版领域从业人员都十分有益，无疑拓展了其职业发展空间和上升通道，对数字出版业人才队伍建设将起到重要作用。

在国家政策的大力支持下，行业协会、研究机构和出版单位应在现有工作基础上加大力度推进设置企业数字出版人员专业岗位、建立数字出版从业人员能力模型，加大对相关培训教材的研发，分门别类做好编辑策划、服务运营等部门不同岗位、不同层级的人员培训工作，突出效果导向，强化创新意识，使得人才培养与业务发展融会贯通、协同推进，并开展有针对性的在职培训课程，分类分级加大业务基础理论培训、领导能力培训和岗位技能培训。同时，行业组织可联合相关企业建立人才流动机制，鼓励网络文学编辑在不同企业之间有序流动和交流学习，从人才培养和管理方面推动我国出版产业的融合发展。

思　考　题

1. 网络文学编辑工作的主要特点是什么？

2. 网络文学编辑工作与传统文学编辑工作的区别是什么？

3. 网络文学编辑的基本工作流程是什么？

4. 网络文学作品的运营工作包括哪些？

5. 网络文学编辑需要具备哪些能力？

6. 网络文学编辑需要掌握的常用软件工具有哪些？

7. 网络文学编辑人才培养可以从哪些方面入手？

第三章

网络文学创作

重点提示：网络文学创作主体的概念、特征及其在不同时期的变化轨迹；网络文学创作流程，网络文学编辑与作家的互动，对创作的不同程度的介入；网络文学主要创作类型的界定、分析，以及其类型特征。

第一节　创作主体

网络文学是数字出版的重要组成部分，是典型的网络出版物。根据《2023年中国网络文学发展研究报告》数据，截至2023年底，我国网络文学作品累计规模达3 786.46万部，网络文学平台驻站作者规模达2 929.43万人。

作为网络文学的内容生产源头，网络文学创作主体多元、来源多样，可大致分为传统作家、网络专业作家和大众网民三大类。其在不同时期具有不同的变化轨迹，目前在网络文学创作主体中占据核心地位的是网络专业作家群体。

一、传统文学作家

传统文学作家，一般称“传统作家”，是指曾有过纸媒写作经验和发表经历的创作者们，其中不乏传统文学领域里的名家。所谓“传统作家”，并不是一个严格意义上的概念，更多是民间或网络文学研究者之间一种约定俗成的说法。

2000年前后的网络文学代表作家，大都以纸媒时代的构思与写作方式进行。写作题材也以传统的都市情感类为主，在作品的形式与内容两方面创新性并不强，与传统文学相比，还未形成“泾渭分明”的网络特色，更像是传统文学作品在写作完成之后，再在网络上进行“复制粘贴发表”。同时，网络创作在传统作家眼中，地位和影响力远远比不上纸媒，很多作家的作品也是出版社为宣传缘故，将其作品的至多前三分之一贴在网络上供读者阅读，其目的仍是为了纸书的销售服务。这一部分的传统作家是否能构成网络文学创作主体，从主流的意见上看是否定的。也即网络文学创作主体所谈及的传统作家群体，必须是自己（亲自或委托他人代传）将作品首先在网络上发表。

据中国互联网络信息中心（CNNIC）第53次《中国互联网络发展状况统计报告》，截至2023年12月，我国网民规模达10.92亿，互联网普及率达77.5%。随着互联网的快速发展，网民数量激增，网络文学的主流化进程也在加速，传统作家在网络上以互动写作、连载写作的方式进行创作也成为一种流行趋势。

（一）早期网络作家

早期网络文学创作主要是从传统作家上网写作开始的。在20世纪90年代，互联网作为新生事物诞生初期，能够上网冲浪的网民并不多，网生的“原住民”创作者还不多见。随着互联网应用范围的逐步扩大（如图3－1所示），网络文学创作者队伍逐步扩大。

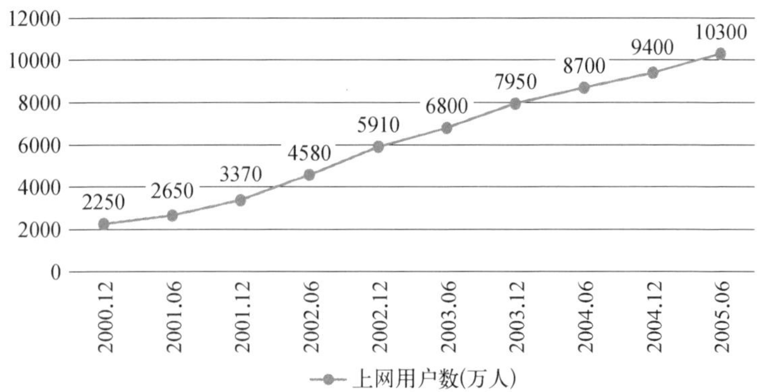

图3－1　历次调查上网用户总数

根据2000年1月18日中国互联网络信息中心（CNNIC）公布的第五次《中国互联网络发展状况统计报告》数据，截至1999年12月31日，我国共有上网计算机350万台，上网用户数890万，CN下注册的域名48 695个，WWW站点15 153个，国际出口带宽351 M。

2000年前后能够进行网络写作的，多以受过高等教育的人群为主，包括科研机构人员、IT从业人员、外企白领、大学生等。他们所受的文学训练，积累的创作经验仍以纸媒时代为主。这部分人群具有强烈的表达欲望，但在传统纸媒时代普遍缺少发表、交流或成就个人发展的机会。

而互联网则提供了绝佳的作品发表空间，一篇篇未经编辑审校的文章可以在网络上轻松发表。在并无直接经济利益刺激的前提下，网民通过点击、跟帖等方式对自己喜爱的作品竞相追捧，使创作者更有创作的动力，这种更为“面对面”的交流新方式促进了更多传统作家尤其是具有旺盛创作力和 IT 技术应用知识的青年作家群体进行网络创作。包括陈村、余华等名家都曾担任过早期网络文学大赛的评委，对纸媒时代无缘与其交流的文学青年们而言，名家的支持和鼓励更增添了网络文学的吸引力。

随着互联网的发展，网民数量迅速增加，至 2005 年我国网民用户数破亿。用户的需求逐渐多样化，在严肃文学之外，网民对通俗文学更为偏爱，尤其是以网络原创的“类型小说”为代表，“男玄幻女言情”成为流行趋势。一部分传统作家在网络类型小说的影响下也开始了创作，不少作家都取得了较好的成绩。但大部分传统作家仍坚持以自己习惯的方式进行网络文学创作，在散文、诗歌、传统小说等严肃文学领域勤耕不辍，为我国网络文学的多样性发展作出了自己的贡献。

（二）早期网络创作特征

早期网络文学的创作者们依托网络进行的创作更多是无意识的，或者说没有具体约定俗成的方法。以早期的网络文学作品《繁花》的创作为例，作者起初是想在网上写一些无名无姓者的市井事迹，于是起了网名并上网开帖，可以说是在无意识的状态下写下这个长篇。由此可见，2000 年前后的网络文学创作群体是朝气蓬勃的，来源也是多种多样的。早期的网络文学创作具有以下四个主要特征：

第一，文学的多样性得以体现，小说创作逐渐成为主流。2000 年，癌症患者陆幼青以“珍爱生命”为主题在文学网站“榕树下”连载《生命的宣言》，引发媒体关注。“金庸客栈”西祠胡同、“西陆”天涯等社区也成为创作者聚集的场所，诞生了《悟空传》《成都今夜请将我遗忘》，以及《告别薇安》等名作。

第二，线上线下结合，网络成名作品纷纷出版纸质图书。如《第一次的亲密接触》等作品在网络走红之后，进行了线下出版，销量过百万册，成为网络文学代表作品之一。

第三，小说篇幅整体偏短，体量与格式仍以纸质出版物为限度。早期网络作家创作群体，仍以线下出版的体量为基本衡量单位。如简体中文出版以 10—30 万字为一册发售，繁体中文出版多以“口袋书”的方式 6 万字左右为一册定期出版。

第四，类型小说开始兴起，超长篇写作逐渐起步。玄幻、奇幻、仙侠、网游、穿越等各种各样的类型小说陆续出现，部分作品的篇幅开始向百万字进发，并进行高频率的更新，产生了“日更”作品（每天更新）。

目前仍在创作的网络文学作家中，有传统纸媒创作经验的并不在少数，而随着网络文学整体主流化的进程加速，在国家和相关部门的引导下，网络文学作家创作现实主义小说已经蔚然成风，在现实主义创作中，也大量借鉴了传统文学优秀的创作技法。传统作家与网络文学作家的相互交流与借鉴学习，成为彼此提升写作实力的一种新途径。2011 年由中国作家协会牵头，麦家、柳建伟、周大新、白烨、孟繁华等 18 位传统作家、评论家与

18 位网络作家见面并结成对子，提升了网络作家的创作意识、理念和方法技巧。

“传统文学”与“网络文学”这一对“约定俗成”的概念，随着时间的推移，极有可能会成为过去，并逐渐融为一体，成为网络时代的文学。而对创作者来说，也不必去争论其到底是传统作家还是网络作家，写出“高峰”“高原”和精品力作才是最好的证明。

二、专业网络作家

专业网络作家是指在网络上进行创作并连载其作品的创作者，包括全职写作者与兼职写作者两大类型。作为网络文学作家群体而言，具有职业结构多样化、职业创作年轻化、创作类型同质化等鲜明特点。其创作的作品类型多样，篇幅短则数千字，长则上千万字，创作群体数量的庞大也使得作品的绝对数量巨大，其中不乏精品力作。相较而言，全职写作的职业作家是专业网络作家中最具代表性的群体。

（一）发展情况

专业网络作家何时形成并无定论，但可以用网络文学的商业化时间为节点进行推定。2000 年前后的网络文学创作者，其收入主要来源于线下出版。在此期间作为市场主体的网络文学平台曾进行过多次商业化尝试，以支撑平台的持续运营，并给作家支付相应稿酬，但最终这些尝试都未见成功。

2003 年 10 月，起点中文网启动了 VIP 付费阅读，建立了成功的商业化运营模式。随后这种模式普遍为行业内平台所借鉴，并在此基础上形成了第一批依靠 VIP 付费订阅为主要稿酬来源的“职业创作者”群体。

毫无疑问，付费订阅这种商业模式的建立对网络文学的创作者群体产生了相当大的影响，对此有创作者欣然从之，配合平台进行销售和运营。当然反对者也不在少数，甚至因此而结束与平台的合作。VIP付费订阅客观上导致了读者群体开始分层，希望免费阅读的读者与付费订阅的读者产生分化，创作者在收费和免费之间徘徊不定。现在看似平常的付费订阅模式，在推出之后的相当长时间里却花费了极大的成本去培养用户、培育市场。同时，网络文学行业的“盗版”顽疾则更为突出。

坚定地站在付费阅读一边的创作者成为网络文学的主流群体，而在近年来广告模式的免费阅读兴起之后，部分创作者也欣然从之。由此可见，如果能解决创作者的稿酬问题，免费和付费并不是最核心的争论点。

网络文学早期的专业创作者以兼职创作为主，他们与平台配合进行作品的付费阅读尝试，并且在稿酬日渐丰厚时选择了全职写作，就诞生了第一批的专业网络作家。而由于市场竞争激烈的原因，兼职写作对更新速度与质量难以兼顾，职业创作变成了很多专业创作者的客观需要。由此，真正意义上依靠数字版权进行盈利的网络文学出版单位及专业网络作家的结盟，推动了网络文学进入全新的发展阶段。

时至今日，虽然对一些网络专业作家来说，作品的衍生改编版权带来的收益远远大于作品本身的销售收入，但对大多数网络文学作家来说，“电子稿酬”抑或是“订阅收入”仍是他们拿到的第一笔写作收入和主要的经济来源。

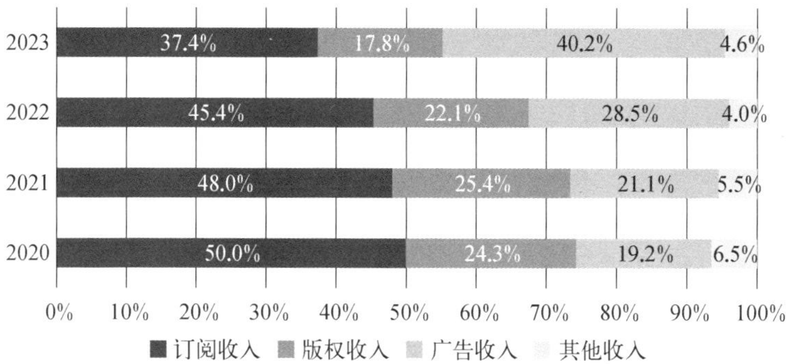

图 3-2　2020—2023 年中国网络文学市场营收结构

专业网络作家主要具有以下三方面的特征：

第一，其主要的创作方式为在专业的网络文学平台进行连载写作；

第二，其收入的主要来源是作品的数字版权收益，俗称"电子稿酬"；

第三，专业网络作家包括专职和兼职两种，其中专职网络作家最为典型。

（二）发展趋势

网络文学市场是否需要网络作家的职业化，作家的职业化对网络文学到底是好是坏，对"高原"乃至"高峰"作品是推动还是阻碍，这些疑问应该引起高度重视。

2020 年 7 月，教育部发布《教育部办公厅关于严格核查 2020 届高校毕业生就业数据的通知》，作家、自由撰稿人等都属于大学生就业的种类。由此来看，网络作家作为职业已被官方认可。

从过去二十多年的发展来看，职业网络作家的创作能力强，作品更新稳定，内容质量也有更好的保证。从读者反馈看，更容易得到读者的信赖，已形成了属于作家自己的品牌，在市场竞争中处于相对优势的地位。而网络文学平台和文学经纪人从商业运营角度出发，也会对职业创作者倾斜更多的资源，通过签订长期创作合同来保障运营者、创作者和读者三方的利益，获得了较好的经济回报。参与市场竞争的各主体如无法长期、持续、稳定、保质保量地提供作品，则会处于劣势地位甚至被淘汰出局。由此可见，网络作家的职业化进程是市场所有主体共同推进的结果，具有一定的必然性和先进性。

但同时我们也要看到，作为市场主体的运营方对商业利益的追逐存在扩大化风险，作家的自我表达受到限制，甚至产生代笔等严重伤害读者利益的行为，这些都是需要去解决的具体问题。此外，部分专业网络作家缺乏专业的文学素养训练，职业能力不足。虽然包括鲁迅文学院、中国作协与地方作协都在大力举办各类网络作家的培训班，但相较于其庞大的群体数量而言，仍不足以明显提升该群体的能力素养和职业水平。

三、大众网民

我国网络文学行业的蓬勃发展，最坚实的基础还是大众网民的支持。大众网民在阅读和创作两方面都给予了网络文学行业极大的推动力。在阅读方面大众网民起到的作用是显而易见的，但因为其创作的隐蔽性，大众网民作为内容的生产者这一身份过去往往为人所忽视。因此，有必要对大众网络的内容创作进行重新认识。

（一）作为阅读主体参与创作的大众网民

据《2023年度中国网络文学发展报告》数据，2023年中国网络文学市场营收规模达到383.0亿元，网络文学用户规模达到5.50亿人，网络文学作品累计规模达到3 786.46万部，网络文学作者累计规模达到2 929.43万人。

从数据来看，阅读用户与创作者比例约为19∶1，也就是说网络文学参与者中的主体是阅读者。但由于网络文学的创作具有强互动性的特点，阅读者会通过各种方式参与到创作中来，主要表现为以下三个方面：

一是直接以书评的方式向创作者表达自己的意见和建议。创作者在发布自己的作品之后，即会接收到用户的反馈。无论是网络文学早期的论坛BBS发帖、跟帖回帖模式，还是专业文学网站的作品书评区沟通模式，都将书评作为重要的产品功能加以体现。而版主、书评区管理员等被招募的网友则担任了作品的兼职运营者的工作。例如，书评区管理员可以将优秀的书评置顶、加精、送积分等方式对创作者进行奖励，创作者本人也可以进行同权限操作。创作者经常会回复读者的书评，并将自己认可的优质书评结集放在自己作品的"作品相关"部分中留存。同时，创作者还会建立自己专属的"粉丝团"（可以以作品为单位，也可以以作者为单位），通过建立QQ群、微信群等方式将自己的读者集中起来进行更直接的交流，或招募其中的部分活跃读者成为自己的"智囊团"。甚至在此基础上还产生了"同好共创作品"的集体创作方式，使得网络文学创作模式有了更多的扩展可能性。

二是通过数据点击、付费订阅和道具投送等方式对创作者进行直接褒奖。其中的点击是一个中性的行为，读者无论喜欢或者不喜欢一部作品，只要进行了阅读，就产生了点击量，其体现的更多是作品的关注度（或热度）而非好评度。因而有诸多的作品为了吸引眼球采用各种运营手段，甚至故意引发争议来获得更多的点击量。这与部分自媒体盲目追求“10 万＋”却不注重行文质量是一样的，都属于炒作、博眼球，需要摒弃。

为更有效地推动读者与创作者的互动，网络文学平台的运营者也推出了道具系统，通过为读者提供免费与付费的道具，使读者可以向自己喜爱的作品表达更清晰明了的支持，从而形成点击之外的另一套互动评价体系。其中不乏读者为一部作品投入成千上万的资金，这种现象很难直接评价是好是坏，从某种意义上来说，道具系统的推出，强化了网络文学作品的粉丝现象。

付费订阅可以归结为付费用户的点击行为，但因阅读需要付费，所以在极大程度上杜绝了所谓的“黑粉”行为。在“唯点击率”逐渐式微的情况下，道具系统和付费订阅成为读者与创作者互动、评价、影响的更可信方式。

三是创作同人作品。出于对原著作品的喜爱（亦有部分是不满或“因爱生恨”），读者会对其中的部分内容进行二次创作，即形成了所谓的“同人小说”作品。这些作品篇幅不一，短的寥寥百字，甚至直接以书评的方式发表；长的甚至超过原著篇幅，例如《斗罗大陆》部分同人作品。对作品的二次创作，绝大多数原著作者都持欢迎态度，甚至自己主动策划、鼓励、奖励读者进行同人创作。例如《全职高手》《诛仙》等作品都衍生出了相当多高人气的同人作品。但也有部分读者不经原著作者允许即进行二次创作，并对原著形成了负面影响，因此也需要引起注意。

另外需要指出的是，部分创作者将不同作家的作品串联成书并进行商业销售，此种行为一方面是版权方面的问题需要引起重视；另一方面其有技巧的创作方式表明其并非普通的大众网民，而有可能是专业的网络作家。

（二）业余创作的大众网民

目前网络文学的创作者，几乎全都曾是网络文学的阅读者。也即是说，从阅读者向创作者的转化是网络文学作家诞生的主要途径。

阅读者的创作首先是“模仿型”的，即会选择自己喜爱的作品进行“模仿创作”。在前一部分我们提到的同人作品，也可以算是一种对原著者的“模仿创作”。

网络文学虽发展短短二十余年，但因其自身“类型小说”的特点，导致类型众多，流派纷呈。对新入行的创作者来说，玄幻、仙侠、奇幻、科幻、机甲流、洪荒流、诸天流等概念都很难分得清楚，更谈不上抓住其主要的创作技巧，因而在写作上会遇到较高的门槛。甚至新作者常自嘲上一次写过这么长的文学作品还是高考作文。为了降低创作门槛，破除新作者的畏难情绪，网络文学平台的编辑都会组织写作培训，力图使新创作者尽快认清网络类型小说的普遍规律，并掌握基本的入门级创作方法，这在客观上推动了大众网民向专业网络作家的转化。

根据创作平台的不同，可以将参与业余创作的大众网民大致分为以下四种类型：

一是自媒体写作中的部分网络文学创作者。以微信公众号、微博、百家号、头条号等为代表的自媒体平台，自其诞生至今，都是大量网民阅读的首选，其创作的文章内容种类繁多，五花八门，朋友圈屡屡出现的“10 万＋”的“爆款文”为其主要标识。但必须注意的是全职进行公众号写作的仍是少数，进行职业文学创作的更是少之又少，大多数网络文学相关公众号的运营者仍是业余创作者。

二是专业文学网站的未签约创作者。并非所有的专业文学网站的创作者都能签约，也并非所有的创作者都愿意签约。《2023 年度中国网络文学发展报告》数据显示，截至 2023 年底，网络文学平台驻站作者规模达到 2 929.43 万人；另据中国作协网络文学中心发布的《2023 中国网络文学蓝皮书》数据，网络文学网站累计签约作者近 230 万人，成为签约作者的比例只有不到 10％，也即 90％左右的创作者仍处于业余创作阶段，属于比较典型的大众网民创作类型。

三是诗歌、散文、中短篇小说等文学样式的创作者。《中国诗歌》与《绿风》等诗歌线上论坛仍吸引着爱好者进行写作，并编辑网络诗歌选本，对网络诗歌的发展起到了推动作用。全国各地的网络论坛“圈地自萌”“各美其美”的现象普遍存在，客观上为保持网络文学的多样性提供了阵地。

四是私密受限的“亲友”型写作。例如在朋友圈、QQ 群、微信群等地方发表文章、诗歌等，如其具有显著的文学性，则也应认可其为网络文学的创作者。

网络文学创作者队伍的扩大客观上推动了网络文化行业的高速发展。在现行管理制度下，网络文学作品的创作者须完成在网络平台的登记注册和身份认证，才能发表作品。因此，我国网络文学创作队伍的发展有了持续健康的规范性保障。就创作主体来说，我国网络文学最核心的是职业创作者，以其为代表的专业网络作家队伍是网络文学创作的核心力量。同时，海量的业余创作者也成为网络文学创作和发展最广泛的基石。正是由于我国网络文学创作主体的广泛性和多样性，才推动形成大小高低各不同却欣欣向荣的网络文学创作生态圈。同时，从“高原”到“高峰”，我国网络文学要产生堪称“伟大”的作品，也不能只靠创作主体单方面的单打独斗，还需要从主管部门到网络文学各市场主体以及文学评论家等多方面的共同努力。

第二节 创作流程

网络文学的创作从早期的“自发创作”，经过二十多年的长期发展逐渐变成了“自觉创作”。目前居于引领者地位的专业网络作家的创作，一般具有清晰的目的，而这种目的，往往与市场回报相关。网络文学的主流是类型小说，其具有先天性的“写作流程固定化”“创作方法套路化”“读者期待与反馈机制深度影响”等特点，这对创作者来说，既是相对稳妥的收益保障，也是一种创作时需要小心打破的“藩篱”。

与此同时，随着网络文学网站的商业化进程加速，网络文学编辑队伍的建立与完备，网络文学作者的创作又受到编辑队伍较为深刻的影响。在目前的网络文学创作过程中，网络文学编辑发挥的作用日益显著。在选题策划、组稿约稿及新书签约等方面编辑更是直接参与其中，体现了较为强烈的“编辑意志”，这正在成为网络文学行业发展的共识。

为了提高创作者的创作能力，尽可能地提升运营效率和商业回报，网络文学的市场参与主体竭尽所能。原创作者主动投稿、编辑组稿与约稿、编辑策划选题作者进行订制创作等方式是同时存在的，这些创作方式的管理流程也是不同的。

一、原创作者投稿

网络文学平台一般都开设投稿通道，可以便捷地帮助创作者上传、更新其作品。读者如果想转化为创作者，只需要在平台页面导航栏醒目位置的“作家专区”“我要写书”等栏目填写个人真实信息、联系方式、笔名等资料即可注册成为创作者，进而发布自己的作品。

（一）投稿与审稿基本流程

早期的网络文学创作者，起初是在“金庸客栈”“西祠胡同”等论坛 BBS 上以发“帖子”的方式发布作品，称为“帖文”。帖文的作者有些是将已出版为纸书的作品发布在网上，有些是想在网上吸引人气，边构思边发帖，网络成为其第一发表地，其也成为第一批的网络原创作者。

类似于“榕树下”之类的专业文学网站的建立，为原创网络文学的发展提供了新的阵地。并在投稿量增加之后，仿照传统纸媒时代的杂志社、出版社体制建立了编辑部。编辑部对网站上的热门作品进行分类、首页推荐并与出版社联系进行纸书的出版。

因无直接而明确的商业变现通道，网络原创作者并不能从网络读者那里直接获得稿酬，而其主要的稿酬来源，是作品被线下出版变成纸书后获得的版税。因此在网络文学发展的早期，网络原创作者更多是获得了名声，并借由名声而进行线下出版。这一模式虽不是网络原创的主流，但其操作方式却延续至今，网上的热门作品往往会获得优先出版的机会。而出版社在出版其他类型的作品时，也会在网络上贴出其作品的部分内容进行展示，并引导读者进行纸书的购买。这使得网络文学与传统文学的媒介界限正在打破，严肃文学和通俗文学的内容分野似乎变成了主流。当网络原创作品中出现了较为严肃作品（例如不少现实主义精品）的时候，网络文学的界限实际上被拓宽了。

以“榕树下”为代表的“线上编辑部”方式，仍旧是对纸媒时代编辑部体系的模仿。随着网络文学的VIP电子付费订阅体制的建立，根植于网文本身的“网络编辑”体系得以生根发芽，最终壮大起来。时至今日，垂直网络文学网站内容平台，一般都建有编辑部，并按照作品/作者的流水号、作品类型等进行分组，较为便捷地实现了与作家的沟通交流。

一般来说，网站平台的原创作者在创建自己的笔名和作品后，会按照网站的引导进行推荐与签约申请。在网站的运营过程中，网站的推荐位会按照其商业变现价值进行划分，分为不同的量级，并匹配不同的推荐条件，大部分推荐位只有签约作品才能得到展现的机会。创作者在创作作品的过程中，如其达到了一定的条件，则可以主动向编辑部提出签约申请。这些条件可能包括作品的字数、点击、收藏等数据。当然，出于商业竞争的需要，各平台作者申请签约的字数底限，已经普遍降到了三万字以下，这在极大降低作者申签门槛的同时，也增加了作品的不确定性。因此，网络文学编辑必须高度关注作品的后期成长曲线。

原创作者投稿的审稿流程一般包括以下主要环节：

1. 作者注册账号和笔名，提交身份信息。

2. 作者上传作品介绍和一定字数以上的文稿正文，向网站投稿。

3. 网络文学编辑初步对作者注册信息的真实性进行审核，对作者上传的作品简介和一定字数的正文内容进行审核，判定其是否存在导向性问题和不合规的情况，是否具有价值，是否存在抄袭等。

4. 通过审核的作品内容生成可访问页面，以便通过对用户行为的数据判断，来帮助网站筛选优秀作品。

5. 生成可访问页面的作品内容立即进入内容合规监控范围，作者每增加/修改一个章节，都由编辑人员对该章节进行审核，审核通过后才能上线。

6. 正常展示更新的作品达到最低申请签约字数，可通过作者后台的“申请签约”通道，提交申请签约的意愿。

7. 网络文学编辑从网站的编辑后台查看签约申请，根据用户数据反馈对签约申请进行优先级排序。

8. 网络文学编辑审查提交签约申请的作品版权，是否有其他违规情节等。

9. 网络文学编辑精读通过版权初审的作品，进行内容判断，初步确定是否有签约意向。

10. 编辑联系作品通过二审的作者，进行进一步的内容沟通，审核全部已有存稿，讨论作品大纲和主题，就作品内容及后续内容的走向大致达成一致意见。

11. 通过签约终审的作品，由版权专员进行签约谈判，明确稿酬或收益分配，签订协议。

12. 成功签订协议的作品，即成为平台签约作品——即可正式网络出版。对网站签约作品，依然持续进行内容合规审核，确保新增加/修改的章节无违规情况。

13. 对于保持内容合规、也无其他违规的签约作品，平台安排正式推荐位进行展示，并进行成绩跟踪，以确定运营策略。

（二）作品签约基本流程

作品签约是指网络文学运营平台与作者签订包括作品发布、版权代理或作者培养计划等内容的协议。网站平台创作者在通过作者后台向编辑主动投稿后，编辑会对作品进行审核，如判断可以签约则会向创作者发出邀约，创作者同意则可以进行签约。同时，网络文学编辑也可以通过其工作后台对所有入库更新的作品进行监测，如发现优秀作品会主动向创作者发出签约邀请。但对大多数创作者而言，没有得到编辑的青睐前，仍然需要在达到编辑部设定的条件后主动发起签约申请。需要指出的是，网络文学平台的编辑亦会主动将自己的联系方式公布在网上，以便于创作者直接联系或要求创作者将稿件发送至其邮箱进行审核。此种投稿审稿方式因其一般具有明示或默认的投稿要求，我们将其认定为编辑约稿方式。

网络文学编辑在收到创作者的签约申请后，即对其已发布的作品内容进行审核，主要包括四个方面：

一是内容安全审核。各家网络文学平台都有专门的内容合规审核团队在负责每天所更新内容的审核工作，但这只是保障内容合规的最底线。而对编辑来说，需要把握的审核尺度会更严格，因为需要判断是否与创作者签约，签约作品如产生内容违规问题，编辑难辞其咎。因而编辑在评判一部作品是否能够签约时，第一步即是对作品的内容是否合规进行评估，如其存在风险，应立刻中断对作品其他价值的评估。

二是文学价值评估。能够签约的作品，必然是具有一定的文学价值。这些文学价值可以分为认知、教育、审美、娱乐等多个维度。网络文学编辑在签约审核时，都应进行必要的文学价值评估。同时，根据作品所带来的社会效益影响，网络文学编辑还应开展必要的社会效益指标评价。

三是商业潜力评估。签约作品上线以后会产生商业价值，网络文学编辑应预判作品是否能带来必要的经济收益。作为市场的参与主体看重商业潜力的评估与企业会赚取利润一样无可厚非,需要警惕的是过度看重商业利益而忽视社会效益或文学价值评价。

四是合作可能性评估。网络文学编辑与创作者签订合约是双方合意的行为,编辑在评估作品的价值和商业潜力的同时,也要对合作的可能性进行评估。评估的方面包括但不限于创作者的过往经历、长期发展潜力、合作意愿等。

对作品的签约评估是专业性极强的一项工作,同时也是网络文学编辑展现自身能力和价值的重要体现。很多编辑在评价自己的工作时往往会以发掘、签约了某位大牌作家为荣。从网络文学内容审核和作品优化的角度来看,签约过程也是作品进一步完善打磨的过程。按照目前网络文学主流创作平台的现状分析,每位签约编辑每年都会对多达数千部的作品进行审核,并对其中的百部以上作品进行签约,繁重的工作量会导致编辑的审核往往是快速的甚至是随意的。大多数编辑并不会仔细撰写审稿意见,也不会给创作者详细指出其不足之处。被退稿的创作者由此对编辑签约产生误解,认为编辑审核仅凭个人喜好,编辑权力过大,对创作者不甚尊重等。实际上作为互联网行业的从业者,网络文学网站的网络文学编辑的业务工作一直是饱和甚至是繁重的,编辑也并不能给其审核的每部作品撰写详尽的退稿或退修意见。

为了解决这一问题,网络文学运营平台主要采用以下两种方式:

一是对新入门的创作者进行系统性的培训。网络文学的创作看似没有门槛，但其实是有的，编辑实质上扮演了“拦路虎”这一角色。通过系统性的培训和讲解，创作者能够了解到网络小说的主流样态和具体的写作手法，能极大地降低拒签率。

二是对创作者进行分级服务。分级之后可以提供相对应的服务，这也是目前主流的解决方式。编辑对已判断不能签约的作品一般有两种回应，一种是直接拒签，另一种是要求创作者进行修改。这种修改意味着编辑会投入额外的时间、精力对创作者进行指导，改稿对创作者而言并不是徒劳无益的事情，而是其提升能力的一个过程和阶段。当然对于可以签约的作品，编辑也会与创作者进行沟通交流，以使其可以取得更优秀的成绩。即使是大牌作家在发布作品之前，也会经过长时间的打磨过程，以期精益求精。

所以，通过 QQ、微信、邮箱等便捷的网络沟通工具，创作者可以与编辑进行顺畅的沟通。在此基础上，创作者会对自己的作品进行精修细改，与编辑共同确定包括作品名称、简介、章节名称、内容主旨、大纲及写作手法、更新方式、作品营销、售卖方式等诸多方面的内容并逐步优化完善。

经过编辑审核、优化并与创作者形成共同意见之后，双方即可进行作品授权的签约流程。

（三）签约过程中的注意事项

签约，即签订作品授权使用合同。我国网络文学发展过程中，各运营实体也参照国家法律法规制作了相应的授权合同，这些合同大部分都是格式合同。需要指出的是，有些合同虽然是合法的，但并不一定就是合理的。中国作家协会作家权益保障委员会曾于 2020 年 5 月推出《信息网络传播权授权协议常见条款解读》，对网络文学的授权合同条款进行解读，并指出“在当今著作权市场，作品的在线发表与传播是作家实现利益的重要手段，但是作家与网站在履行协议过程中屡现纠纷，其原因主要在于协议中的权利义务不对等，以及作者作为相对弱势方缺少话语权”。

《信息网络传播权授权协议常见条款解读》列举了一些常见条款，并说明条款内容及设置目的，以期为各方提供工作参考。授权协议的核心条款是授权内容和收益分配，建议作家们尤其关注这两部分，同时也要注意各平台网站上的注册协议，应仔细分析平台运营方的各项要求和相关权利的归属。

对“授权内容”和“利益分配”而言，主要应关注以下几点：

一是合同内容包括授予信息网络传播权和进行全版权授权等多种方式，取得任何一项权利，都需要支付相应的对价。

二是优先权是基于同等条件，同样需要有相应的支付对价。

三是根据稿酬的支付方式，网络文学作品的签约主要有三种类型：分成签约，买断签约和保底分成签约。

分成签约模式，是指根据创作者签约作品的销售收入来分成。作品上架销售后，所取得的销售收入由网络文学网站和创作者分成。需要指出的是，这里的收入包括自有平台收入、第三方渠道收入、版权收入等多方面。当签约作品还在销售并产生收入时，就会一直有稿酬分成结算，有的长销作品在完结多年后，仍在畅销榜前列。网文行业的分成比例，一般能保证创作者一方的收益在50％以上。需要指出的是，这50％只是创作者与其签约网站平台的分成，严格意义上并不是所有渠道的销售收入（俗称“流水”）分成。有些网站平台将签约作品转授权到其他渠道上销售，因渠道有较高的销售成本，创作者实际获得的净收入并不高。

买断签约模式，又可以称为“一次性版税”“一次性付酬”等。以纸书举例，出版社一次性支付创作者 X 万元，或者是按照千字 X 元的价格，买断其版权。对创作者来说，好处是可以一次性拿到版税，不足之处在于未来若成为“爆款”也得不到分润。

保底分成模式，是在前两种版税支付方式的基础上出现的，在买断提供的保底稿酬基础上，如创作者的收入超过网站支出的稿费，超出之外的部分收入是网站和作者分成的，这里的收入包括自有平台收入、第三方渠道收入、版权收入等。

对同一部作品来说，三种签约方式只能选择其一，无法同时存在。这三种类型的签约方式并不是网文的独创，而是借鉴了纸媒时代纸书出版的操作方式。例如在纸质图书的出版合同中一般会提供这样的选择：

乙方采用下列第____种方式及标准向甲方支付报酬：

① 基本稿酬加印数稿酬：____元/每千字×千字＋印数（以册为单位）×____元/每册。

② 一次性付酬：____元。

③ 版税：____元（图书定价）×____%（版税率）×印数（以册为单位）。

在上面的第一项中，基本稿酬加印数稿酬就类似于网络文学里的保底分成签约。保底分成是说创作者的稿酬如不足合同约定的保底数额，则按照保底数额来结算，如果超过了保底数额，则超过的部分仍按照分成来结算。

相较于分成签约，保底分成模式多了保底的收入保障；相较于买断签约，保底分成多了分成的“爆炸式”增长的可能性，对创作者来说是更能保障长期利益的选择。

但合同毕竟是市场主体合意之下产生的，新创作者并无太强的议价能力，其未来的收益也难以保证，所以各网络文学出版单位纷纷推出了“福利”：以每月更新 X 字获得 X 元全勤等奖励方式来为创作者提供额外的保障。但“福利”并非合同规定之稿酬支付选项，会随着市场的变化而被调整。

综上所述，网络文学出版单位提供的一般都是格式合同，基本都符合国家相关法律法规的要求，创作者在签订合同时，需要审慎地决定，不能看都不看一签了之，到最后损害的可能是自己的切身利益。同时，合同不是儿戏，在签订合同后，应认真履行相关约定，也不能出尔反尔，最终损害相关市场主体的利益。

二、编辑组稿与约稿

网络文学行业的签约编辑并不只是被动地接受创作者的主动投稿，也会主动寻找优质作品，扩大稿件来源。在此过程中，网络文学编辑的组稿与约稿即是其主动行为，一般包括向个人定向约稿和举办征文比赛等，有时也会采用发布征稿函的方式。

（一）组稿与约稿的方式

在激烈的市场竞争中，网络文学出版单位的编辑可以运用向个人定向征稿、原有作者推荐新人、广发征稿函、举办征文比赛等方式来获得优质稿源。因其工作单位和个人方式的不同，选择的方式也不尽相同。

作为网络文学出版单位负责签约的编辑，除了维护好平台本身现有的创作者资源及主动发掘平台潜在的作者之外，还应尽量向专业领域内的知名创作者定向约稿。为了获取优质稿源，平台运营方也会安排较有经验的网络文学编辑对知名创作者进行跟进，尝试进行合作。对于作品量和创作者数量不足的中小型平台，负责签约的网络文学编辑的工作时间和稿费投入会倾斜到已有创作经验的成熟创作者身上，一般可以在创作者聚集的论坛BBS、QQ群、微信群等找寻合适的创作者，并通过单线联系的方式进行定向约稿，这种形式往往需要付出更高的成本才能取得合作的机会。

通过已签约的创作者引荐其他创作者也是编辑签约优质新稿源的方式。另外，网络文学网站的编辑人员流动性较大，其在各家网站之间流动也会带动其熟悉的创作者流动。

（二）定向约稿

网络文学编辑向作者约稿，并不是一种简单的询价问价行为，而是一场经过精心策划的组稿活动。编辑对定向约稿的创作者进行关注，分析其创作的作品类型、风格、成绩并了解其所处的创作阶段、需要解决的现实问题，并根据创作者的意愿进行合作选题的前期沟通。

在约稿过程中，网络文学编辑需要重点做好以下几方面工作：

第一，选题策划。编辑找创作者合作是带着特定目的去的，虽然最终的选题可能是创作者提出来的，但对编辑而言，主动去找创作者合作，必须有想要合作选题的大致方向。

第二，论证选题。论证选题的过程，即是与创作者就内容创作达成合意的过程，如不能对合作的选题形成共同认可，而单纯为“挖人过档”签约，则不但容易形成恶性竞争，最终对创作者也会造成损害。

第三，审核样章与大纲。无论多大牌的网络作家，都须写出样章给编辑审核，大纲可能通过口述或笔述的方式提交。考虑到部分作家的大纲仅为故事的主线或者人物结局，签约编辑甚至需要为此代为撰写项目报告书。

第四，签订合同。这一阶段包括了询价、议价、确定合同权利和支付方式等各方面细碎而频繁的沟通，编辑需要妥善地处理和创作者之间的关系，相互尊重，不得损害网站平台与创作者双方的利益，更不得违反廉洁自律等各方面的规定。

第五，稿件交付与作品发布。无论是创作者自己上传章节内容，还是交稿给编辑，由编辑审核后再进行上传，编辑对其发布的内容都负有责任，并需要督促创作者按时更新发布，并对作者上传的章节内容或交付的稿件进行审核。

第六，作品完稿与新书预约。无论作品的成绩好坏，对编辑而言，都需要对创作者保持真诚，保证作品能完稿，并对新书进行新一轮的预约，以期达成长期合作。

（三）举办征文比赛

在网络文学网站的常规运营活动中，举办征文比赛是必不可少的组成部分。1999 年，网络文学网站“榕树下”举办“首届网络文学大赛”，邀请著名作家王安忆、贾平凹、余华、阿城和王朔等做评委。时至今日，我国网络文学网站每年要举办数十次的征文比赛，种类繁多，几乎已成网络文学编辑征稿和签约作者的有力工具。相较于其他约稿方式，举办征文比赛具有以下优点：

第一，公信力高。任何比赛，都怕暗箱操作。公开举办的征文比赛因其处于公众视野当中，公信力相对较高，对没有经验的新创作者来说更为保险妥帖。网站用平台及评委的信誉背书，也更容易获得创作者的信任。

第二，运营资源多，读者关注度高，奖励丰厚。举办一次全国性的比赛，需要投入巨大的资源，会引发社会媒体及公众网民的关注，提升参赛作品的热度，同时为尽可能地引起轰动效应，征文比赛一般都设置较高的奖励额度，对创作者来说是极具吸引力的。拿到征文比赛的冠军是其成为专业创作者最重要的标志之一。

第三，主题类型集中，便于沟通交流。任何征文比赛，都会设置征文主题，而在这主题之下，比赛的运营方为了尽可能有效地征集到稿件，会对征文内容进行详尽解释。参加征文比赛对创作者而言，不但是取得成功的渠道，同时也是难得的与同类型创作者切磋探讨、与专精此道的编辑沟通交流的机会。

综上，征文比赛对网络文学网站来说是极具影响力的运营工具，对网络文学编辑来说可以获得更多的优质稿件，同时可以进行比稿选择。而对创作者来说，通过征文比赛不但能提高自己的创作能力，同时还可以获得展示才华的机会，并获得一定的经济回报，可与网站平台实现了多方共赢。但必须得注意：公信力是征文比赛的基础，弄虚作假只会自食恶果。

三、编辑策划选题

通过网络文学编辑基于市场分析主动策划选题，结合定向约稿、发布征稿函、举办征文大赛等方式实现组稿意图，也是一种常见的网络文学作品创作模式。

（一）选题策划

网络文学发展二十余年以来，已经形成了类型化的细分市场，而少有创作者能够“通吃”所有类型。而网络文学编辑由于工作性质的缘故，会接触到大量作品，有些作品的想法、创意等颇为亮眼，有些作品已经形成了爆发前的趋势，而网站平台缺少或者补强某些类型的作品，编辑会因此而进行主动的选题策划。

与前一部分我们提过的编辑组稿相比，编辑策划选题则更为细致、深入，甚至提供完整的策划案与作品大纲，使得部分作品变成了“反向订制”。例如某游戏火爆，游戏厂商需要为产品建构世界观，吸引网络文学用户，扩大游戏本身的吸引力，与网站平台的编辑合作，订制一部或者多部同名或同人作品。就其本身而言，是成功的商业活动，对网站平台与游戏方是合作双赢，但作品本身是否流行，创作者是否在稿酬之外有创作的愉悦感则不能得到保证。

随着网络文学编辑队伍建设的逐渐加强，越来越多的编辑开始展现自己的策划能力。而需要同时进行的是制作一个完整的策划案，使得编辑能够汇集资源，“集中力量干大事”，并通过项目的锻炼，让自己的实力得到新的提升。从市场反馈来看，编辑的主动策划有成有败，有的建立了工作室，有的却让创作者怨声载道，其后如何发展，还有待观察。

（二）编辑策划选题的注意事项

编辑策划选题，如何提高成功概率，形成与创作者的双赢局面，需要注意以下方面的问题：

第一，选题策划一定要遵纪守法，遵守公序良俗。这是所有策划选题的底线，无论出于什么原因，都不能越过这条红线。

第二，选题策划一定要做市场调研。我们不否认天才的存在，但不能把希望寄托在奇思妙想上。尽可能真实而详尽的市场调研、市场趋势预判是选题策划成功的先决条件。

第三，选题可大可小，需要量力而行。小到一个创意点子，大到一个征文比赛，甚至跨界合作项目，都需要建立在“量力而行”的基础上。

第四，任何选题策划，若创作者拒绝，都不能强加于其身上，将创作者变成单纯的执行人，消磨创作者的主观能动性都会导致策划选题的失败。

第五，选题策划应充分考虑文学价值与社会效益，同时也要兼顾其商业利益。

第六，选题策划需要有明晰的执行方案，并根据项目的进展及时进行调整。

综上，网络文学创作过程中，编辑与创作者是最重要的参与者，其合作顺畅与否，个人能力素质高低对作品的质量提升至关重要，需要得到足够的重视。

第三节 网络文学主要类型

网络文学从一开始，并非只有小说一枝独秀，还有戏剧、散文、诗歌乃至报告文学等形式。然而在长期发展过程中，在读者、创作者、网络文学平台等市场主体的集体推动下，网络小说成了网络文学形式的代表，甚至更狭义化为类型小说。一提网络文学，立刻想到的就是男玄幻、女言情，仙侠武侠、无限流、异界穿越等。本节主要就类型化的产生作解析，对主要的类型举例说明，同时对其优劣之处进行评点。

一、概述

网络文学的主流是网络小说。网络小说具有鲜明的通俗文学、类型文学特征。在主流的研究者看来，网络文学的类型化是其必然趋势。业界专家认为，通俗文学的客观规律就是类型化，分门别类应对读者特定的心理需求。网络文学之初，并无类型化这一说法，很多类型是在通俗文学的传统中经过长期积淀、慢慢发展起来的，其中包含着一些复杂的原型、成规和技巧。

业界为网络文学的类型化“正名”，使得我们需要去正视和探究其源头和存在，另一方面也要警惕网络文学类型化带来的桎梏和不足。

（一）网络文学类型化的形成

网络文学的类型化是在实践中逐渐形成的，并逐步形成一种模式和规范。所以，我们可以在几乎所有的网络文学网站醒目位置看到类型标签。

那网络文学的类型化到底是怎样形成的？首先需要解决一个前提：小说为什么要分类？

通常来说艺术创作是反映社会生活的，也就是反映人的客观世界的。作品要深刻或者为大众喜爱，必然是能把客观世界的某一个或某几个方面以艺术的形式，也就是以美的形式再现出来。这些东西也就成为作品本身固有的精神品格或者是审美的特定内涵。按照不同的文学作品所具有的不同的内在精神品格和审美内涵，对其进行分类。并把这些品格、内涵固定化就形成了作品类型。当然，作品的分类也有很多外在的标准。

什么是小说的分类呢？简单来说，人们依照外在的或者内在的尺度、标准对小说划分种类，就是对小说进行分类。如从篇幅的角度将小说划分为短篇、中篇、长篇、超长篇等。又如从题材的角度将小说划分为军事小说、侦探小说、历史小说、玄幻小说等。

为什么要对小说分门别类？我们可以通过阅读者与创作者两方面来进行分析：

第一，网络小说的类型化为不同审美需求的读者提供便捷查找作品的途径。同一类的读者审美需求上必然具有共同点。为了方便读者更快地找到适合他们当前审美需求的作品，获得更好的阅读体验，需要参考典型读者的典型审美倾向，这个通常被网络文学的从业者称为“读者口味”（即主流读者相对稳定的阅读消费点、兴奋点），并以此将作品进行区分、归类。这些归类一旦固定下来，就形成作品类别，并会成为作者进行创作的指向标。

第二，小说的分类为创作者提供写作的方向和示范。小说已经存在很多约定俗成的类别，这些类别经过长期的发展、变化淘汰，最后沉淀下来的小说类别，都已经获得了较为广泛的认同。作者在创作之前，可用已有的小说类别的划分方式作为参考，厘清自己创作方向，还可以以该类别已有的经典作品作为范本来学习和借鉴。成稿之后，再根据类别正确地投稿到能被该类别读者群发现的地方。以内容题材为角度进行划分小说类型的方式，得到了极为活跃的持续发展——不断有新兴的类别出现，并被确立。这种现象在通俗小说领域最为突出，已经形成"通俗小说类型化"的普遍现象。这些题材类型本身已经拥有相当数量的读者群和爱好者，"类型小说"的概念被反复提出。大批同类题材作品同时出现，通常是由于市场选择而造成的跟风现象。通俗小说，就是注重趣味性和娱乐性的大众文学，这类作品更容易被接受且覆盖面广，已经充分商业化，并造就了大批流行小说。

随着作者对读者需求的深入分析，对类别题材的不断提炼，在创作中不断挖掘和加入新的元素，使得同一类别的作品越来越丰富，这些越来越丰富的新作品又刺激读者产生新的阅读或者审美需求，新的需求的成熟和固定又会产生新的读者群体、消费群体，这些新的读者群又会催生新的作品，产生新的小类别以至于最后形成新的大类别。

如此，读者群体和作品类型都变得越来越丰富、多样，并不断演变、发展着。

（二）类型化带来的创新难题

类型化满足了阅读者和创作者两方面的需要，使得网络文学平台也顺水推舟，通过整理分类、批量推出类型作品来吸引人气，获得相应的经营收入。在三方的合力之下，网络小说的类型化成为不可扭转的趋势。但大势所趋之下，仍有很多人看到了网络文学类型化的问题所在。中南大学教授欧阳友权在其主编的《中国网络文学二十年》中提及“中国网络类型小说的局限”里清晰地指出“娱乐性大于艺术性；低端迎合多于审美引领；功利追求多于意义建构”等问题，并说明“类型小说在网络市场的运营之下，因为自身的特性，极容易迷失在商业乱流之中”。

网络类型小说的兴盛很大程度上与市场消费紧密挂钩，源源不断流入的资金与收入以“乱花渐欲迷人眼”的状态把控着网文的生产。为追求高效率、高利率的回报，难免会出现投机取巧之作。获得高收入成为吸引更多人投身网络写作的第一目的，利益完全战胜创作。以金钱名利开启的道路，必然伴随着为获得更多好处而处处受限的局面。网文也因为其门槛低、易书写而出现许多文学垃圾。文学所反映的真实生活以及人生意义在一些作品中消失殆尽，以文载道的传统很难展现。在这样不规整的环境之下，好的作品要求作者对于作品有责任意识，摆脱利益的左右，这样才能够尽快改善在网络文学欣欣向荣背后存在的诸多问题。网文带来源源不断的利益，而这种利益绝不能以牺牲文学的文化内涵为代价，文学的意义不应被抛弃。

网络小说的跟风是没有门槛的，任何一部作品的兴起，都会有无数的跟风者随之而来，将一众题材或创新点迅速变成老套路。虽然在网络文学发展的早期，依靠跟风迅速形成了网络文学的各大类型，但也在相当大程度上消耗了网络文学作为 IP 创意源头的价值。为解决这一问题，创作者又被迫要进行大量的微创新，付出变多收益却未必随之上升，而且容易使得网络文学呈现千书一面之感。

（三）长篇甚至超长篇小说成为载体

类型小说写得够长，自古至今屡见不鲜。纸媒时代，法国作家大仲马创作的长篇小说《基督山伯爵》有百万字。还珠楼主创作的《蜀山剑侠传》系列有四百万字。获得茅盾文学奖的《大秦帝国》共 6 部 11 卷，504 万字。而网络时代也让上千万字的单部作品成为可能。

撇开内容只谈字数毫无意义，但回看内容再看字数，又有意义了。绝大多数过百万字的网络小说的结构并不复杂，往往是简单套路的一而再再而三的重复，这些套路我们能从类似于《海贼王》等长篇漫画中看到几乎相同的路数。甚至部分作者为了拖更还发明了各种各样的写作手法，比如长篇累牍的打斗场景，无休无止的套路重复利用，给读者带来疲沓体验的同时，也难以让自己的创作水平得到提升。但也有部分作家能娴熟地掌握创作技巧，使得数百万字的作品也能结构缜密。例如爱潜水的乌贼的幻想小说《诡秘之主》，巧用塔罗牌搭建故事结构，全篇四百余万字，成为叫好又叫座的作品，非常值得创作者们学习。

二、网络文学的主要类型

网络文学的类型化已然完成，大的类型如玄幻、科幻、历史、言情等二三十种都为主流所接受，二级分类甚至是上百种小的流派也逐渐为人所熟悉。在许多约定俗成的各种分类当中，研究者只能取其公约数，无法探求其合理性。例如以时间流可分为写过去的历史类型，写当下的都市类型与写未来的科幻类型，那么言情呢？玄幻呢？仙侠呢？竞技呢？我们无意也无法排出最合理的类型，只就研究与学习而言，将目前的主要类型再次归类。

（一）现实生活类

现实生活类并不是现今网络文学的主流，但前文提过，早期的网络文学创作者大量创作了现实生活类的小说。而随着现实主义作品创作被党和政府及主流媒体所提倡，大牌网文作家以“新中国成立 70 周年”“脱贫攻坚”“抗疫”“建党 100 周年”等为主题，创作了不少现实生活类精品。需要指出的是现实生活类作品与现实主义作品并不完全等同，例如描写改革开放以来社会主义建设的《大江大河》《复兴之路》《大国重工》，讲述各行业劳动者创业敬业、奋斗故事的《出路》《故巷暖阳》《朝阳警事》《青春绽放在军营》《上海繁华》，关注乡村支教与精准脱贫的《明月度关山》等都是现实题材的优秀现实主义作品。而革命历史题材作品如《重生——湘江战役失散红军记忆》《无缝地带》《太行血》《烽烟尽处》《战长沙》《长乐里：盛世如我愿》等也是现实主义的作品。

（二）幻想世界类

幻想类小说目前是网络文学的主流，其种类繁多，诞生了诸如《斗罗大陆》《斗破苍穹》《盘龙》《将夜》《庆余年》等很多脍炙人口的幻想小说，并被改编为动漫、影视、游戏等衍生品，产生了巨大的社会影响力和经济效益。

（三）历史穿越类

历史穿越类小说兼具有历史的真实与幻想性，在网络上经久不衰，是较为典型的网络文学作品。其大致可分为真实历史做背景与架空历史做背景两种，如果再加上穿越作手段，就演变出穿越到真实历史背景与穿越到架空背景的不同类型小说，当然也有穿越到《三国演义》《水浒传》等历史小说中的作品，其可算是历史小说，也可算是同人小说。

但并非所有的网络历史小说都是穿越的，例如著名网络作家酒徒和月关就写过很知名的“不穿越”的历史传奇小说。以酒徒的代表作《家园》(纸书出版更名《隋乱》)而言，其古朴的文风更像在网络写作的传统作家。

以其开篇第一章来说，节奏缓慢，如说书人般娓娓道来，甚至感觉有些絮絮叨叨，读之不似网文常规写法。加上注解，有读古书的感觉，这可以说是作家在传统文学与网络文学之间的“搭桥”，对网络文学的边界拓展提供各种可能性是难能可贵值得赞赏的。

综上，网络文学的类型化是其内生动力与外在资源扶助共同产生的，作为通俗文学而言，类型化是利大于弊，当然如何趋利避害扬长避短，则是网络文学长期发展过程中需要注意的问题。

三、网络文学的特征

网络文学是通俗文学、类型文学几乎已成定论。类型化作为网络文学的主要特征，值得我们去探究。

(一) 类型化

如果你问一个网络文学的爱好者喜欢看什么书，往往会得到两个答案：一个是具体的作品，另一个则是类型。苏州大学教授房伟在其 2020 年 7 月 21 日首发于中国作家网的署名文章

《我们向网络小说“借鉴”什么?》中不吝赞美,说道:“网络文学的兴起,在知识类型爆发上形成穿越、军事、玄幻、科幻、奇幻、国术、鉴宝、盗墓、工业流、末日、惊悚、校园、推理、游戏、洪荒、竞技、商战、社会、现实主义等数十个令人眼花缭乱的类型或亚类型,这些叙事类型还有互相交叉融合的其他变种。类型繁盛的背后是知识爆炸。这不仅体现了当下社会的知识变革,也表现出中国网文对古今中外知识的‘巨大热情’。比如,孔二狗的《东北往事》、狱中天的《看守所》、哥们儿的《四面墙》等‘新社会小说’对底层生活的描写,齐橙的《大国重工》、任怨的《神工》对中国重工业发展的讲述,以及何常在的《浩荡》与阿耐的《大江东去》,对中国改革开放四十多年变革蕴含的巨大社会知识变化,都有着令人敬佩的书写。中国穿越类型小说,表现出时间上跨越原始社会到未来社会,空间上跨越五大洲七大洋的‘新天下视野’。衣山尽的《大学士》对中国古代政治制度,特别是科举制度的逼真描摹,实心熊的《征服天国》对中世纪欧洲史的精彩呈现,令人叹为观止。就科幻小说而言,咬狗的《全球进化》的‘盖亚意识’‘逆进化’等生物与天文学知识虚构,都很好地将科幻与故事、人物融合在一起。天瑞说符的《死在火星上》,甚至在附录有数百篇天文、生物、科技方面专著与论文的名单,这都显示了‘新知识’对小说理念的巨大冲击。”

（二）垂直与破圈

网络小说类型化之后,创作者和阅读者会因为共同的偏好而形成小圈子,形成细分与垂直发展的格局,“男玄幻、女言情”的说法即是体现。这种小圈子化、垂直化的好处是可以各美其美,互不干扰,除了公共榜单的争夺外,大多数时候创作者还是在自己的专业领域内深耕细作。

网络文学成为影视的改编脚本已是趋势。近些年《庆余年》《赘婿》等改编作品也打破了男频改编影视剧收视率不高的魔咒。2020 年播放量排行前十的国产动漫中，由网络文学改编的作品高达 8 部，不少动漫播放量破亿。这一现象充分反映了 IP 产业链的扩张和破圈发展成为我国网络文学产业化的重要抓手。

思考题

1. 网络文学创作的主要主体有哪些？

2. 专业网络文学作家的主要特征是什么？

3. 作为阅读主体参与创作的大众网民参与创作的主要表现形式是什么？

4. 业余创作的大众网民类型有哪些？

5. 网络文学出版单位的作品来源包括哪些？

6. 在收到作者签约申请后，网络文学编辑的审核任务是什么？

7. 根据稿酬的支付方式，网络文学作品的主要签约类型有哪些？

8. 网络文学编辑在约稿时，重点要做好哪些工作？

9. 网络文学的主要类型有哪些？

10. 网络文学的类型化特征是如何形成的？

第四章

网络文学内容管理

重点提示： 内容管理的概念，常见的内容类型，内容管理的方式，内容的生命周期管理；内容的采集、入库、存储管理，内容资源的资产化管理以及检索、下载和统计分析；内容管理的制度体系、目标、质量管理要求，内容管理技术和平台。

网络文学出版单位的根基是作品内容，针对内容进行的相关管理是网络文学编辑工作的重中之重。网络文学出版过程中必须明确数字内容的管理类型、流程和基本要求，还应建立必要的审核机制和技术平台。

第一节　概　　述

网络文学出版单位掌握的资源不仅仅有作品的版权，还有可以重复利用的内容资源。数字内容资源管理工作也逐渐得到战略层面的重视，数字内容资源管理的效率对出版产品开发和内容服务的效果都有重要影响。

一、概念

（一）什么是内容

内容是出版物的本质。一般说来，“内容”包含三层意思。一是具体物件里面所包含的东西，如一部作品中的不同章节部分；二是事物内部所蕴含的实质或意义，如图书或节目的主题；三是事物内在因素的总和，与“形式”相对。

为了推动内容产业，特别是数字内容产业的发展，业界通常把内容理解为两部分：素材和元数据，如图 4－1 所示。这里的素材指的是以文本、图片、声音、视频、动画等形式存在的实际的数字对象。它独立于物理载体存在，是一种编码的数字信息。元数据指的是描述实际素材和其不同形式的信息，主要包括以下三类：

1. 与内容相关的元数据，包含实际内容的主题、关键词、权益等信息。

2. 与素材相关的元数据，用于描述素材格式、编码参数等信息。

3. 与位置相关的元数据，用于描述内容的位置、数量、载体等信息。

元数据　＋　素材　＝　内容

图 4－1　内容概念示意图

素材和元数据作为内容的组成部分，是不可分割的。素材是内容的主体，是终端用户、观众、读者操作、使用和体验的对象；元数据则用于素材的描述、组织、检索和获取，对于内容的获取、加工、存储、管理和开发利用具有重要的意义，在内容生产加工和销售流通过程中至关重要。

（二）内容的粒度

内容的粒度是指内容细化或综合化程度的级别。内容可以按照不同粒度进行定义和拆解。在传统出版物中，如印刷图书、期刊和报纸，内容指的是文字、图像及各种符号所表达和传递的信息。内容在物理载体上可以分为卷、本、页、栏、块等；按照编辑体例或叙事逻辑可以分为目录、章节、小节、段落等；按照出版物本体结构和外部非主题性特征可以分成标题、副题、辅题、摘要、引文、正文、索引等。

网络文学作品中的内容也存在粒度上的区分，同时网络文学作品中的内容可以按章节进行切分，还可以按主题或情节进行拆分，很多视频内容也可以切分。视频是非结构化的流数据，它的基本组成单位是帧，视频流是具有时序关系的帧的集合。视频的层次结构自上而下分别是视频、场景、镜头、帧。例如，一期新闻节目视频通常包括多个新闻，如果要把该节目切分成更细的内容单元，首先就是要将每条新闻切分出来，然后再把每条新闻的场景切分出来，接着把每个场景的每个镜头切分出来，甚至把每一帧切分开，找出关键帧。

内容单元的粒度大小是可以变动的。在编辑加工内容时，到底以何种粒度进行处理，依赖于具体的商业策略和应用目的。一般来说，内容加工的粒度越细，投入的成本越高，所以在经济活动中，必须考虑内容加工深度与经济成本之间的平衡关系。近年来，随着 xml 技术的发展与应用，内容的“再利用”需求增长迅速，内容加工也逐渐从“粗粒度”向“细粒度”发展。多粒度内容的编辑加工、组织与整合正在成为内容加工处理活动的趋势。

（三）数字内容

数字内容指的是以数字化信息形式存在的内容。数字内容中包含很多传统内容所不包含的新形式，如超文本、复合文档、游戏软件、互动课件等（如无特殊说明，本书说的内容专指数字内容）。新型的数字内容结构复杂，通常也具有较强的互动特征，只有数字媒介才能支持其使用，是以往的纸张、光学胶卷、磁带等载体和媒介所无法承载的。

网络文学出版单位如果与传统出版单位进行版权合作，有关的纸质出版物内容必须按要求进行数字化编辑和加工，才能转换成数字内容进行更好地利用。

（四）内容资源

内容资源是指由数字内容构成的、具有开发价值的内容集合体。随着数字设备（如计算机、数码相机、手机、扫描仪等）的普及，人类的数字内容生产和存储能力都在增强，内容资源的增长也十分迅速。2002 年可以视作数字时代来临的标志，当年全球数字信息储存量首次超越模拟数据量，并急剧膨胀。

随着数字出版产业的快速发展，各网络文学出版单位的内容资源存量也越来越大，生产过程和商业模型也越来越依赖于数字内容，内容资源的再利用已成为各企业的利润源泉。在此背景下，数字内容成为一种高价值的信息资源，内容资源本身及其开发价值的集合构成版权资产，用于开发各种市场需要的数字内容产品，或从中提取高价值的隐性知识，用以指导企业内部管理与业务实践。

二、常见的内容类型

内容资源的类型随着信息技术的发展而日益丰富。不同类型的内容特点不同，并且在功能上也存在巨大差异。由于人类使用习惯的延续性，许多数字内容的表现形式与传统内容的表现形式保持一致，只不过数字内容是以数字格式存储于光、磁介质上。

数字内容有不同的标准和划分角度，可以分成不同的类别。

（一）按表现形式分类

从数字内容的基本表现形式来看，数字内容可以分为 7 种基本类型，分别是数据、文本、图像、音频、视频、软件和复合数字对象。

1. 数据

一般而言，数据是关于客观世界的事实，通常表现为某个变量的定性的或定量的数值，由数字或字符表示。如个人的电话号码、身份证号，某一天的平均温度，某一趟列车的载客人数等。数据既可以是某种记录仪测量记录的结果，如天文望远镜扫描宇宙形成的数据，医院的血液生化分析仪分析的数据等；也可以是商业交易过程中产生的记录，如大型工厂、超市、港口的进销存记录等。数据可以通过表格、图形等多种可视化形式展示。在计算机存储和处理过程中，数据通常以表格、树或图的结构形式存在。

数据与信息、知识的概念存在一定的联系。在信息科学中，常使用“数据—信息—知识”金字塔表示三者之间的关系。一般来说，数据＋背景＝信息，即信息是数据载荷的内容，对于同一信息，其数据表现形式可以多种多样。信息＋经验＝知识，即知识的获取只能通过学习和体验获得，人的认知能力和理解能力为数据转换为信息、信息转化为知识、知识的有效融合、新知识的创造提供了必不可少的条件。数据、信息、知识构成了一个信息链，其中数据是信息的原材料，信息又是知识的原材料。

数据与文本、图像、音频、视频之间的概念界限并非十分清晰。在很多具体的场景中，文本、图像、音频、视频等内容也被称为数据。从本质上来说，文本、图像、音频、视频都是由0和1组成的二进制数据。从可计算的视角来看，它们都可以被视为计算机运算处理的数据对象，所以不同形式的内容之间是可以相互转换的。

为了与文本、图像、音频、视频等其他类型的数字内容进行区分，可以把数据限定为那些由数字、字母或文字符号按照一定规则排列形成的字符串，这些字符串如果离开了具体的情景就无法被个体准确理解。在后文中，数据根据上下文的需要也可能具体代表数字内容。

2. 文本

文本是书面语言的表现形式，对语言学家来说，文本指的是作品可见可感的表层结构，是一系列语句串联而成的连贯序列。一个文本可以是一个句子、一个段落或一个篇章。

文本和段落的区别在于，文本构成了一个相对封闭、自足的系统。苏联符号学家洛特曼指出，文本是外观的，即用一定的符号来表示；它是有限的，即有头有尾；它有内部结构。罗兰·巴特认为，文本一方面是“能指”，即实际的语言符号以及由它们所组成的词、句子和段落章节；另一方面是“所指”，即固定的、确定的和单一的意思，为表达这种意思的正确性所限定。

以上关于文本的定义阐释了文本的内涵。在文学和图像学研究领域，很多学者把图像也当作一种文本形式，他们所谓的文本其实是包含了“图像”和文本泛化的“文本”概念。在本书中，电子文本指的是由若干行文字和标示符号形成的字符序列或独立的文本文件。文本文件常被视为一种纯文本容器，这些纯文本（通常是数字形式的文本）就是常说的文本型内容。在互联网上，最常见的文本就是超文本，常用 HTML 和 XML 语言表示。

3. 图像

图像是人对视觉感知的物质再现。图像可以由光学或电子设备获取，如照相机、数码相机、X 光机、数字 X 光机等；也可以人为创作，如手工绘画或计算机绘图。图像可以记录、保存在纸质媒介、光学胶片以及光盘、磁盘介质上。随着数字采集技术的发展，越来越多的图像以数字形式存储。

数字图像的格式很多样，通常可以细分为位图和矢量图、静态图像和动态图像、原始图像和缩略图像、高分辨率图像和低分辨率图像、压缩图像和非压缩图像等，这些分类用于特定的场景和特定的应用目的。同一个图像通常也会存在多种存储格式和大小，满足不同的应用和商业目的。

4. 音频

音频指的是声音的数字化或非数字化的记录。20 世纪后半叶，音频信息主要以模拟信号的形式记录在胶片或磁带上。

随着数字技术的发展和普及，目前大部分音频信息都以数字的形式存储于光盘、磁盘或电子芯片内。

在日常生活中，最常见的音频以音乐和广播节目的形式存在和流通。唱片曾是人类社会最常见的音频出版物，目前它正在被音频数据库和网络音乐商店取代。除此之外，音频内容通常和视频内容一起出现在各种电影、电视节目中。音频内容的质量取决于采样频率、采样分辨率和信噪比。对于不同的音频内容，适合的取样频率也有所不同。

5. 视频

视频泛指不同种类的活动画面。早期的视频内容主要是电影画面，在电视出现以后，主流视频内容就变成了模拟信号的电视节目。随着数字技术的发展，数字形式的视频内容快速膨胀，目前世界上大多数电视台、网络视频站点提供的都是数字形式的视频内容。

视频内容可以通过不同的媒介来记录和传播，包括基于模拟技术的磁带，磁带通常在拍摄 PAL 和 NTSC 制式的模拟摄像机上使用。在使用数字摄像机时，除了使用磁带记录外，也可以使用硬盘和闪存卡等其他的载体记录。

视频内容的质量，通常取决于采集的方式和存储的方式，数字电视的画面质量比以往模拟电视的画面质量高出很多，并逐渐成为电视广播的新标准。目前，在全球最大的视频分享网站 YouTube 上，对部分视频节目提供标准质量、高品质和高清晰度三种质量的内容。

6. 软件

软件是一系列按照特定顺序组织的计算机数据和指令的集

合。一般来说，软件被划分为系统软件、应用软件、游戏软件等。其中系统软件为计算机使用提供最基本的功能，但是并不针对某一特定应用领域。而应用软件则恰好相反，不同的应用软件根据用户和所服务的领域提供不同的功能。游戏软件是一类新兴软件，随着各种数字移动设备（如平板电脑和智能手机）的普及，游戏市场突飞猛进，数量增长十分迅速。

软件不只包括计算机程序，与这些计算机程序相关的文档一般也被认为是软件的一部分。简单地说，软件就是程序加文档的集合体。软件被应用于世界的各个领域，对人类的生活和工作都产生了深远的影响。

与软件相关的文档是一种用于存储特定格式信息的二进制文件，不同的软件使用不同格式的文档。尽管有些国际组织在推行基于 xml 的开放文档格式，如 DocBook、OpenDocument、DITA 等，但是在实际应用过程中，软件相关的文档格式却十分多样，如 exe、dll、psd、apk、bat 等。

7. 复合数字对象

随着数字技术的发展和现实生产生活的需要，以单一内容形式存在的文件类型已经不能满足用户的需要，大量的数字内容以复合数字对象的形式存在。复合数字对象是一种数字内容集合体，它是包括文本、图像、音频、视频等类型数字对象的复合体，是组合起来形成逻辑整体的多个信息单元的集合。具体形式表现为由多个章节组成的图书；由多种格式和不同清晰度的图片组合成的图片数据对象；由文本及数据集、软件工具、实验、声音记录的集合形成的数字学术出版物等。

复合性和复杂性是复合数字对象突出的特点。在复合数字对象中，组成逻辑整体的内容单元组件在语义类型（如文章、图书、数据集等）、媒体类型（如文本、图像、音频、视频等）、媒体格式（如 pdf、xml、MP3 等）、网上的存储位置（如存储在数字仓储或文件系统等）、组件之间的关系（如线性关系、版本关系、引申关系、整体部分关系等）等方面呈现多样性。复合数字对象的处理要考虑复合对象的边界，对象内部细微的结构、注册和应用、序列化和互操作性，使得复合数字对象的组织、重用、交换呈现出极大的复杂性和挑战性。因而，复合数字对象也被称为复杂数字对象。

（二）按产生方式分类

1. 原创数字内容

原创数字内容就是人们在生产生活过程中，通过数字设备直接创作出来的数字内容。如通过键盘输入、语音识别或手写识别等输入生成的数字文本内容，这种数字内容没有经过扫描或模数转换处理，而天生就是数字形式的信息。随着数字经济的发展，数字内容的生产越来越方便，由此促使越来越多数字信息的产生和记录。目前，原创数字内容总量早已超过非原创数字内容。

网络文学出版单位的内容资源，一般都是原创数字内容。

2. 非原创数字内容

非原创数字内容指的是将传统形式的内容，如印刷期刊、报纸、图书、打印文件、手稿、微缩胶卷、光学底片等进行数字化扫描或拍照处理后形成的数字内容。此外，对于大量模拟信号存在的内容，如音乐磁带、黑胶唱片、录影带等，通过数模转换技术也可以形成数字形式的内容。由于生产生活的现实需要，大量的非原创数字内容依旧存在，预计在未来很长一段时间内，大量的信息还将先以非数字形式存在，然后在合适的时间，通过数字化加工成数字内容，这种活动将依旧存在，并将满足特定领域的需要。

网络文学出版单位如有与传统出版单位合作的纸质内容资源，则需进行加工转换。

（三）按加工环节分类

在数字出版物生产过程中，内容存在的环节不同，表现形式及其权益也不同。在出版物发布之前，内容是生成产品的有待编辑加工的素材，发布之后内容则是一种具体的出版物，所以按照数字内容的加工环节，可以将其分为素材型内容资源和产品型内容资源，如图 4－2 所示。需要注意的是，产品型内容资源在某些情况下也会成为新产品的素材。

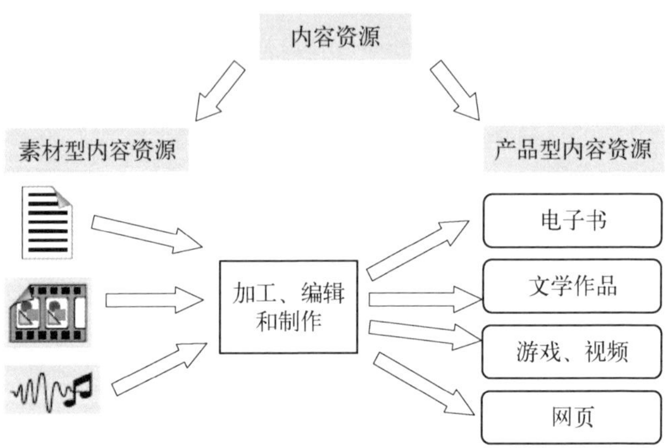

图 4－2　按加工环节分类的内容资源类型

三、管理方式

网络文学作品的内容管理方式一般可分为集中管理模式和

分散管理模式。

（一）集中管理模式

网络出版单位一般会将内容资源分散在多个业务单元，比如业务线或者事业部，甚至不同的地理区域。为了便于管理和控制内容资源的利用，出版单位一般会集中管理高价值的内容资源。所以实施数字内容资源管理需要专门的数字内容资源管理机构或人员，集中采集外部内容资源作为素材提供给各个业务单元进行产品加工设计，或者从各个业务单元部门获取素材和产品进行存储，以备再利用。为了对分散的内容资源进行集中管理，设立专门的数字内容管理部门，并在部门内创建数字内容资源库，直接存储本企业的所有内容资源，以供各业务单元获取和利用。这一模式叫作数字内容资源的集中管理模式。

集中管理模式的优点在于能够尽可能地保证内容资源的完整性、系统性与安全性。通过直接存储，便于企业对内容的直接管理和统筹分析，发现内容间的逻辑关系。本企业的相关部门通过授权获取各种内容资源，可以在实现内容资源跨部门、跨环节共享及各类资源综合利用的同时，保证内容资源不被随意下载、删除或更改。

数字内容资源的集中管理需要在创建和维护系统、规范工作流程、培训管理者等方面付出较高成本，承担内容资源在不同部门内的多次编码加工与存储备份费用。另外需要考虑的是，数字内容资源快速增长，集中存储的物理设施更新与内容资源迁移成本在不断提升。

（二）分散管理模式

某些网络出版单位将内容资源的管理交由特定的部门负

责，但管理的对象——各种数字内容分散在其他部门内。这一模式叫作分散管理模式，遵循“物理隔离，逻辑统一”思想。在分散管理模式下，内容资源有多个存储位置，通过分布式存储系统提供跨部门检索和获取。相应地，数字内容资源管理部门采集、编目、存储、管理和提供再利用的部分责任被转移至相关部门，内容资源入库环节的控制与监督及出库后的统计分析是数字内容资源管理部门的主要工作。

分散管理模式的优点在于内容资源更新具有及时性和灵活性。出版机构内部各业务单元根据需求采集素材或产品，经过部门内专业人员的标引与审核上传至内容资源库，使得新获取的内容资源能够快速在部门间共享与利用，访问效率远高于集中管理模式。各部门内容资源自主上传，内容资源的编目加工、入库审核与保存备份工作无须重复开展。此外，分布式存储系统为未来的数字内容资源的快速增长留出空间。

分散管理模式需明确界定相关部门与数字内容资源管理部门间的权责界限，设立访问权限分级管理制度，警惕各部门的不存档现象。严格制定各类入库标准，包括采集标准、标引标准、审核标准、内容存储格式标准、内容质量标准等，以保证各部门遵循统一原则，确保内容资源管理工作的有序衔接。

四、管理流程

网络文学出版单位的数字内容资源可能会分散在多个业务部门和多个流通环节。在编辑出版多个环节产生的内容，包括最后生成的产品都需要及时入库保存，以支撑日常业务需要和资源再利用与开发的需要，数字内容的资源管理流程如图 4 - 3 所示。

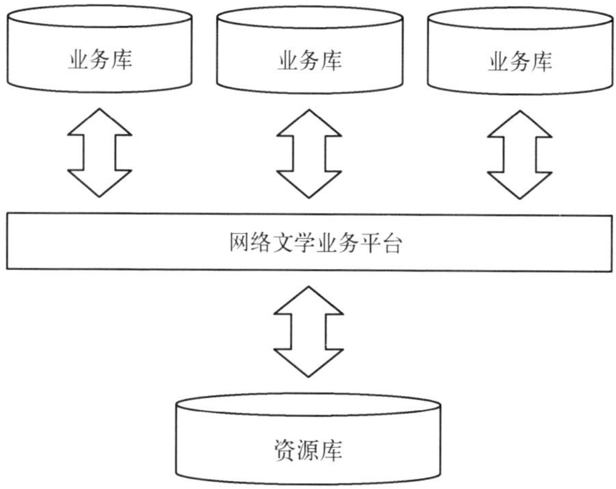

图 4 - 3　数字内容资源管理流程

一般说来，网络文学出版单位内部的各种数据库可分为两大类，一类是支撑日常业务活动的业务库，可以分散在多个业务部门独立管理使用；另一类是支撑整个单位商业战略的资源库，集中存放可以再利用开发或销售的各种素材型内容资源和产品型内容资源。

我们所说的数字内容资源管理主要就是围绕后一种数据库中的资源展开的管理活动，主要包括内容采集、编目加工、审核入库、保存备份、检索浏览、下载提取、分发运营、统计分析等。前四类活动属于入库环节，后三类活动属于出库环节，统计分析属于监督评估行为。

第二节　内容资源生命周期管理

数字内容资源在其管理流程中具有不同的表现形式和价值功能。网络文学出版单位通常可采用生命周期管理的方法和模型对数字内容资源进行管理。

一、生命周期管理

1985年,美国信息学家霍顿提出了信息生命周期理论。2002年,Storage Tek公司提出"信息生命周期管理"的理念,认为信息是有生命的,处于不同阶段的信息为企业提供不同价值。信息生命周期管理的目的是以最低成本实现价值最大化。

数字内容资源作为一种高价值的信息资源,各网络出版单位采取信息生命周期管理模型进行主动管理,能有效提高数字内容资源管理的效率和效果。

(一) 生命周期的含义与阶段划分

数字内容资源自产生后的不同阶段,用以满足认知和支持决策的价值会发生变化,这些不同阶段共同构成数字内容资源生命周期。目前,存在三种普遍的生命周期阶段划分方法:

第一种基于内容管理视角将数字内容资源的生命周期划分为六个阶段:创建、采集、组织、存储、利用和清理/长期保存,对应于经典的信息生命周期六阶段模型。

第二种基于管理主体视角将数字内容资源的生命周期划分为七个阶段:业务需求、采集/组织、保护/恢复、复制、共享、迁移/归档、删除。

第三种基于信息交流视角将数字内容资源的生命周期划分为六个阶段：创建、保护、访问、迁移、归档、处理。

数字内容资源的生命周期是一个循环的过程。数字内容在经历创建至清理/处理后，价值并不会完全丧失，而是远离信息需求的活跃期，进入暂时的“休眠期”，直至信息环境改善，资源价值复苏，数字内容进入下一个生命周期。但受限于资源利用条件与存储设备容量，部分数字内容资源在满足特定需求后将被删除或清理，数字内容走向消亡，生命周期结束。网络文学出版单位应该高度关注相关作品内容的生命周期管理。

（二）生命周期管理的内容

数字内容资源生命周期管理是指根据数字内容在其生命周期内的价值变化规律，采取相应管理措施，使资源价值与企业目标相适应，从而提高出版单位的竞争力。核心内容包括数字内容资源价值的确定、数字内容资源分类分级及其管理策略的制定。

1. 确定数字内容资源的价值

数字内容资源的价值测度方法主要包括：基于统计决策的方法，依据概率统计数字内容资源获取利用前后所引起的预期收益变化。基于价值构成的方法，视数字内容为商品，将其价值转换为凝结于数字内容中无差别的人类劳动予以计算，是不变资产（固定资产、技能培训等）、可变资本（必要劳动）与新增价值（数字内容多次使用的价值）之和。基于模糊评价的方法，对数字内容资源的相关属性进行分项评估（如新颖性、价值量、市场的接受度），进一步综合得出最终得分。基于用户满意度的方法,统计用户在接收数字内容前后的预期效益变化。利用信息价值测度方法,追踪不同时间阶段对数字内容信息的使用,自动化统计信息价值的变化趋势。

在不同阶段,数字内容资源的价值评估需要随着不同环境要素的变化,评估其在不同阶段的价值,从而统计总体价值变化趋势,减少数字内容产品开发过程中的不确定性,预测数字产品中的头部产品与长尾产品、小众产品和畅销产品,挖掘数字内容资源的潜在价值。

2. 数字内容资源分类分级及管理策略

(1) 分类分级的基本单位

由于数字内容资源利用需求的不断细化,数字资源一般从时间与数字对象两方面分类分级,提高数字内容的受控力度与管理效率。

从时间角度,根据数字内容在不同阶段的价值变化规律对数字内容分类分级。如线性流程中的原始数字文档与标引加工后的数字文档分类分级管理。从数字对象角度,根据数字内容对象的格式、单元大小、类型等完成分类分级。如同数字内容可编辑的文档格式级别高于仅供审阅的 pdf 格式;数字内容集合的级别高于内部独立数字对象的级别;内部独有资源的级别高于网络资源。

(2) 分类分级管理策略

在数字内容资源的生命周期里,数字内容实行静态分类分级管理与动态升降级管理结合,在固定部分敏感内容的级别外,基于数字内容的价值变化进行不同级别脱敏,重点包括制定相应分类分级自动化存储策略和服务策略。

分类分级存储策略应包括不同等级资源由何种级别部门负责管理、以何种方式存储、存储于何种设备、何时需要数字迁移、针对不同级别资源实施何种安全措施等具体内容。分类分级服务策略需要限定不同级别资源的申请流程、利用范围、利用方式、提供方式等内容。总体而言，出版企业推行数字内容资源分类分级管理策略时，需既要遵循分类分级标准模型进行分类分级存储，同时要以场景化思维设定最佳分类分级服务策略。

（三）生命周期管理的方法

1. 横向管理策略

根据数字内容资源生命周期内的各阶段价值变化，针对不同阶段的数字内容特点采取管理措施。根据信息生命周期六阶段模型理论，可以制定网络文学出版单位内容资源的四阶段管理策略。在数字内容采集阶段，根据内外部资源创建时在方式、类型等方面的不同特点，开发不同的采集方式；在数字内容组织阶段，通过信息组织和标引加工，深化内容加工与关联，提交入库审核，以备快速检索再利用；在数字内容存储阶段，采取安全存储方案和数字内容迁移措施，进行数字内容保护和恢复；在数字内容利用阶段，以资源访问为基础，提供资源查看与下载，强调以统计分析促进信息的分析利用，为数字内容的清理与回收决策提供支持。

2. 纵向管理策略

依据业务类型与服务类型，在存储层（合理存储规划）、管理层（有效管理）和服务层分别制定数字内容管理策略。

存储层解决根据生命周期内不同阶段的价值变化规律进行分类分级存储的问题，实现数字内容的集中管理，同时完成数字内容的初始价值评估、分类及存储规则制定，保障数字内容依据规则动态迁移。管理层制定标准化制度使数字内容存储流程和格式规范化；培训专业人员的技能与素养，明确相关职责与考核规范；从组织上保障数字内容生命周期管理在机构内部各级部门的一致性；定期检查、更新与升级，维护设备的正常运作。服务层面向业务与市场需求，是数字内容资源生命周期管理的最终目标。突出用户中心特征，如在采集阶段，考虑用户需求规划资源采集类型与内容；在组织阶段，入库审核增加用户可用性元素；在利用阶段的统计分析时，考察数字内容的实际利用效果，优化和提升服务质量。

二、数字内容资源的采集

（一）内部资源采集

为了采集分散于各业务单元的内容资源，网络出版单位需要有计划性地转移或复制数字内容到数字内容资源库。在转移和复制过程中需要特别注意内容的版本。根据实际的管理和作品开发运营需要，对素材文件、成品文件等选择最新的内容版本或者全部的内容版本进行存储和管理，否则转移和复制会导致信息混乱。

1. 采集方式

目前，各网络出版单位一般通过专有采集系统采集和线下采集方式采集数字资源，也有通过 ERP 系统管理内部资源。

（1）通过专有采集系统采集

根据企业内部资源特点，各部门统一使用专门开发的数据采集软件录入和存储内容资源，采集的内容资源类型单一，如稿件收缴系统。

(2) 线下采集

线下采集通过移动存储设备直接复制各部门资源,适合小规模数字内容采集。为保障数字内容安全,企业内部对涉密移动设备实行实名登记、定期清查和归档管理。移动设备禁止在涉密信息系统和非涉密信息系统间交叉使用,使用加密技术与病毒、木马等恶意代码查杀措施保护内容资源。

(3) ERP 系统管理

ERP 系统是企业资源计划(Enterprise Resource Planning)的简称,是企业内部提供跨地区、跨部门实时信息整合的管理平台,统筹协调各类型资源,通常与企业 OA 系统集成使用,以审核、监控和管理资源的流转,实现业务系统集成。如管理书稿从收缴、编辑、审核到排版、印刷、发行的传输。ERP 系统实行分层授权管理办法,通过账号与密码分配访问权限,维护内容资源安全。

2. 采集要求

(1) 元数据采集

数字内容采集的目的是更好地管理与再利用数字内容,依据对数字内容属性特征的描述,可以实现内容资源的有序化管理和便捷检索。遵循机构内部的统一元数据规范,内部资源采集过程中应尽可能完整地记录该资源的元数据,保障数字内容的完整性、可用性与可靠性。一般而言,数字内容的元数据采集贯彻与内容资源同步采集的原则,采集方式主要包括在系统设置中填写、通过独立表单采集、基于自然语言处理技术自动提取等方式。

(2) 内容资源分级(密级)采集和管理

对出版机构而言,不同类别数字内容具有不同价值,机构内部资源尤其是高价值内容资源是维持出版机构市场竞争力的关键。为了加强机构内部资源的管理,在采集分散的数字内容提高利用效率的同时,需要考虑其安全性和保密性,根据不同密级选择线下、线上等采集方式,并设立相对独立的管理责任和管理权限,从技术和制度两方面对内容资源进行分密级管理。目前,从价值视角评估内容资源的密级是比较通行的方式。内容资源的格式、责任归属也可作为参考标准。

(二) 外部资源采集

在外部资源采集过程中,要制定好规划和采集策略,预备为不同业务环节和不同地理区域的部门或机构提供服务。

1. 采集方式

数字内容的类型与格式十分多样,不同类型与格式的内容往往也有独特的流通渠道和方式。为了获取数字内容,在确定好信息源后,需要采用不同的方法和途径获取信息内容。一般来说,常见的外部信息内容获取方法与途径包括以下几种:

(1) 付费外购

外购是快速获取数字内容、建立数字内容仓库的一种方法,但购买者往往只能取得内容版权的一部分权利,如复制权、发行权、出租权、展览权、表演权、放映权、广播权、信息网络传播权、摄制权、改编权、翻译权、汇编权中的一个或多个,而非全部权利,所以积累起来的内容资源价值是有限的,数字内容开发的空间和盈利方式与范围也受到很多制约。

（2）定向索取

对于尚未发布的数字内容，或已经发表但内容不够详细和全面的资料，可以通过直接或间接的联系索要，这就是另一种数字内容的获取方式——索取。有些信息资料并不需要购买，都是公开的和免费的内容，如企业的产品手册、产品目录、宣传册、公开的报告、上市企业年报、股票交易所的各种公告、日程说明书、免费赠阅的期刊、杂志、论文集、开放的数据集等。这些资料都可以通过直接或间接的渠道向所有者索取。

（3）公开征集

征集在传统的出版业十分流行。为了期刊组稿、报纸报道和图书出版，传统的出版机构常常向社会广泛征集个人作品或通信报道，然后加工成册，形成各种出版物。进入互联网时代，尤其是 web 2.0 时代以后，网络上的征集依旧十分流行。网络上的各种内容资源共享网站，往往都是向普通网民征集数字内容的结果，如知名的视频分享平台抖音、快手、YouTube 等，文档分享网站百度文库、豆丁网、道客巴巴等，图片分享网站 Flickr、otologue、SmugMug 等。这些网站通过普通网民的上传行为，积累海量的数字内容，进而形成了巨大的商业价值。

（4）网络采集

随着互联网的快速发展，网络信息资源增长十分迅猛。网络信息资源是通过互联网可以获得并利用的各种信息资源的总和，其特点包括信息数量大、主题丰富，信息更新及时、内容变化快，信息表现形式多样、格式类型丰富，信息严重无序和增长迅速。

在网络信息采集过程中需要注意两个问题：一是关注版权

说明，采集内容必须符合版权要求；二是内容质量参差不齐。在网络信息采集过程中，必须高度注意信息的质量，避免采集虚假和质量低下的内容。如若不然，数字内容采集的数量越大，垃圾就越多，价值也就越低。

（5）对等交换

交换是一种常见的社会行为。一般来说，数字内容所有者常常可以通过多种方式获取资源。在积累了一定数量的资源后，就可以与其他企业进行交换，相互补充资源，扩大自己的资源存量。

2. 采集原则

（1）针对性原则

在获取数字信息内容时，首先要有针对性，即针对不同的需求，选择合适的信息源。目前，市场上总能找到提供类似内容的信息源，所以在获取内容时，必须选择最合适的信息源，进而获取它最有价值的内容信息，以保障获取的结果是有用的。

（2）经济性原则

获取内容是一项耗费成本的工作，必须在获取过程中选择合理的途径，实现“投入最少，效益最大”的目标。为此，要注意对数据源的评估，尤其是成本和效益的比较。在内容获取过程中，要注意不能重复信息内容，更要注意量力而行，避免不计成本的内容获取。

（3）系统性原则

系统性原则要求在获取过程中注意内容之间的逻辑性关系以及内容的元数据。在内容获取过程中必须作好规划，按照一定的策略和方案，尽可能地获取完整和系统化的内容，以备未来提供深度的服务。例如，在向出版商购买电子书时，必须连带购买电子书的所有书目信息，以便读者检索电子书。在保存电子书的电子文档时，至少可以有 5 种保存格式：一是原始排版格式（纸质内容转换而来），二是可编辑的 pdf 格式，三是印刷级的 pdf 格式，四是 epub 格式，五是 xml 格式。

（4）全面性原则

全面性原则要求获取内容资源时必须考虑资源的全面性，例如，一本书的封面、目录、正文、附录、相关图片，等等。为了将来重用图书的部分内容，必须把制作该图书时使用的所有原始素材及其有可重用价值的中间件都保留下来以备未来使用。这就要求出版社必须根据自己的战略需求和产品特点选择合适的内容归档策略。

（三）命名规范

在网络文学出版单位内部，须统一内容资源命名规范。单位的数字内容大都以分散或集中的方式存储两套以上，在形成或采集之初即须为资源赋予文档名，使得通过资源名称能够回溯至唯一的内容资源对象，并识别出同一内容资源下的不同格式文件及其提供部门。主要命名规范包括：

1. 依据命名规范，每个内容资源的名称在系统中具有唯一性；

2. 依据命名规范，内容资源名称具有统一的结构和形式；

3. 名称中的每个部分具有特定的含义；

4. 命名规范具有可扩展性和可容纳性，允许内容资源的增长；

5. 内容资源的命名编码具有永久性。

三、数字内容资源的入库

与网络文学作品相关的所有数字内容采集完成后，必须经过标引加工、入库审核和保存备份提交入库。入库资源的基本类型包括原始内容资源、加工后的内容资源和成品等文件。

（一）作品内容的组织

网络文学作品的内容组织遵循信息组织的基本原理，依据一定的规则和方法将原本处于无序状态的大量作品内容资源有序化，使之成为便于使用的数字内容信息集合。组织方法可以从形式、内容和效用三个基本方面进行分类，分为语法信息组织、语义信息组织和语用信息组织方法。

1. 语法信息组织

语法信息组织按照数字内容的外在形式特征组织数字内容信息。常见的语法信息组织方法包括字顺组织法、代码组织法、地序组织法和时序组织法。其他方法，如以出版物开本大小为序化依据，以数字内容对象格式为序化依据的组织法，也属于语法信息组织方法。

字顺组织法采用数字内容名称的语词特征作为排序依据，具体分为音序法、形序法和混合方法，数字内容资源名录常采用此方法。代码组织法按照规则对数字内容对象进行编码，便于计算机管理，国际标准书号、数字对象唯一标识符（Digital Object Unique Identifier，DOI）等组织法均属于代码组织法。地序组织法以数字内容的空间特征作为序化依据，反映鲜明的地域特色，如根据地域来源组织各分社数字内容。时序组织法遵循资源的时间线性特征组织数字内容，常用于连续出版物、日志类等数字内容。

2. 语义信息组织

语义信息组织按照数字内容信息的内容特性对信息进行描述，最常见的语义信息组织方法包括分类组织法与主题组织法。

(1) 分类组织法

分类组织法遵循逻辑分类的基本原理，利用数字内容的多种属性对内容资源进行层层分类，形成具有并列和隶属关系的知识分类体系。分类法的主要表现形式是分类表，以分类号提供检索标识。等级列举式分类法和分面组配式分类法是分类组织法的两种基本类型。

等级列举式分类法将类目详尽列举。分面组配式分类法将数字内容复杂主题的概念体系转化为“分面——亚面——类目”的逻辑，从多个主题出发划分多个面，进一步在每个面下展开分类，形成具体类目，给每个类目赋予分类号，然后根据组配规则将所有的分类号组配成一个完整的分类标记，从而体现出数字内容在不同属性下的所属类目。如小说可以从不同主题进行划分，以网络作家猫腻的《庆余年》为例，从作者、年代、类型、篇幅四个主题来看，它的分面组配类目是男性作者、古代、历史、长篇。

两种方法的区别在于：等级列举式分类法的类目结构直观，使用简便。每个数字内容对象被分配到唯一类目下，《中国图书馆分类法》是典型的等级列举式分类法。分面组配分类法表达复合主题的能力强，可以满足复杂分类的需求。但组配规则比较复杂，据此进行标引的难度大。

(2) 主题组织法

主题组织法以自然语言中的词语或规范化词汇作为揭示数

字内容主题的标识,并以此标识组织内容资源,提供字顺检索途径。用以表达数字内容主题的词汇被称为主题词。主题词款目之间具有用、代、属、分、参关系,被称为参照系统。主题词法采用参照系统揭示数字内容之间的关系,以主题为中心集中内容资源。按照选词方法的不同,主题词法一般分为标题法、单元词法、叙词法和关键词法。

标题法大多用资源的名称表达数字内容的主题。单元词法用在概念上不能被进一步分解的单元词来表达数字内容主题,通过单元词之间的组配可以表达复合概念。单元词既可以是单纯词,也可能是合成词,如"钢""人""出版社""作者"。叙词法以叙词作为主题标识,遵循单元词法的基本原理,结合标题法的预先组配方法,采用体系分类法原理编制叙词分类索引和等级索引,采用组配分类法的概念组配代替单元词法的字面组配。关键词法提取数字内容原有的、能表达某些主题概念的词汇,经过极少量的规范化处理表达内容主题。

以上四种方法的区别在于:① 前三种方法的标识词汇属于规范语言,即经过人工筛选,关键词法的标识词汇是自然语言,是适应于计算机自动化编制主题索引而形成的方法。② 标题词法提供先组式主题标识,即以固定的词间顺序提供检索途径;单元词法提供后组式主题标识,即用户可自由组配排检词满足多途径、多范围检索需求;叙词法融合先组式的规范性、准确性,对后组式主题标识的自由度予以控制,《汉语主题词表》是我国使用最为广泛的叙词表。

(3) 分类主题一体化

近年来,分类主题一体化组织方法逐渐兴起并流行。制定分类主题一体化词表,包含将数字内容按照概念体系进行组织的分类表和按照参照系统与字顺排序进行组织的主题词表。融合分类法系统性强与主题法直观性强的优点,在明确数字内容对象在知识体系中的概念位置的同时,能直接揭示数字内容主题。

(4) 大众分类法

大众分类法由用户自发给数字内容定义标签,建立共享分类体系,大多用于 web2.0 网站的内容资源组织。与传统分类法与主题法相比,大众分类法将大众认知与数字内容联系起来,便于用户对数字内容主题的直接理解,同时增进对某类数字内容具有相同感知的用户之间的了解与沟通。但大众分类法的各标签之间是平面结构,没有等级划分,难以表达数字内容主题间的复杂关系;标签未经规范,存在同义现象和所指代概念模糊的问题。

3. 语用信息组织

语用信息组织面向用户需求,认为数字内容的效用会随着环境和对象的变化而改变。它以数字内容信息的效用特征为序化依据,主要组织方法包括权值组织法、概率组织法和特色组织法。

权值组织法,按照数字内容的重要性对不同数字内容赋以权值,按照权值大小组织数字内容,报纸的版面安排便涉及权值组织法。概率组织法,根据数字内容可能被再次利用这一事件发生的概率大小组织数字内容,可据此将日常业务的常用资料规划专门板块。特色组织法,根据用户或市场某一方面的特殊需求组织数字内容。如根据球迷的兴趣在网站上置顶兴趣栏目，包括极受关注的球队、球类、球赛等内容专栏。

（二）数字内容信息标引

遵循信息标引原理对数字内容资源予以标引，是分析数字内容的内外部属性，为内容赋予标识，并以此作为检索依据的信息揭示过程。数字内容信息标引是资源检索与获取的前提，一般包括两个环节：一是主题分析，将数字内容的某些内容属性或外部特征概括为具体的主题概念；二是转换标识，用专门的标识语言指示主题概念，形成检索标识。

1. 数字内容信息标引类型

数字内容信息标引依据是分类法和主题法，据此为数字内容赋予分类检索标识和主题检索标识，从而形成两种标引类型，即分类标引和主题标引。分类标引对数字内容进行主题分析后，根据编制的分类体系为内容资源分配分类检索标识（分类号）。主题标引在分析资源主题的基础上，根据编制的参照系统为内容资源分配主题检索标识。

2. 数字内容信息标引方式

（1）整体标引、全面标引与分散标引

根据标引所针对的内容单元，可对网络文学作品相关内容进行整体标引、全面标引与分散标引。整体标引又称为概括标引，往往针对作品内容资源整体，用一个主题概括揭示作品内容的基本主题，标引词数量少，是一种浅标引方式。全面标引针对所有可能存在检索价值的数字内容主题，也包括基本主题，标引词数量多，是一种深度标引方式。分散标引针对数字内容资源中的片段和集合型数字内容资源的整体单元，在概括揭示文献基本主题的同时突出重要主题。

（2）受控标引与自由标引

根据标引时选用的标识词汇类型，数字内容信息标引方式可以分为受控标引和自由标引。受控标引采用经过人工规范过的受控语言（规范语言）表达数字内容主题，如《汉语主题词表》中的主题词，中图法中的分类号。自由标引采用极少经过人工筛选的自然语言词汇表达数字内容主题，又叫自然语言标引。

（3）人工标引、自动标引与半自动标引

根据标引动作的实施者区分，网络文学作品内容的标引方式包括人工标引、自动标引与半自动标引。人工标引，又称手工标引，由标引人员为数字内容资源赋予主题标识，标引准确率高。自动标引，是由机器为数字内容分配主题标识的标引方式，分为自动抽词标引和自动赋词标引两种类型，标引效率高，成本低，标引结果的一致性强。半自动标引，将人工标引与自动标引结合。

（三）入库要求

内容在标引加工完成后，即可提交审核预备入库。数字内容资源管理部门必须有内容审核人员承担内容的审核任务。内容审核员不能和内容标引加工人员是同一个人，但是内容标引加工人员之间可以相互审核对方的工作结果。此处的内容审核是指针对网络文学作品采集和加工后的内容资源进行的入库审核，入库审核除了审核内容资源本身是否完整、全面、系统，以及内容文档的题名是否完整、规范、合乎要求外，还需审核内容资源的标引信息，包括：

1. 内容资源的分类标引必须正确、全面、规范；

2. 内容资源的主题标引必须正确、完整、规范；

3. 内容资源的版权信息标引必须正确；

4. 内容分散标引应该完成。

（四）审核流程

通常来说，网络文学作品内容资源的入库审核只需一级审核即可，无须多级审核。对于审核不通过的内容资源，需要退回内容标引人员再次加工，加工完成后，二次提交审核，通过后再入库存储。入库审核流程遵循先资源对象、后标引信息的原则。首先检查数字内容对象本身的完整性与准确性，其次检查资源对象的标引信息是否正确、完整与规范。在审核入库后生成审核通过证明。

内容资源的审核可以使用机器辅助完成部分工作，例如，一本图书的不同格式文档的命名和标引信息是否一致。除初次入库审核外，审核流程还包括抽查审核。抽查审核指的是内容管理人员定期或不定期抽查部分内容资源，进行审核校验，这是保证内容资源质量的一种方法。对于不符合要求的内容，需要出具审核意见，反馈给相关责任者，并追查标引加工责任和入库审核责任，弄清楚问题原因，进而改进工作流程和内容质量。

四、数字内容资源的存储

对内容资源进行标引加工之后，就进入存储环节。为了保证安全可靠和稳定地存储内容资源，出版机构可以采纳业界通用的安全存储方案。当然，采用何种存储方案要根据出版机构的内容资源量和具体的业务要求进行评估选择。一般说来，大容量和高性能的数字存储解决方案往往也需要高昂的成本投入。

（一）数字内容资源的存储方式

尽管数字内容资源的类型十分多样，但资源存储方式通常只有三种：文件库方式、数据库方式和云存储方式。

1. 文件库方式

文件是计算机系统内最常见的一种信息组织方式，很多数字内容都以独立文件的形式存在。这些非结构化的数字文件多数以文件库的方式存在于计算机存储系统中。文件库对计算机操作系统的依赖性较强。用户通常把数字文件直接存放在计算机磁盘上，通过层级目录的方式管理这些独立的文件。有时，用户也会使用特定的文件管理系统来存储和管理各种文件，这种文件管理系统也是把文件存放于特定的磁盘空间中，然后通过索引的方式管理文件。

文件库是最简单的内容资源存储方式，但是相对于数据库来说，文件库管理功能较少，难以实现高级的管理功能，如检索不便、共享困难、文件版本不易控制等。文件库也难以配合企业的综合性业务系统使用，但是它读取速度较快，适用于个人和少量文件的管理。

2. 数据库方式

数据库是依照某种数据模型组织起来并存放在二级存储器中的数据集合。这种数据集合的数据结构独立于使用它的应用程序，对数据的增、删、改、查由统一的软件进行管理和控制。从发展的历史看，数据库是数据管理的高级阶段，它是由文件管理系统发展而来。

数据库除了可以存储和管理字符数据外，还可以管理各种独立文件，如 doc 文档、jpeg 图片、avi 视频，等等。这些文件以大字段的方式存在于数据库中，配合其他数据，调取方便，管理便捷，适用于海量文件的管理。

利用数据库存储各种内容资源，通常需要一个专门的业务系统相配合。用户使用这个业务系统可以向数据库中添加内容资源，也可以按照要求读取资源，或者删除修改内容资源。在这一过程中，数据库对用户来说是透明的，用户感知不到后台数据库的存在。用户只通过业务系统界面操作内容资源，无须了解内容资源是如何存储在哪个表格以及计算机磁盘上的，这就降低了用户管理内容资源的难度。

3. 云存储方式

云存储系统是由诸多存储设备和服务器构成的集合体，通过应用软件对外提供数据访问服务。这种存储方式允许机构以租赁或购买存储空间的方式将数据存放在第三方托管的多台虚拟服务器，支持云资源备份、云资源共享、云资源获取等服务。云存储系统整体架构分为存储层、管理层、应用接口层和用户访问层。存储层将不同类型和不同地域的存储设备连接起来构建分布式存储系统。管理层通过集群、分布式文件系统和网格计算技术实现多个存储设备的协同工作，同时以各种数据备份和加密技术保护数据的安全性。应用接口层是直接面向用户提供服务的部分，可以根据业务需求开发不同应用接口提供服务，如远程数据备份平台、视频监控和点播平台。基于用户访问层，用户可在任何时间、任何地点使用终端设备通过授权登录连接云存储平台获取服务。

对于网络文学出版单位来说，云存储提供的是一种数据访问服务，适用于海量数据存储，可以避免存储平台的重复建设，节省了大量的软硬件基础设施投入，具有廉价、快速与便捷的优势。数据的安全性问题是云存储需要解决的主要问题。

（二）内容资源的分级存储

海量的数字内容资源存储带来了高昂的成本。为了解决低成本存储问题，人们提出了数据的分级存储策略。分级存储是指将数字内容存放在不同级别的存储设备（磁盘、磁盘阵列、光盘库、磁带库）中，通过分级存储管理软件实现数字内容在存储设备之间的自动迁移。数据迁移可以人为控制，通常是根据数据的访问频率、保留时间、容量、性能要求等因素来确定最佳的存储策略。在分级数据存储结构中，磁带库等成本较低的存储资源用来存放访问频率较低的信息，而磁盘或磁盘阵列等成本高、速度快的设备用来存储经常访问的内容。

数据分级存储的工作原理是将不经常访问的数据自动迁移到运行成本较低的存储空间，以释放出运行成本较高的存储空间，给更加频繁访问的数据使用，以达到获得更好性价比的目的。

1. 分级存储的必要性

根据信息生命周期理论可知，数字内容资源在生命周期的不同阶段价值不同。在数据生成初期，访问频率较高，价值也最高。随着时间的推移，数据的访问频率降低，价值也随之下降。如果企业的存储设备平等地存储所有数据，会导致较高的运营成本，所以针对不同价值的数据，采用分级的存储机制，可以从整体上降低内容的存储成本。

一般来说，企业的关键业务数据采用较为昂贵的存储技术和设备，如磁盘阵列、复制、定时复制、多级备份等，以确保数据的高可用性。非关键数据，如早期的历史数据和很少有人访问的数据，可以存储在较便宜的存储介质上。当数据“老化”到无人访问时，则需考虑将其删除或者迁移到更低成本的存储介质上，如离线的磁带库。

随着数字内容资源的急剧增长，分级存储降低了存储管理复杂度。它不仅使重要的数据和常用数据在最短的时间内被访问到，还使极少使用的数据存储在廉价的存储设备上，达到存储资源的最佳配置。

2. 分级存储的类型

（1）在线存储

在线存储是指存储设备永久连接在计算机系统中，并随时保持可实时快速访问的状态，在线存储设备一般采用磁盘阵列。在线存储的成本较高，使其存储容量受到一定的限制，但其响应速度快、读写速率高、传输码率大、文件易于检索。从信息生命周期理论来看，对于那些新生产的内容、访问频率高的内容和高价值的内容，可以采用在线存储。

（2）离线存储

离线存储是指存储设备或存储介质平时没有装在计算机系统内，在存取数据时需要将存储设备或存储介质临时性地装载或连接到计算机系统上，当数据访问完毕时，再把存储设备或存储介质卸载或取消连接。离线存储通常使用磁带或光盘。这种存储模式的成本较低，容量较大，但需定期进行重新备份。由于存储量大，难以快速检索内容，所以离线存储通常用于存储不常使用的数字内容。

(3) 近线存储

近线存储介于在线存储和离线存储之间,既可以做到较大的存储容量,又可以实现较快的存取速度。由于廉价磁盘阵列的存在,近线存储可以在低成本的条件下获得高读取速度,是一种理想的在线存储扩展方案。

(4) 混合存储

混合存储就是以上三种存储模式的混合使用,这是多数信息企业内的流行做法。通过多种存储模式的混合使用,可以取得高性价比的存储结果。高性能存取使用在线存储,大容量存储则使用存储网络。多种模式相结合,大大提高了企业的存储效率和存储管理水平。对于视频内容加工企业来说,混合存储尤为重要。

(三) 内容资源的备份

1. 备份的目的

一般来说,数字资产的备份有三个目的:灾难恢复、可操作备份和内容归档。

(1) 灾难恢复

为了应对灾难恢复要求,需要进行内容的备份操作。当主位置因灾难不能工作时,备份的副本将用于在另外一个位置恢复数据。当使用基于磁带的备份方法时,备份磁带一般会被存放在异地,以保证灾难不会同时毁坏原始数据和备份数据。对于恢复速度要求比较高的企业,也可以采用远程复制技术复制数据到灾难点,这样可以快速恢复灾难点的系统运营。

(2) 可操作备份

生产环境中的数据随着每一次业务和操作而变化。可操作备份是一种在时间点上的数据备份，用于日常业务过程中发生的数据丢失和逻辑损坏时对数据的恢复。大多数组织中的数据恢复请求都属于这种形式。可操作备份通常使用增量式备份技术实现。

（3）内容归档

备份也会因内容归档的需求进行。在小型企业中，为了长期保存某些业务信息、电子邮件等，需要对数字内容进行备份。

2. 备份的粒度

数字内容备份的粒度分为全备份、增量备份和累计备份。大多数机构都会采用三种备份类型的组合以满足企业的备份需求。

（1）全备份是指某时间点上对生产系统上的所有数据进行完整备份。这种备份时间长，恢复快。

（2）增量备份是指复制自上次全备份或最近发生的增量备份以来修改的数据。由于仅限于修改的数据备份，所以这种备份的速度很快，但是恢复起来却很耗时。

（3）累计备份是指复制自最后一次全备份以来修改的数据。这种备份方式时间比增量方式长，但恢复快。

3. 备份的方法

备份分为热备份和冷备份两种方式。热备份时，应用仍处于运行状态，用户可以在备份的同时存取数据；冷备份时，应用处于停止状态。

在不可能关闭数据库服务时，可以采用热备份，这种备份会影响数据的性能，导致数据库响应降低，所以热备份通常在深夜用户访问量较低时进行。

在可以停止数据库服务时，采用冷备份。冷备份要求停止数据库服务，这是某些业务系统所不能接受的。

在实际业务工作中，到底使用冷备份还是热备份，要视具体的业务模式而定，通常在线服务都采用热备份的方式，而企业内的业务系统可以采用冷备份的方式，在员工下班时进行冷备份，不会影响企业的正常业务。

(四) 内容资源的迁移

内容迁移是数字内容资源从一个硬件和软件的配置组合向另一个硬件和软件配置组合转换，或是从旧的计算机技术向新一代的计算机技术转换。又称数字迁移。这一套转移和转换活动的目的是使数字内容资源在将来也可以被存取。

1. 迁移的类型

内容迁移的原因有很多，大部分都与软件版本及文件格式有关。随着软件的不断升级，软件的版本和对应的文件格式也快速变化，新的软件版本和文件格式不断地取代已有的版本和文件格式，由此导致数字内容需要不断地进行迁移，以确保用户能够正常存取。

内容迁移主要有 4 种类型：

(1) 数字文件的日常更新。早期，数字内容从一种存储介质转存到另一种存储介质是迁移的主要形式。随着存储介质稳定性和可靠性的提高，这种形式的数字迁移越来越少。

(2) 当文件从一种应用转到另一种应用时，需要改变文件的格式，如从苹果操作系统的应用转到 Windows 操作系统的应用，就需要改变文件格式。

(3) 数字内容格式本身的改变，如将 pdf 格式文件转换为

xml 格式文件。

(4) 以数字主文档格式制作副本，如图像主格式是 tiff 格式，为了 web 发布需要，转换为 jpg 格式的副本。

2. 迁移的步骤

内容资源迁移主要有 5 个步骤：迁移规划制定、迁移风险测评、迁移工作准备、迁移工作实施和迁移质量校验。

(1) 迁移规划制定。确定需要迁移的数字内容范围和具体对象，分析数字内容对象的数量、种类、价值、存储时间与状况，划分对象优先级。确定迁移方法，根据内容资源规模、工作人员数量、迁移时间要求、迁移难度大小选择一次性迁移或者分次迁移。

(2) 迁移风险测评。数字内容迁移的过程和结果都具有不确定性。需要拆解迁移过程，构建风险控制框架，对风险值进行评估。数字内容迁移的风险主要来自三个方面。第一方面是内容资源管理的相关风险，包括缺乏机构、资金、系统硬软件和管理人员的支持以及法律政策风险；第二方面是内容资源原格式的相关风险，包括源文件对软硬件的依赖性致使文件格式需要重新配置，文件格式改变带来的文件内容组织和结构问题，新存储介质、操作系统和文件组织协议致使存储密度变化带来的内容标签和结构问题以及源文件性能增加或减少的问题；第三方面是内容资源迁移过程的相关风险，包括迁移错误而导致的内容资源本身以及相关元数据信息的完整性和稳定性丢失，加密技术损失带来的内容安全性威胁，数字内容资源的价值和迁移周期难以确定使得迁移成本预测困难。

(3) 迁移工作准备。成立数字内容迁移小组，划分成员职责，确定迁移目标。整理原始数字内容资源，对比新旧存储系统和存储方式的差异。选择合适的迁移设备、迁移软件、存储介质和存储格式。选择具有代表性的部分内容资源进行迁移测试，包括内容一致性和可用性测试、应用软件执行功能测试、数据备份和数据恢复测试，分析出现的问题，调整迁移方案。

(4) 迁移工作实施。有序实施迁移工作，进行数据备份，生成镜像文件。在迁移过程中做好迁移记录，以备问题查找和下一次迁移参考。在一定期限内保存好迁移前的原始数字内容资源及业务系统，直至迁移后的数字内容和业务系统运行稳定。

(5) 迁移质量校验。人工检查每一次数字内容迁移的质量。具体来说，需要注意内容资源本身的完整性、元数据和内容标引等参考资源的完整性、源文件性能的完整性和业务系统功能运行是否正常。

五、数字内容资源的利用

（一）数字内容资源的资产化

内容资源是网络出版单位的核心资产，各网络出版单位需要按照经济规律，根据内容资源的生产和使用实际对内容资源进行全生命周期动态化管理，可以建立以资产产权为约束的管理体制，主要包括产权管理、经营管理和收益管理，管理对象是内容资源资产化的结果，即版权资产。在内容资源资产化的过程中，需要对内容资源进行资产属性界定、权属认证、资产登记、资产评估、产权交易、资产报表制定、资产盘点和核算等资产管理工作，这一系列过程与行为称之为内容资源的资产化管理。

内容资源资产化管理与传统内容管理的区别在于以下三个

特征：

1. 确保所有者权益

内容资源的资产化管理将内容资源从“市场附属品”的状况中分离出来，作为一种资产进行保值增值，通过独立核算，按照稀缺性、需求状况和功能价值等确定资产价格，实现内容资源的价值，使所有者的地位在经济收益中得到体现。

2. 自我积累增值性

资产与普通财产的区别在于资产的价值不会因为使用而降低，能在社会再生产循环过程中实现自我积累和不断增值。内容资源作为资产投入到生产、分配、交换和消费环节，形成新的数字素材、数字产品等数字内容，并返回到资产，完成内容资源类资产的自我积累和增值。

3. 资产的可流转性

内容资源的资产化管理将数字内容的版权作为商品投入市场流通，使其具有产权可流转性，参与到商品交换中。产权的可流转性基于市场供求关系能及时、灵活、有效地实现企业内容资源的合理配置，推进内容资源的开发与利用。

（二）内容资源的检索

存储和备份内容资源不是网络文学出版单位的最终目的，从内容资源开发和利用过程中获取收益才是各网络文学出版单位追求的目标。为此，分类和存储良好的内容资源必须能够提供给用户检索和下载，满足用户获取内容的需要，并促进内容的流通和重用。

1. 检索的概念和类型

内容资源的检索与组织是一对互逆的过程。内容组织的目的是按照一定的规则描述信息资源，使之实现有序化和系统化，以便于后期高效地利用。内容检索就是根据用户的信息需求，从组织好的内容资源库中找到所需内容资源的过程。这两个过程密切相关，组织是检索的基础，检索为组织提供了需求。

信息检索的类型多种多样，按检索的对象和目的划分，可以将信息检索分为 5 种类型，分别是数据检索、书目检索、全文检索、多媒体检索和事实检索。

（1）数据检索是从存储大量数据、图表的检索系统中获取数值型信息的一种检索类型。检索的结果是经过评测、评价过的各种数据，可直接用于比较分析和定量分析。

（2）书目检索是从标题项、作者项、出版项、文摘项等标引信息中获取标题、作者、摘要、出处、专利号等相关资源线索的一种检索类型。这是一种间接的检索方式，获取资源线索后再按照索引获取最终的内容资源。

（3）全文检索是从整篇论文、专利、网页乃至整本图书的检索系统中获取全文信息的一种检索类型。这是一种直接检索方式。

（4）多媒体内容检索是从存储多媒体文件的检索系统中获取多媒体内容的一种检索方式，检索内容包括视频内容、图像内容、音频内容，以及混合内容。在实际检索过程中，图像检索、音频检索和视频检索与文本检索密切相关。早期时候的图像检索、音频检索和视频检索都是借助文本检索实现的，也就是说，针对图像、音频和视频的检索，并不是对图像、音频和视频内容进行直接检索，而是对这些图像、音频和视频的描述信息进行检索。这些内容的描述信息就是元数据，都是文本形式，所以对这些内容的检索是一种间接的检索。

（5）事实检索是从存储大量知识信息、事实信息和数据信息的检索系统中获取某一事物发生的时间、地点及过程的检索。这种检索一般需要从系统中检索出所需信息后，再加以逻辑推理给出结论，是一种高级检索形式。

近些年来，基于内容的信息检索发展十分迅速，这是一种新的检索技术，直接针对多媒体内容及上下文语义环境进行检索，如对图像中的颜色、纹理或视频中的场景、片段进行分析和特征提取，并基于这些特征和用户画的草图或对颜色的描述进行相似性匹配，进而得到检索结果。目前，很多公司都已开发出针对图像、音频和视频内容的直接检索系统，并在实际应用中取得了一定的效果，但尚未达到专业检索要求。

2. 检索基本原理

信息检索的基本原理可以概括为对信息资源集合与信息需求集合的匹配与选择，如图 4－4 所示。

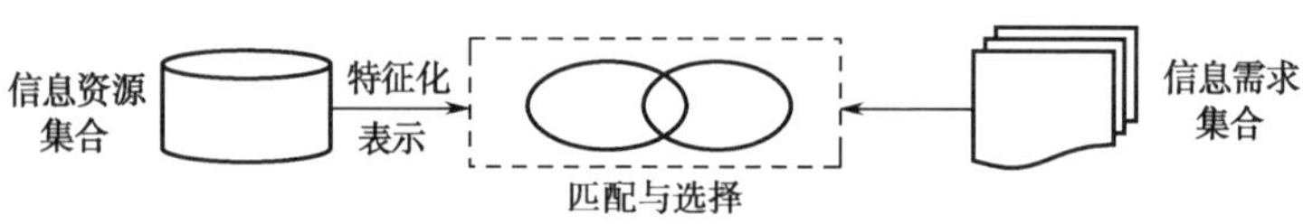

图 4－4　信息检索的基本原理

（1）信息资源集合

信息资源集合是指某一领域的、经过选择采集和组织加工过的信息集合体。它既可以是传统的印刷文献的集合，也可以是数字内容的集合。随着数字内容的增长，信息资源集合中数字内容的部分越来越大。现代意义上的检索就是对数字内容的检索。信息资源的集合往往是组织过的内容的集合，包括分类标引和主题标引。

(2) 信息需求集合

在日常生产生活中，信息需求的种类十分多样。在用户产生信息需求后，还要通过一定的方式表达出来，形成查询式。表达的方式可以是关键词，也可以是主题词。查询式的构造对检索结果的影响很大。

(3) 匹配与选择

有了信息资源和信息需求之后，就可以借助计算机系统实现信息检索。这个过程实际上就是将信息需求与数字内容进行匹配的过程。这种匹配可能是间接的，如书目检索，需求与标引信息进行匹配，找到信息线索，然后再索取正文内容。匹配也可以是直接的，如全文检索。不管是何种匹配，检索的关键是找到与用户的信息需求相关的内容，避免漏检和误检，同时提高查全率和查准率。

(三) 内容资源的下载

检索到的内容通常以列表的方式呈现，但呈现的结果多是内容的摘要或者描述性元数据。例如针对文本的全文检索，检索结果多是全文内容的摘要或者少量头部文字；针对图书 pdf 文件的检索，结果多是图书题名、作者、出版时间、页码等元数据，要获得原始文件，还需要从资源库中下载该文件。但下载或导出全文内容或独立的数字文件权限必须受到约束。可以根据应用目标、内容资源的保密等级、检索人的系统角色和权利大小等设置下载同一内容不同文件。如图书宣传时，仅下载目录、10%～20%试读章节、缩略图、xml 元素等；重用时，下载转曲后的 pdf 文件等。

1. 下载方式

根据检索人的权限大小和内容资源保密等级，从内容资源库下载和导出资源的方式包括以下四种：

(1) 自由下载

自由下载指的是对检索结果没有任何约束的下载。下载的内容可以是检索结果列表，如元数据条目，也可以是正文内容，如全文、图像文件或者 pdf 文档。自由下载没有数量和权限限制。

(2) 授权下载

授权下载是针对高价值的内容资源进行的有约束的下载方式。这些高价值的内容资源包括排版文档、pdf 文档、xml 文档、高精度图像视频文档等。这些资源的流通通常是版权交易的结果，所以只有得到授权才可以下载和导出。检索人要下载此类资源必须向资源管理部门提交下载申请，获得批准后才可以下载。

(3) 批量下载

批量下载指的是同时对多个内容资源进行的下载活动。批量下载必须得到授权许可。为了避免出现恶意行为，批量下载的时间、期限、地点、批次、单次数量都必须受到监控，以防止出现意外结果。

(4) 自动下载

自动下载指的是根据产品或业务需要定期或不定期地从内容资源库中下载和操作内容资源的行为。内容资源库常与业务平台关联，自动下载是业务处理和产品运营的保障，必须给予优先保障。

2. 下载审批

对于授权下载内容和批量下载行为，需要进行下载审批。首先由申请人撰写下载申请报告，注明下载目的、用途、期限、资源数量和责任人，然后提交部门内审核员审核。批准或拒绝下载申请都需要有详细的时间和责任人记录，所有日志记录必须留存备查，如图 4－5 所示。

图 4－5　下载审批流程

（1）申请部门内资源下载的审批

当申请下载的内容资源为部门内部资源时，只需本部门的审批人员审批通过即可进行下载。

（2）申请非部门内资源下载的审批

当申请下载的内容资源为非部门内资源时，至少需要进行两级审批。第一级为本部门的审批人员审批，第二级为数字内容资源管理部门的审批。两级审批都通过后方能进行资源下载。

（3）自动下载的审批

自动下载的审批需要资源管理部门及其上层管理部门进行。审批通过后，支持一定时期内通过机器自动检索并下载特定的内容。所有的下载过程也需要保留日志记录。

（四）内容资源的统计分析

为了及时掌握企业的内容资源存量，并为工作量核算、质量管理、责任追究、业务决策等活动提供数据支撑，有必要对内容资源及其直接操作行为进行统计分析，全面掌握内容资源的存储和流通情况。

1. 资源存量统计

资源存量统计的目的是盘查内容资源库中的各类资源数量、类别分布、版权情况、存储情况等，为企业掌握获取资源、出售资源、开发资源、产品定价、资源处置等提供决策支持。为了详细统计资源的存量及其变化情况，有必要定期记录各种统计指标数值，形成历史曲线图，揭示资源的变化情况。

2. 资源上传统计

资源上传统计的目的是确定资源采集、加工、上传部门和人员的工作量。上传统计必须详细记录上传者的身份、时间、地点等信息。

3. 资源下载统计

资源下载统计目的是明确资源的流向。下载是重要的资源流出活动，为了防止高价值的内容资源被滥用，除了严格管理下载行为外，还需对下载记录进行定期统计分析，以确定资源的使用频率和主要流向。

4. 资源分类、分级统计

资源分类、分级统计的目的是根据资源特征对内容资源进行分析，获得不同类别、不同级别资源的存储情况和利用程度，为企业采集和开发资源提供决策依据。除了统计资源的上传和下载行为外，还需统计行为者的身份、时间和下载审批报告内容等信息，获得不同类别、级别资源利用频率、在业务环节间的流向、可能的利用方式等综合评价。

5. 其他统计

其他统计包括抽查差错统计、资源来源统计、资源检索频率统计、备份与分发操作统计，等等。这些统计可以根据内容资源库的大小来确定是否实施，为了保证内容资源库的技术和经济安全，所有的资源操作行为都可以根据需要进行定期和不定期的盘查和统计。

统计结果除了在资源管理系统内显示外，还可以定期做成报告，呈交给内容资源管理人员和企业高层人员用于汇报和决策。

第三节　数字内容管理基本要求

科学规范的数字内容管理流程是网络文学出版单位开展作品内容资源管理的前提，同时，各网络文学出版单位还需在制度体系构建、作品内容管理目标以及作品内容质量审核等方面不断完善措施，提出管理要求。

一、构建制度体系

网络文学发展至今已有二十余年，诞生了包括中文在线、掌阅科技、阅文集团等在内先后上市的多家公司。可以说，网络文学的运营早已过了个人站长的草莽时期，进入正规化、系统化、集团化运营阶段，而内容生产管理是平台运营的重中之重，为此而进行的稳定有效的制度建构和坚持不懈的制度执行是网络文学出版单位赖以生存和发展壮大的基本前提。

（一）必要性

没有规矩不成方圆。在激烈的市场竞争中，在网络文学出版单位具体的管理和运营进程中，内容生产平台应以实干强化监管，以创新推动发展，组建由专业人才构成的管理团队，建立起较完善的内容质量安全管理、内容风险控制和版权管理风险防控体系，加强作者发展的管理与培训，形成一套完整的编辑制度、考核流程、审核机制，保障各项业务顺利发展。

第一，为保障阅读业务的正常开展，符合国家相关政策与标准，内容生产平台应当建立及时、有效、严谨的内容合规控制体系。

第二，为优化用户体验效果，提升用户满意度，提高用户黏度，需要建立科学、优质、高效的内容品质检测体系。

第三，需要建立高效的专业人才培养体系，打造能力突出、经验丰富、分工明确的内容审核团队，确保内容合规、内容品质体系有效执行。

（二）制度体系要求

网络文学出版单位应该在版权内容采集、作品创作及管理、产品生产和运营过程中不断建设和完善自身的制度体系。如表4－1所示。

表4－1　网络文学出版单位制度体系参考标准

类别指标	具体指标	具体标准
版权内容采集	数量指标、质量指标、时效指标	权利主体资格标准；采集内容类型标准；版权标准；内容源文件标准
内容数据加工	加工质量指标、加工数量指标、加工周期指标、数据存储指标	元数据标准；数据加工标准；数据质检标准；数据存储标准
内容合规审核	内容合规指标	不良信息审核标准；数字内容合规标准
数字阅读产品生产	数量指标、产品质量指标、产品策划分类质量指标、产品生产周期指标	数字阅读产品策划标准；手机阅读产品分类标准；基础教育阅读分类标准；手持阅读分类标准；互联网阅读分类标准；数字阅读产品生产标准

续 表

类别指标	具 体 指 标	具 体 标 准
数字内容产品管理	数量指标、版本管理指标、产品上下架指标、产品存取指标	数字阅读产品版本管理标准;数字阅读产品上架标准;数字阅读产品下架标准;数字阅读产品存取标准

内容生产平台应按照以用户为中心的质量管理理念,通过数字资产管理平台进行流程化、全方位的产品质量控制。

数字资产管理平台是一个集数字内容资源版权管理与内容数据加工,内容合规审核,数字阅读产品生产、数字阅读产品管理等方面于一体的全媒体出版运营支撑平台。以数字化内容数据为信息源,根据不同的传播渠道及读者用户特点制订统一的数据标准,通过科学的数据解决方案,优化生产流程,控制产品质量,提高效率,实现数字阅读产品的“一元化生产,多媒体发布,多渠道传播”。

二、内容管理目标

网络文学出版单位的内容管理应建立必要的管理目标,在内容审核专业度提升的基础上,实现内容审核流程更科学,内容上架时间更快,内容安全风险更可控。

(一) 政治导向

任何作品都不能出现违法乱纪的情况,内容健康性审核主要针对内容的审核,总体要求导向积极健康,不含涉及政治问题,涉黄、暴力恐怖、封建迷信等违法内容。政治问题是包括宪法、国家安全、民族问题等违反国家法律等内容。

（二）文学价值

文学价值决定于文学作品的质量，包括审美、思想、核心价值理念等，主要指文学作品的内在艺术价值，即对人们有积极意义的价值。网络文学作品亦应体现其文学价值。

（三）编校质量

网络文学出版单位应建立相关的内容管理制度，对内容完整性进行审核。主要针对内容的文本格式审核，总体要求内容品质优良，不含影响读者阅读体验的乱码信息、章节重复、章节缺失等品质问题。

（四）版权

审查版权信息的时效性、合法性、有效性等。有下列情形之一的均不符合时效性、合法性、有效性等要求：

1. 著作权许可使用协议或著作权转让协议未许可使用或未转让信息网络传播权；

2. 著作权许可使用协议或著作权转让协议许可使用范围或是权利转让范围不适用；

3. 著作权许可使用期限届满（或将届满）；

4. 作者信息不真实；

5. 著作权许可使用协议或著作权转让协议明确规定其无权转授权；

6. 不予通过审核的其他情形。

三、质量审核要求

网络文学出版单位应根据法律要求建立必要的内容质量审核机制，加强对作品重点内容的质量审核管理。

（一）内容质量审核机制

为使服务满足服务质量标准，内容生产平台须制订一系列质量控制措施，形成一套有效的质量控制体系。质量控制的核心主要体现在内容质量控制，这是平台能否实现盈利的核心要素。内容质量主要体现在内容审核、版权审核、内容数据加工、作品生产和运营等多个方面。

1. 内容质量控制

设置专门的内容审核部门和专职岗位，内容审核为三级审核：第一步，对源文件内容进行初审，包括作品信息及原始文档等，审核出不合格的作品信息；第二步，对加工完成的初级产品，进行入库前的关键字过滤，人工审读等；第三步，对精加工的最终产品进行内容复审。

2. 版权质量控制

设置专门的版权审核部门和专职岗位，版权审核为三级审核：第一步，版权采集入库审核，对采集到的授权协议、授权书、合同明细、授权方主体资质等进行入库审核；第二步，对入库后的授权协议、授权书、合同明细、授权书目等进行复审；第三步，对将要上线的网络文学作品进行版权审核确认，再发布运营。

3. 数据加工质量控制

设置专门的作品数据加工部门和专职岗位，数据加工为三级加工：第一步，将与版权相匹配的源文件进行质量检查、排版修复，从源头确保数据质量；第二步，按照统一的基础标准对源文件进行格式转换、内容合规审核、元数据提取、目录抽取、章节标记、质检审核；第三步，对加工好的作品数字内容数据及元数据进行质检验收、存储入库。

4. 网络文学作品质量管理控制

设置专门的作品运营管理部门和专职岗位，对网络文学作品在运营过程中的质量进行管理控制：一是对生产完成的网络文学作品进行质检验收；二是对验收合格的最终产品进行入库及存储管理；三是根据各业务线需求，进行网络文学作品的上架管理；四是根据市场运营情况或版权信息及版权审核部门的要求对产品进行下架管理。

（二）内容审核重点

网络文学作品的内容审核重点是安全审核。内容审核，顾名思义，就是对一部作品所有对外展示的内容进行全面、详细的审核。一般包括基本信息审核、章节内容审核、其他信息审核。

基本信息审核：包括作品名称、作者笔名、简介、关键词等信息审核；

章节内容审核：包括卷章目录名称、章节具体内容（审核量最大）等作品全部内容审核；

其他信息审核：包括用户信息审核（用户名称、用户简介）、评论审核、评论的回复审核等。

其中，特别需要注意对违反法律信息的审核，具体包括：

反对宪法所确定的基本原则的；

危害国家安全，泄露国家秘密，颠覆国家政权，破坏国家统一的；

损害国家荣誉和利益的；

煽动民族仇恨，民族歧视，破坏民族团结的；

破坏国家宗教政策，宣扬邪教和封建迷信的；

散布谣言，扰乱社会秩序，破坏社会稳定的；

散布淫秽，色情，赌博，暴力，凶杀，恐怖或者教唆犯罪的；

侮辱或者诽谤他人，侵害他人合法权益的；

含有法律，行政法规禁止的其他内容的。

应建立必要的安全审核台账或流程表单，不断完善网络文学作品的内容质量审核体系。

第四节　内容管理平台

除了必要的内容管理流程和制度体系之外，通过建立内容管理平台是网络文学出版单位开展网络文学出版服务的基础条件。同时，平台化是网络出版的重要特征，包括创作策划、内容编辑加工、内容管理以及作品发布运营等，网络文学出版单位必须应用各种信息管理技术，推动包括内容管理在内的各项业务的平台化发展。

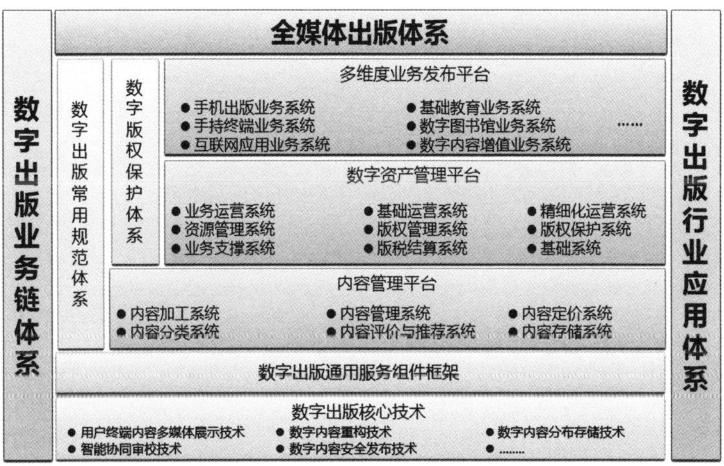

图 4－6　全媒体出版技术体系示例

就一般的网络文学出版单位而言，其内容管理平台通常包括：内容加工系统，内容分类系统，内容管理系统，内容评价与推荐系统，内容定价系统，内容存储系统等。从网站前台可视化操作来看，可通俗作以下解释。

内容加工系统：网络文学作品的文本格式与安全审核等，类似于出版作品的齐清定稿。

内容分类系统：对作品进行分类，例如玄幻与言情、历史与科幻等。

内容管理系统：对作品进行编辑加工、标引检索、章节修改，内容更新等。

内容评价与推荐系统：作品的星级评价与书评、推荐位运营等。

内容定价系统：确定付费还是免费，千字的价格，是否进入包月书库等。

内容存储系统：可以理解为服务器，包括网盘、硬盘存储等。

一、平台技术应用

网络文学出版属于数字出版的范畴，其相关技术涵盖数字内容的生产、加工、运营、发布、使用等环节，并涉及整个行业的诸如数据格式标准、行业规范和数字版权保护等相关技术。

生产环节，主要包括传统出版物的数字化和网络原创制作。前者将传统内容在格式和表现方式上转换为数字化内容，其中大部分关键技术以工具软件的方式呈现；后者在数字化的环境下，直接形成可用于传播的数字内容产品，多数以系统平台的方式集成各种网络创作、编撰相关技术。

内容加工环节，大多采用以相对成熟的内容格式转换技术和内容再编辑技术形成的工具软件。

运营环节，主要以数字资源管理、产品销售数据管理、数字内容产品结算等平台化技术为主。与其他行业的数字化管理平台（如 ERP）相比，数字出版的运营平台还处在前期的整合和摸索阶段。

多形态的数字出版物，需要多渠道的发布环境承载。目前在发布环节以渠道为主，分别形成互联网、手机、手持终端等方面的发布系统，但相应的技术水平也参差不齐。随着数字阅读市场的扩大，渠道也逐步呈现出多样化组合。因此，多渠道的整合发布技术、数字阅读的统一化服务技术及用户阅读体验技术还有更广阔的发展空间。

手机阅读、网络原创这些新业态的兴起，促进了一些覆盖全产业的新型技术的发展，如多渠道出版发布技术、数字版权保护技术、运营支撑技术等。

1. 多渠道出版发布技术

该技术主要实现同一出版内容在不同介质上的出版形式和呈现方式，利用自动化手段实现出版物对不同发布渠道的适应性，实现一种内容，多元发布。

2. 全媒体资源管理技术

该技术主要包括出版内容的管理与动态重组，资源管理，文本挖掘，选题优化，出版舆情分析和内容的跨媒体检索等相关技术。

3. 内容加工技术

该技术主要面向内容制作和编辑加工环节提供基础工具和技术模块集，包括内容资源的结构化加工、知识体系结构化加工、多媒体信息加工等。

4. 数字版权保护技术

该技术核心是通过安全和加密技术锁定和限制数字内容及

其分发途径，只有授权用户才能得到解密密钥，从而防范数字阅读产品无授权的复制，有效达到保护版权的目的。

5. 运营支撑技术

数字资产的存储是数字资产管理平台的核心。目前数字资产呈现类型多样化和版本多元化，该技术可以实现资产存取的快速和准确。同时，移动网络对 WAP 网站的响应速度、容错性及多种业务出版形式要求比较高，该技术可以解决移动网络条件下快速搭建数字阅读 WAP 网站，并建立数据分析挖掘模型，研究用户行为，及时为企业推广提供支持。

6. 协同编辑技术

该技术实现了在互联网环境下，对数字内容进行多人协同纠错与校正、过滤敏感词语和关键字，解决了在数字出版行业对数字内容进行审校时单人单线和不利于管理维护的问题，实现了错误自动标注和修正建议提示功能。同时，该技术可以将已有的数字内容资源加工成包括手机、手持终端等不同设备可以使用的文件，并对加工完的各类数字文件进行修改，进而与电信运营商及硬件厂商合作，提供数字阅读产品。由于数字内容只保留一个数据源文件，据此生成多种文件格式的数字产品，因此能有效降低加工成本。

二、平台架构与功能

网络文学作品的内容管理平台是基础性的业务系统，应能与作品创作、编辑加工和运营发布系统有效衔接。

管理平台为本单位作品内容资源提供统一、集中的内容管理平台，由内容管理系统和内容存储系统两部分构成。内容管

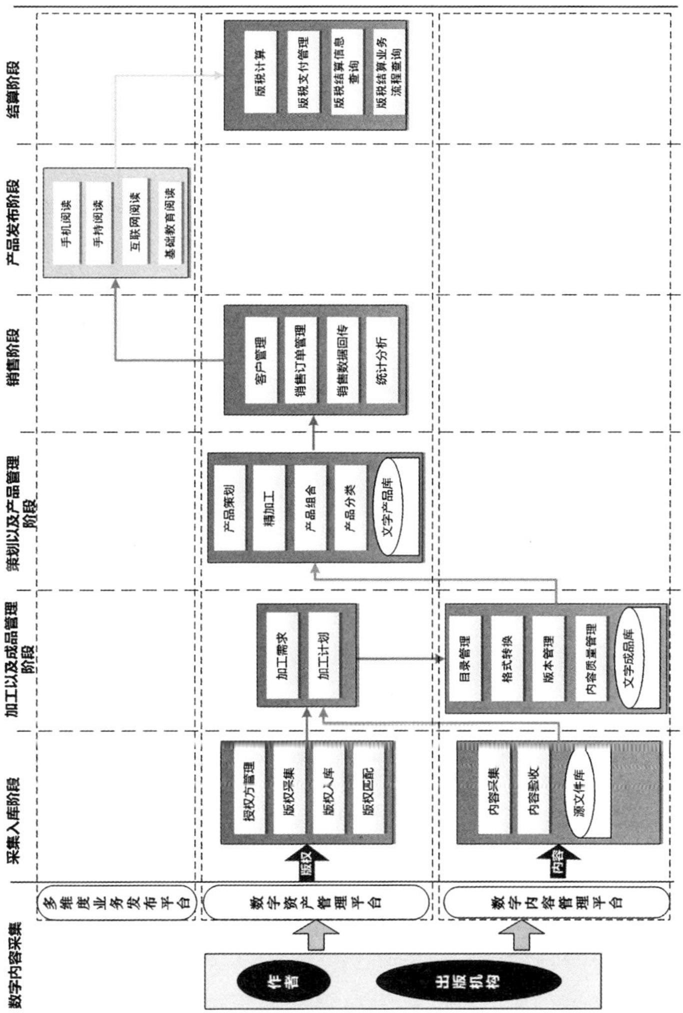

图4－7　网络文学出版平台一般业务流程

理系统主要用于对数字内容资源采集入库、加工、质检以及出库全业务流程的监控与管理,并对内容资源统一进行初步的、自动的内容质量与文字质量检测后,安排有关工作人员进一步把关、修改,并进行内容存储、目录管理、版本转换与版本管理。内容存储系统用于集中存储采集来的各类原始内容资源。

内容管理平台目前主要由基础平台、版权管理平台、数字资源管理平台、业务支撑平台和版税结算平台构成。基础平台主要用来为业务平台提供应用支撑,目前主要包括权限子系统和日志子系统,其中权限子系统实现对系统中用户的管理、认证和授权,日志子系统主要用来记录对系统的操作,使系统的操作留下痕迹,起到事后监督的作用,提高系统的安全系数。版权管理平台主要用于对内容资源版权状况的管理,包括版权信息的采集、入库、出库、跟踪、查询以及授权方基础数据的管理。数字资源管理平台主要用于对数字产品进行统一管理、存储数字阅读产品,并进行产品组合(根据客户要求将不同的内容产品搭配到一起封装打包)、产品排行(根据各内容呈现平台的需要提供各种产品销售排行)等。业务支撑平台主要实现客户管理、数字产品检索、销售信息管理和统计分析等功能。版税结算平台用于对公司所有相关权利主体的版税结算管理,可对授权方的应付版税、到期应付版税、已结算版税进行数据汇总,实现对授权方应结算版税的及时支付、统计、查询。

同时,内容管理系统与创作系统与多维度业务发布平台有效衔接,提供网络文学作品全生命周期的管理机制。一般的内容管理平台化应实现对内容如下阶段的全流程管理。

在采集入库阶段,出版单位从作者和版权机构采集作品后,作品的授权方信息、版权信息等进入数字资源管理平台的版权库，内容存入数字内容管理平台的源文件库。

在加工以及成品管理阶段，业务部门通过数字资产管理平台提出加工需求和计划，通过数字资源管理平台实现目录管理、格式转换、版本管理和内容质量管理等功能。

在策划及产品管理阶段，各产品线通过市场调研、策划提出相应的产品需求，通过数字资源管理平台下达产品选取、精加工需求，根据需求进行产品组合（根据客户要求将不同的产品搭配到一起封装打包）、产品分类等。

在发布销售阶段，通过发布平台提交给客户，同时通过资产管理平台实现对客户的管理，并对各类作品的销售与运营数据进行分析管理。同时，网络文学作品可通过手机、手持终端、互联网、基础教育等多维度业务发布系统进行阅读支持。

在结算阶段，通过版权结算平台实现对授权方的应付版税、到期应付版税、已结算版税进行数据汇总，实现对授权方应结算版税及时支付、统计、查询。

思　考　题

1. 数字内容包括哪些？
2. 按表现形式分类的内容类型有哪些？
3. 内容资源的生命周期管理包括哪些阶段？
4. 内容资源的采集要求是什么？
5. 外部内容资源的采集方式有哪些？
6. 内容资源的主要命名规范包括什么？
7. 常见的内容资源语义信息组织方法是什么？

8. 内容资源的入库要求是什么?

9. 内容资源的分级存储类型有哪些?

10. 内容质量体现在哪些方面?

11. 对网络文学出版单位而言,内容资源管理平台主要包括哪些系统?

第五章

网络文学运营

重点提示： 运营工作的原则、主要工作类型，内容的推广和推送；平台运营的商业模式和类型；用户运营的本质和原则，用户体系的建设维护；版权运营的概念和特点，版权运营的主要形式；网络文学的品牌运营；网络文学作家工作的原则和意义，作家的日常联系、沟通、扶持和培训。

运营是通过多维度的手段，把产品和用户有机结合起来以增强产品价值的一整套方式方法。运营的终极目的是实现更好的产品销售；运营的核心原理，是给用户赋能，尽量提高产品打造过程中的用户参与度；运营的三大基础手段是内容运营、平台（产品）运营、用户运营。除此之外，根据行业的不同，还会配合一些具有行业特色的辅助手段。而具体到网络文学的运营工作，它的三大基础手段包含以下内容：

内容运营的主要方向是规划、调整、促进、管理网络文学平台上所产生的作品，以及其他主要由 UGC（User Generated Content，用户生成内容）方式产生的互动信息，包括用户评论、评价、打分等一系列由阅读、写作相关行为所产生的内容，以便提升自身内容的品质与价值。

平台运营即产品运营。在网络文学平台的销售过程中，虽然表面上看起来是在收费阅读模式下的一部部具体的作品，但对网络文学而言，作品更应该归属于内容的范畴，产品则指整个网络文学平台的全部功能所构成的对用户的体验和服务。这一概念下的产品运营，更应该称之为平台运营。而平台运营的主要方向是参与设计、监督制作网络文学的网络平台、手机客户端、小程序、其他硬件设备的相应软件终端等。通过对业务的观察以及与用户的交流，不断调整平台所提供的各种服务，以便更好地提升用户创造内容、浏览内容的舒适度与积极性。

用户运营的主要方向是通过与用户（在网络文学平台，用户主要包括读者、作者及其他使用平台非阅读服务的用户）的反复沟通了解，不断设计和调整产品方向、产品服务，维护老用户，稳定新用户，最终达到扩大阅读人群，增加作品数量，优化写作质量的目的。

除了这三大基础手段之外，网络文学出版单位的特色手段还有版权运营、品牌运营和网络文学作家运营。其中，版权运营的主要方向是对版权进行评估、定价、包装、推广、销售、开发，最终达到版权变现、财产增值的目的。网络文学出版单位的品牌运营包括作者个人品牌、组合品牌、特定题材品牌和平台品牌等类型。

作家运营，或者作家维护工作，是网络文学出版单位运营工作的重点之一，也可以说是用户运营的一个分支。网络文学平台具有两个不同的用户群体，分别是读者和作者。读者更贴近普通用户，而作者则更特殊。读者的定位大体属于消费者，而作者则呈现一种混合态，他们既是消费者，也是供货商；既是平台的合作伙伴，也要接受平台的很多管理，他们和平台的重要联系是一纸合约。作者不是一个笼统的群体概念，而是一个个鲜活的人。作者不同，运营的手段也相应地区别很大，因此很有必要从用户运营里单独拿出来探讨。

第一节　内容运营

一、原理与原则

（一）内容运营的含义

内容运营是以内容为手段的运营方式。网络文学内容运营是在网络文学平台的自有空间内，针对已经刊载的和即将发表的作品及其衍生品采取的，以期提高其社会价值、文学价值和经济价值的一系列措施的总和。

（二）内容运营的原理

内容运营的主要对象之一是网络文学平台上所有文学作品，包括已经完结的、正在连载的、预计要发表的。运营的主要方向是定期整理完结作品，对其进行合理地分级分类归档，建立精品沉淀池，设计完结精品的轮候方案，使其能够持续焕发新价值；不断调整连载中的作品，分阶段分水平进行推荐安排，鼓励督促作者完结，帮助作者把握正确的创作方向，有问题及时纠正，使连载中的作品能够健康发展、顺利完结；规划平台品类规模占比，引导尚未发表的作品自发按比例流向需要的品类，以达到品种齐全、突出重点、常有常新、健康有序发展的目的。

（三）内容运营的原则

正如詹姆斯·柯林斯和杰里·波勒斯在管理学著作《基业长青》中总结的，一个企业要想取得非凡的成功，想要基业长青，其中关键因素之一就是要有在利润之上的追求。“利润是生存的必要条件，而且是达成更重要目的的手段，但是对很多高瞻远瞩的公司而言，利润不是目的，利润就像人体需要的氧气、食物、水和血液一样，这些东西不是生命的目的。但是，没有它们，就没有生命。”“我坚决相信任何组织想继续生存和获致成功，一定要有健全的信念，作为所有政策和行动的前提。其次，我相信企业成功最重要的唯一因素，是忠实地遵循这些理念……信念必须始终放在政策、做法和目标之前，如果后面这些东西似乎违反根本信念，就必须改变。”（[美]詹姆斯·C. 柯林斯，杰里·I. 波勒斯著，真如译.基业长青，中信出版社，2019.）

具体到网络文学平台，利润与信念的关系的处理原则，可以概括为内容运营工作必须坚持以社会价值为重，强调艺术价值、不忽略经济价值的原则。

1. 重视作品的社会价值

“文化兴则国运兴，文化强则民族强。”对于文艺工作的重要性，习近平总书记曾经指出，“没有社会主义文化繁荣发展，就没有社会主义现代化。没有高度的文化自信，没有文化的繁荣兴盛，就没有中华民族伟大复兴。”

网络文学从业主体作为新时代、新技术、新业态环境下文艺工作者中的一员，必须把内容的社会价值放在首位，描绘新时代新征程的恢宏气象，向世界讲好中国故事，通过文艺作品传递真善美，传递向上向善的价值观，引导人们增强道德判断力和道德荣誉感，向往和追求讲道德、尊道德、守道德的生活。

在传递美好社会价值的同时，应该如何面对社会中存在的问题，关于这一点，习近平总书记也给出了明确的指示："社会上还有许多不如人意之处、还存在一些丑恶现象。对这些现象不是不要反映，而是要解决好如何反映的问题。""文艺创作如果只是单纯记述现状、原始展示丑恶，而没有对光明的歌颂、对理想的抒发、对道德的引导，就不能鼓舞人民前进。应该用现实主义精神和浪漫主义情怀观照现实生活，用光明驱散黑暗，用美善战胜丑恶，让人们看到美好、看到希望、看到梦想就在前方。"

网络文学平台在对内容进行引导、管理、筛选分级的时候，要牢记责任与使命，不负厚望与重托，把内容的社会价值作为评判的第一标准。

2. 强调作品的艺术价值

一味只强调内容的社会价值，而不讲究艺术的方式方法，便会导致文字枯燥无聊，表达呆板无趣，使人读之无味，无法达到引导心灵的作用。因此，在强调社会价值的同时，也要强调作品的艺术价值。

优秀的作品像流动的血液，像呼吸的空气，在不知不觉间维系着你的生命。黄庭坚说，"三日不读书而面目可憎"，一本好书就是能起到这样荡涤人心灵的作用。

真善美的社会价值如何用艺术的表达形式来弘扬，这需要创作者的灵感与功力。发掘和培养极具艺术感的创作人才，拥有大量且不断产出符合要求的作品，是网络文学平台的核心竞争力。艺术氛围越浓厚，积累的水准之上的作品越多，平台的影响力就越强大，筑起的竞争壁垒就越高。

3. 创造平台的经济价值

习近平总书记指出，“一部好的作品，应该是经得起人民评价、专家评价、市场检验的作品，应该是把社会效益放在首位，同时也应该是社会效益和经济效益相统一的作品。当两个效益、两种价值发生矛盾时，经济效益要服从社会效益，文艺不能当市场的奴隶。”

如何培养出既能在思想上、艺术上取得成功，又能在市场上受到欢迎的文学作品，是网络文学出版单位必须研究的课题，也是一家文化企业必须做好的本职工作。不考虑经济价值，企业做不长久，就无从贡献社会价值和艺术价值；不考虑社会价值，经济价值就变成了堕落的诱惑；不考虑艺术价值，一味庸俗媚俗，很快会被市场抛弃，短时间的经济价值也会很快烟消云散。曾经风靡一时的无线文、新媒体文大多已经在走下坡路了，留下的都在努力转型，远离庸俗媚俗。

（四）内容运营的重要性

内容是网络文学平台的第一竞争力，也是与用户产生直接联系的第一要素，更是增强用户情感回馈的最重要驱动力。

没有好的内容，犹如在一场运营的战役中，士兵端着枪却没有子弹，结局只有失败和牺牲。没有大量好的内容，产品界面做得再豪华，功能设计再先进，推广预算再高，优惠力度再大，即使能一时吸引大批用户，也很难长期留住，更难以激发用户的情感回馈。

二、总体框架

内容运营的总体框架，即内容运营工作的主要形式。从作品内容的角度划分，按从内在到外在、从策划到服务的顺序，大致可分为8个部分，分别是立意的选择、题材的引导、文笔的评估、篇幅的规划、内容的审核、完结的质量、榜单的安排与推荐、反馈体系的建设。

（一）立意的选择

立意在文艺作品范畴，指的是一部作品总体上所要表达的主题。如朱自清的名篇《背影》是在表达父亲含蓄的爱，而契诃夫《装在套子里的人》则讽刺了胆小怯懦、因循守旧的小市民。

立意是评价一部作品好坏重要的标准之一，传世名作往往都有一个深刻的立意。《基督山伯爵》是一部优秀的小说，故事曲折离奇，引人入胜，读起来荡气回肠，令人悠然神往，甚至当时一众知名作家如雨果、福楼拜等都是这部连载小说的追读者。但是《基督山伯爵》在文学史上的地位与同时代的《悲惨世界》《红与黑》等作品相比却相去甚远。究其原因，《悲惨世界》等作品都有一个非常深刻的立意，反映了当时社会最激烈的矛盾冲突的本质，而《基督山伯爵》主要以故事情节取胜。套用我们前文的观点，即《基督山伯爵》的艺术价值和经济价值在当时都是个中翘楚，但其社会价值当时则被认为是相对不高的。

在网络文学平台的内容运营工作中，立意是重中之重，是作品社会价值的重要体现，是网络文学平台必抓的第一要务。确定立意是一部作品开始写作前最重要的准备工作，但网络文学作者们往往对此认识不足，准备不够。对此，平台一定要加强宣传和引导，要求作者在开始写作前，对立意进行思考和设计，给作品留下思想升华的空间。

（二）题材的引导

网络文学平台都会预先设计划分题材类型，以便作者写作时选择相适应题材自行归档。题材预划分的工作要遵循两大原则：百花齐放和重点扶持。

一是要秉持百花齐放的原则。

首先，要打造一个生态多样性系统。在明确平台受众人群的基础上，尽可能地丰富该受众人群范围内平台的题材类型，为每一种题材的生长、壮大提供温床，不扼杀最微小的可能性，打造一个层次丰富的生态多样性系统。习近平总书记也指出文艺创作要坚持“百花齐放、百家争鸣”的方针，提倡不同观点和学派充分讨论，提倡体裁、题材、形式、手段充分发展。

有些题材，在当前看来属于生僻冷门的题材，读者群很小，但可能只是需要一个契机。做好生态系统，这些冷门题材作品就好像深埋的种子，合适的环境到来，就能顺利萌发。如果事先没有做好生态环境，当春风吹来，竞争对手的小苗破土而出，才开始采购种子，就跟不上时代的步伐。比如科幻作品从网络文学诞生之初，就一直属于网络上的冷门题材。但是 2019 年一部《流浪地球》掀起科幻热，有的网络文学平台被发现保有大量优秀的科幻作品，从而收获大量新读者，而有的网络文学平台则才匆匆忙忙开始征文，结果悔之莫及。

其次，要警惕信息茧房。在题材类型的设置上一定要解放思想，尤其是当下在平台受众人群比较流行以性别划分的时代，要注意突破性别的刻板印象，尽量避免用“女性爱看哪几类，男性爱看哪几类”的思维方式去设置题材类型，避免人为制造信息茧房。信息茧房会固化作者的写作思维和题材选择，慢慢导致整个平台的作品类型日趋单调。

最后，要鼓励创新。“创新是文艺的生命。文艺创作中出现的一些问题，同创新能力不足很有关系。”“广大文艺工作者要有学习前人的礼敬之心，更要有超越前人的竞胜之心，增强自我突破的勇气，抵制照搬跟风、克隆山寨，迈向更加广阔的创作天地。”网络文学出版单位一定要把鼓励创新当成一项基本原则贯穿于内容运营的全过程。而创新的手段，是要深挖中华优秀传统文化，把中华美学精神和当代审美追求结合起来，激活中华文化生命力。

二是要秉持重点扶持的原则。

网络文学出版单位在打造出一个层次丰富的生态多样化系统之余，还要对具有更高社会价值的题材进行政策上的重点扶持，带正社会风气，避免走上一切为了经济效益不顾社会影响的歧途。

哪些题材需要重点扶持呢？

第一是反映爱国主义的题材。在任何时代，任何情景，无论是保家卫国，还是建设家乡，那些艰难的过程和丰硕的成果都能让读者热泪盈眶。爱国主义的主旋律，可以被每一个作家写成自己独有的家国情怀，是永不过时，常写常新的题材。

第二是对真善美的道德追求类的题材。艺术的最高境界是洗涤人的心灵。通过文艺作品传递真善美,传递向上向善的价值观,就是对读者心灵的又一次洗礼。只要中华民族一代代人民在文艺作品的感染下坚持追求真善美的道德境界,我们的民族就永远健康向上、充满希望。

第三是反映中华民族传统文化的题材。中华民族的传统文化,是刻在中国人血脉里的烙印,是社会主义核心价值观理论的重要源泉。扶持中华民族传统文化题材作品,也是增强文化自信,坚定道路自信、理论自信、制度自信的最强音。

第四是反映我国少数民族特色文化和风情的题材。五十六个民族五十六朵花,朵朵开得鲜艳。属于少数民族的那五十五朵,更是各有各的风采,映射出他们的劳动、娱乐和生活在新中国的新征程中是如何多姿多彩。要鼓励多创作反映少数民族特色的作品,更要鼓励创作他们眼中新中国的作品。

第五是讲好中国故事、传播中国声音、宣传中国主张的题材。文艺是最好的交流方式,文艺工作者要讲好中国故事、传播好中国声音、阐发中国精神、展现中国风貌,让外国民众通过欣赏中国作家艺术家的作品来深化对中国的认识、增进对中国的了解。要让国外民众在审美过程中感受魅力,加深对中华文化的认识和理解。

（三）文笔的评估

立意的选择和题材的引导大多发生于作者动笔之前,而文笔的评估发生于作者动笔初期。为保证平台整体的艺术水准,网络文学出版单位还应该对作品文笔是否流畅作出评级并记录归档,为后续的内容推荐工作和作者培养工作作好数据准备。

（四）篇幅的规划

网络文学出版单位还应合理规划作品篇幅分布比例，根据自身的经营特色和产品定位，引导作者创作时的篇幅选择，合理分布长篇、中篇、短篇的数量。与需求适配的篇幅比例不仅会让更多的用户找到适合自己阅读的作品，而且对后期的版权开发也会提供更好的支持。比如一般而言一本出版物的字数应该在30万字上下比较合适，如果作者写了300万字，那么后续的出版业务就比较难以开展了。

当前，网络文学作品面临的主要问题是文越写越长，很多文章动辄几百万上千万字，除非极其出色，否则这种长度的小说很难得到出版和影视改编的机会。作品越写越长的主要原因是受经济利益的驱使。一是由于盗版的存在，作品一完结，各种盗版就大量涌出，致使作者不敢完结。二是用户往往对作者个人品牌的认知度不够，作品一完结，用户在挑选下一部作品时，不一定会再考虑同一作者，因此作者不愿完结。三是平台机制问题，有些平台每次作品完结，下篇作品再想收费，作者需要先写几十万字的免费试阅章，因此作者不想完结。

网络文学出版单位应该出台针对性解决方案来消除作者顾虑，让作者放心完结。还可以设置一些奖惩措施，使得在最优字数区间作者获得性价比最高的收益，以此来引导作者把字数控制在合理区间。

网络文学出版单位绝不能只顾经济价值，不顾艺术价值，顺从现实，追求短期利益，甚至鼓励作者越写越长。不需要写长的作品强行写长，这样虽然短期内看似一部作品的收入更高，但是严重损害了作品的艺术价值，不利于发展后续更能扩大作品与平台知名度和影响力的业务。

（五）内容的审核

前期准备工作做完之后，伴随着作者写作的开始，始终不能放松的工作是对内容的审核。内容的审核主要有几个方面：

1. 作品是否有违反国家法律法规的内容；

2. 作品是否有违反平台规定的内容；

3. 作品是否有侵犯他人权益的内容；

4. 作品是否有违背社会公序良俗的内容。

内容审核是内容运营的重要环节，负责内容审核的工作人员要熟知相关法律法规、平台规则，对内容的社会价值有准确的个人判断，对是否违背公序良俗、是否侵权等问题有职业的敏感度。网络文学出版单位还应积极使用最新的智能 AI、语义识别、关键词抓取等技术手段来辅助内容审核人员完成审核。对重点题材和难以把握的作品应通过三审制度来解决单人单点审核容易造成差错的问题。

（六）完结的质量

当一部作品完成后，网络文学出版单位还应对作品的质量进行总体上的评定、分档归类，这对建立完结精品库至关重要。精品完结文的数量，也是一个网络文学出版单位底蕴的体现。

完结文质量评定，依然需要遵循将社会效益放在第一位，强调艺术价值、不忽略经济价值的内容价值评审原则。可做分项打分制度，某项分过低直接淘汰，单项分数加和超过一定值获得精品标记。

（七）榜单的安排与推荐

榜单的安排需要在公平性、成长性、透明性上下功夫。

1. 公平性

公平性指的是同样数据水平的文章应该在榜单上有大致相同的待遇。公平性是保证一个网络文学平台作者队伍稳定的基础，也是保证读者在榜单上选文时期待值稳定、收获良好阅读体验的重要途径。同时还是衡量扶持作者倾投资源时的最优配置方法。如果说一部部作品是一颗颗种子，而网络文学平台是大地的话，那么榜单的公平性就是让种子快速成长的最佳肥料。

要实现公平性，还有一个技术性难题需要攻克，就是如何分辨作品数据的真假。通常，一部作品被质疑数据真实性，主要是由于数据的增长轨迹与主流不同，比如点收比（指点击数与收藏数的比值）过高、收订率（指收藏数与订阅数的比值）过低、增长曲线有突变等等。这里有三种情况，一是某些作品的确出类拔萃，快速吸引了大批读者，数据完全真实合理，那么这个作者则需要重点关注培养；二是数据造假，作者可能购买了某些专门刷单刷数据的灰色服务，这就属于不正当竞争，应该清理虚假数据，对作者进行批评教育及备注；三是作品可能没那么好，但是作者自行购买了推广服务，或者是被某个大流量的公众号看中推广，这种情况下产生的异常增长数据属于推广带来的真实读者，不需要处理。由于涉及行为定性问题，因此需要谨慎分辨数据的真假。网络文学平台应根据自己平台的用户行为习惯来作定性分析，以保证公平性落到实处。

2. 成长性

成长性指的是在榜单安排上，考虑公平性同时，需要兼顾作者和作品的生长阶段。特别留出给新作者、新作品、新类型专门的推荐区域。就好比大田的作物在生长初期需要先在苗圃中培育，等它足够茁壮再进行移植。考虑成长性不是为了破坏公平性，而是分赛道进行比试，不同的赛道有不同的培养模式，同一赛道内的竞争使用同一模式，以保证公平。网络文学平台应该专门保留几组推荐位或是开辟几个推荐区给不同成长阶段的作品。此外，想要有效调控作品篇幅，也可以采用类似方法，给超过规划篇幅的作品减少推荐概率。

3. 透明性

透明性指的是用于排榜参考的数据要尽可能选择可以对外公开的数据，以便用户可以根据数据推演结果，从而对排榜工作进行监督。一方面可以监督其他作品的数据真实性，能有效发现购买虚假数据的行为，另一方面也可以监督平台的工作人员是否依规排榜。

目前网络文学平台的排榜机制主要分为责编人工排榜和运营 AI 排榜两类。责编熟悉作品内容，熟悉作者创作特色，了解作品生长阶段，对作品的社会价值和艺术价值有较准确的把握。但是责编是作者的直接接触人，如果管理不当，极易发生权钱交易，产生腐败行为。而运营人员处于后台，不直接接触作品，主要依赖大数据分析，对作品的把握不够细腻准确。因此，当前技术水平下，由责编排榜效果更好。这就更需要加强数据透明性。没有透明性，不但公平性无从体现，工作人员职业道德、职业操守的建设工作也会难以开展。

（八）反馈体系的建设

网络文学平台内容运营的最后一个环节，是反馈体系的建设，包括每部作品下面跟随的评论区、相对独立的作者写作经验交流区、读者读书心得交流区、读者个人总结性质的推荐书单、作品打分分级、对平台的问题反馈和意见建议等内容。运营的主要方向是研究总结用户反馈所表达的对作品的真实态度，管理这些表达的具体文字，使其符合法律法规、公序良俗及平台规定，创造和谐、真实与价值共存的良好反馈氛围。

1. 读者评论

良药苦口利于病，忠言逆耳利于行。有了真正的批评，我们的文艺作品才能越来越好。作品的评论是文艺批评的一部分，是文艺批评在网络文学中的初级表现形式。网络文学平台一定要重视全面的评论体系建设工作。

当前的评论体系建设工作中存在着一股不良风气，就是作者只想听表扬，不想听批评，因为担心批评得太多，会影响自己写作的心情和作品的销售。平台由于重视经济效益，往往与作者立场一致，给作者提供任意删除评论的功能或服务，作者的读者粉丝们也往往会对批评者群起而攻之。

作者不想听批评，一方面是出于经济效益的考虑，另一方面也是由于批评水平参差不齐，批评内容有对有错，尤其是一些历史相关内容，批评者可能了解的一些知识来自并不严谨的影视剧，因此经常对正确的描述提出错误的意见，并且执拗地不听解释，由此也给作者造成了不少困扰。

因此，我们在给文艺批评提供空间的同时，也需要加强文艺批评内容的管理和水平的提高。在内容管理方面，要加强对评论内容合法合规的审核，提倡文明评论，理性探讨。在评论水平提升方面，要鼓励评论者加强理论学习。在大是大非问题上敢于表明立场，倡导说真话、讲道理，营造开展文艺批评的良好氛围。

2. 用户意见

读者评论是读者针对某一部作品的意见，而用户意见是用户针对网络文学平台的功能、管理、规划等各方面的表扬、批评和建议。我们说运营的目的是“把产品和用户有机结合起来以增强产品价值”，而用户意见恰恰就是把产品和用户有机结合起来的重要表现形式之一。

经验数据显示，一个日活跃用户数量 100 万的网络文学平台，一个不太关键的功能坏了一整天，会有多少人报错？答案是不到一百人，是日活跃用户数量的万分之一不到。由此可见，愿意发声提出意见的用户是多么可贵。因此网络文学平台要珍惜愿意发声的用户，只有平台和用户的双向努力，产品的价值才能变得更大。

3. 其他

如果一个网络文学平台的社交部分做得好，那么读者会自发进行经验交流、分享个人阅读总结等内容。整理好这些内容并提供便利的回顾、分类、检索等条件形成的经验与总结，就会沉淀为平台的财富。如果平台没有足够的交流氛围，或者没有提供便利的功能，这部分内容与需求，就会自动寻找第三方平台，成为其他平台的流量。

总的来说，在作品之外的内容运营方面，需要做的主要工作是提升内容价值、确保内容合规、重视用户反馈、增强内容检索、营造交流氛围。

三、推送与推广

一个网络文学平台，内容建设好了，如何让更多人知道，如何让既有内容被更多人阅读、购买？这就需要动用市场手段，开展推送与推广。

（一）推送

推送，是针对既有用户进行的内容宣传，是指在用户允许且进行过设定的情况下，将符合用户设定条件的信息或信息的组合，经由系统作用机制，主动发送到用户面前，避免了用户自行寻找、分处寻找的麻烦，同时也对用户唤醒起到积极的作用。由这个定义，我们可以看出，推送的对象只能是已有的用户，推送的目的主要是利用已有内容的吸引力，激活沉睡的客户，使其再度焕发热情与生机。

在获客成本居高不下的今天，激活一个沉睡的老用户，其代价比拉来一个新用户低得多，而且老用户的记忆被唤起后，他的消费效率也比一个新用户高得多，所以虽然用户总量没有增加，但综合收益是很高的。

推送的实现途径、方式方法各不相同，主要有邮件推送、站内信推送、网页弹窗推送、手机短信推送、智能手机通知消息推送、智能手机 App 弹窗推送等。不同类型的推送，对用户的打扰程度和唤醒力度是不一样的。邮件推送，对用户的打扰程度非常轻，只有用户主动收邮件或去邮箱时才看得到，但是相应地，邮件推送的及时性很低，不适合通知用户一些即时性强的内容，对用户唤醒的力度也比较低。手机短信推送，在非智能手机时代，是推送效果非常好，用户唤醒力度非常大的方式，但也一度因为其扰人被冠以“垃圾短信”之名；而进入智能机时代后，在各种智能屏蔽方案、通知音效方案的打击下，手机短信的风光不再，其推送效果已与过去不可同日而语，但是因其及时性和强制性，仍然被各大平台选为安全身份验证的最重要手段。

此外，推送一定要秉持着用户自愿、分项定制的原则。

用户自愿原则是指一切推送活动都要事先经过用户的允许。这样，当用户收到推送信息时，不容易产生反感，对于推送的内容接受度良好，推送效果也会比较好。但是，随着国家隐私相关法律的逐步完善，用户自愿已经不再只是出于运营效果的考量，而是一个合法不合法的问题，更应严肃对待。

分项定制原则是指推送的内容、方式、时间、频率等凡是可以分别设定的，都应给用户提供默认项和可设定项。用户的选择度高，就会主动定制自己能接受的方案，触达效果就会更好。强行给用户一套“全家桶”推送方案，接受不了的用户就会直接取消整个推送服务，得不偿失。

具体到网络文学平台的推送服务，是利用既有用户进行的内容宣传。通常是结合其他功能进行的信息通知。用户关心且接受度较高的通知消息通常是“我关注的小说更新了吗？”“断更好久的作者回来了吗？”“我喜欢的作者开新文了吗？”“我‘养肥’的小说完结了吗？”“和我兴趣相同的读者最近读了哪些我没读过的书？”“我关注的人最近推荐了哪本书？”等等。

但目前比较少使用这种强触达的方式直接全站推送具体某部作品。一是因为具体到某一部作品，就需要考虑用户对其是否感兴趣，如果两者之间不匹配，就浪费了一次推送。二是这会让用户有硬广的感觉，无论对平台还是对这部作品，都会降低评价值。

（二）推广

推广，是利用既有内容进行的用户拉新，是以激发直接而主动的用户反应为目标的宣传、活动或机会。具体到网络文学平台的推广，是以用户拉新为核心需求的所有主动性手段的总和。推广的手段多种多样，网络文学平台常用的主要有以下六种推广形式：

1. 广告

前文已提到过，广告有硬广（硬广告）、软广（软广告）之分，其表现形式、投放方式、投放成本、投放收益都有很大的不同，因而选择哪种方式要以当前的需求来定。

第一是硬广。不同于传统商品销售，网络文学平台用户的ARPU（Average Revenue Per User，一定时间段内一个用户的开销）值是相对很低的。因此，在对外推广中，尤其是针对内容的推广中，硬广的使用需要非常谨慎。

硬广按投放渠道可分为传统硬广与互联网硬广。传统硬广指的是以传统媒体为载体的广告形式，比如报纸广告、杂志广告、电视广告、广播广告、户外广告、车厢广告等等。传统硬广价格昂贵，制作耗时，展示方式和内容在一个投放期内相对固定，一般被用来做品牌推广和维护，从事网络文学出版的小型互联网企业，除非在急速扩张期，否则很少选择使用。

因为缺乏广告与用户增长之间的直接联系，传统硬广在一个投放周期内到底带来多少新用户，增加了多少销量，是很难得出准确数字的，所以传统硬广主要投放目的是品牌推广。真正方便统计，并且付相应费用就可以带来相应流量的是互联网硬广。

互联网广告，是指通过网站、网页、应用程序等互联网媒介，以文字、图片、音频、视频或者其他形式，直接或者间接地推销商品或者提供服务的商业广告。互联网广告的特点是广告效果直观可见，可以方便地使用统计数据来反推广告制作是否优秀、投放渠道是否正确、终端商品是否有吸引力等。在传统广告方式下，这些结论都只能靠推测或调查问卷，但互联网广告可以通过数据直接得出结论。比如展示数表明广告位的流量大小，也就是所选择投放的对象是否恰当；点击数表示广告是否吸引人，也就是广告本身的制作水平是否优秀；注册数表示终端商品好不好，也就是最终商品是否使用户有购买欲。由于互联网广告通常采用 CPC（Cost Per Click，每次点击成本）、CPA（Cost Per Action，每次行动成本）等计费方式，因此付出与收获成正比，广告主可以酌情投放，多投多收获，少投少收获，成本总体可控，收获也有较稳定的预期，对于制作推广预算非常友好。

互联网广告原本是互联网企业在拉新时最常用的广告形式，但近几年情况又有新的变化。截至 2020 年末，全国人口 14.1亿，上网用户已达 9.89 亿，可以发展的新用户越来越少，非上网用户向上网用户转化越来越困难，加之业态分布已经初具规模，已经成型的平台各自的用户划分趋于稳定，用户向其他同类平台流动的意愿减弱，增量之战变成了存量博弈，这些都导致拉新成本飙升。由于各个广告位的所属平台性质不同，用户群体不同，网络文学平台自有内容对用户的吸引力也不同，最终折算下来，网络文学平台通过互联网广告的方式获得一个付费用户的成本，统计显示，低的在 25 元左右，高的超过 48 元。也就是说，一个互联网平台每吸引一个新用户访问并进行付费购买的操作成本就有 25～50 元之多，并且这个用户转化为稳定的长期用户的可能性并不高。这个价格对于高客单价网站来说还能承担，而对于月 ARPU 值只有 20 元上下的网络文学平台来说，已经越来越无法负担。因此近年通过互联网硬广拉新的基本上只限于有大资本支持新入场并急于扩大影响的免费网站。

第二是软广，顾名思义，是与硬广相对的概念，指的是表面上看起来不那么像广告，但实际上是广告的一种形式。通常表现为以第一人称口吻讲述自己或他人的成功故事、经验教训、研究成果等，其中提及所要宣传的商品或平台，从而诱导别人去购买或访问的形式。

相对于每“买”一个客户就需要付一次钱的硬广而言，软广的性价比可能更高一些，尤其是当一篇精彩的成功经验或财富故事开始流传后，其所能辐射的宣传范围是不可估量的。但是，软广是否能成功，很大程度上取决于故事编写者的写作能力。其故事的流传程度，也受到天时地利的影响，具有很大的偶然性。且因为要伪装成不是广告的样子，所以指向的终端必然不能像互联网广告一样，通过链接等方式将平台与广告本身产生直接联系，所以软广同传统广告一样，其推广效果同样难以准确统计。同时软广也需要付出写作及投放的成本，其投入产出比无法进行稳定的预测，不利于做推广预算。因此软广只能作为锦上添花的辅助手段，不能作为主要的推广形式。

2. 活动

相对于广告而言，定期或不定期举办的各种活动，可能是网络文学平台更常使用的推广手段。活动主要分为征文活动和促销活动两种模式。

第一是征文活动。征文活动的主要针对对象是作者，包括激活很久不创作的作者和吸引在其他平台创作的作者。活动目的是通过征文宣传平台近期在内容方面的倾斜政策、平台的福利政策、吸引更多作者加入创作以丰富网站的内容，尤其是近期比较缺乏但又比较需要的内容。在活动举办期间面向社会的宣传工作也会扩大平台的知名度、吸引对该征文范围的内容感兴趣的读者，同样也包括激活沉睡读者和转移其他平台读者。

征文活动通常需要根据当前平台的状态不定期举行，需要评估平台的各类题材是否平衡，是否需要补充。征文活动的信息除了发布在举行活动本身的网络平台上，通常也会发布在平台自有的社交媒体、自媒体上，以及作者云集的垂类社交媒体上。

征文活动的效果受很多因素的影响，如奖励内容、奖金额度、题材难易程度、参赛作品曝光度等。但要参加征文活动，通常需要做一些特定的动作，如填表报名、发文带话题、发在某个特定链接下等等，所以征文活动的数据很好统计和监控，便于根据效果进行事后的总结工作。第一次举办征文活动效果可能很难准确预期，但有了经验积累后，便可以较为准确地预测效果。

第二是促销活动。促销活动的主要针对对象是读者。其目的是通过短期的折扣、降价、赠送等行为吸引读者加入、转化为付费用户。促销活动通常是定期举行的，如常规的节假日以及平台本身的一些特定节日。促销活动一般不太会脱离节假日等因素无缘无故举行，避免引发用户负面的猜想。

网络文学平台常见的促销手段为充值时赠币、购买时打折等。因为网络文学主营业务的单笔交易额通常很小，每千字几分钱的售价，而成本又大多是固定的，因此主营业务的促销力度不可能太大，促销可能会更多地着眼于用户的虚拟头衔等荣誉感相关的领域。

3. 新媒体

新媒体是指利用了新的技术手段，使得传输模式或呈现方式区别于传统媒体的新传播形态。需要注意的是，新媒体是个不断变化的概念，具体所包含的内容形式，会随着技术的更新而升级。正如当电视刚出现时，对于报纸就是个新媒体，而互联网刚出现时，对于电视也是个新媒体。

当前主要技术下的新媒体，基本都是依托互联网技术和智能手机硬件为基础的媒体形式，其主要呈现载体是微博、微信等社交媒体，抖音、快手等短视频媒体，知乎、头条号等半专业文字媒体，B站、快看、小红书等特定风格图文视频媒体。不同类型的新媒体，不同平台载体的新媒体，用户群风格不同，性质不同，受欢迎的内容也不同，需要不同的运营方案，不可一概而论。

各大网络文学平台都会比较积极地开通和运营自己的新媒体账号，但主要还是把这些新媒体当作自身平台的外延，是一个发声渠道。目前仍没有哪个平台把自己的新媒体账号运营得特别出色，达到可以成为有分量的内容推广账号。这也是各网络文学平台未来需要继续努力的方向。

目前在新媒体上进行内容推广，主要还是依靠专业的营销号。在各大平台都活跃着一批比较专业的推文账号，这些账号粉丝量不同，粉丝真假程度不同，文案质量不同，推广效果也不同，报价更不同，需要仔细甄别。更有甚者，有些营销号因为粉丝真实度低，推广效果差，还会暗中花钱去购买刷数据的灰色服务来粉饰自己的推广效果。这种行为属于数据欺诈，不但使推广方多花了冤枉钱，还会影响推广方对推广效果的判断，进而影响未来的推广策略。此外，平台内部数据的真实性和公平性也会受到影响，流毒无穷，一定要严格防范。

推广效果较好的新媒体账号，一般是因为其推荐的作品的确好看才会拥有大量真实粉丝，所以这类账号接广告较少，推荐较谨慎，因此很难做到大量推广。所以这种推广方式多为作者自己购买，网络文学平台较少使用这种方式大量推广平台内容。通常可以进行批量内容推广的是渠道合作方式。

4. 渠道合作

渠道合作指的是网络文学平台与其他阅读相关机构签订分销协议，用授权刊载或引流销售的方式增加内容的销量，并约定一个分成比例，在销售完成后，双方按比例分成。

签订授权刊载协议的对方，一般也是网络文学平台，即对方本身有平台，有流量，但是缺内容，所以向其他平台购买部分内容，用以快速补充己方内容。这类授权刊载协议，多数为五五分成，即内容方和销售方就这部分销售收入各取一半。这里需要注意的一个常见问题是，签约对象是否为分销平台的直接拥有方。有些签约对象自身拥有多个平台和子公司，通过相互授权、层层转授权的方式把大量原本应分成的收入留在了自己的子公司群内部，这是比较常见的陷阱，要注意辨别。

签订引流销售协议的对方，一般不拥有阅读类平台，而是掌握大量的新媒体账号，通过这些账号，引导粉丝直接去内容平台阅读购买内容。引流销售有机会为内容平台增加新的用户，采取的是分成方式，对利润有保障。但是由于引流方掌握着流量，也就掌握着话语权，因此协议约定的销售分成比非常高，通常引流方要分走70%～90%的收入，会造成内容平台流水极高，但利润极低的表面繁荣的假象。

5. 资源置换

资源置换指的是不同的实体，各自拥有一些对己方而言取得成本较低的资源，拿出来置换他人同样取得成本较低、但己方比较需要的资源。比如两个网络文学平台互换友情链接，互打广告。再比如一部改编自某网络文学平台作品的电视剧播出，平台给电视剧做开屏广告，电视剧给平台在片头片尾加Logo、字幕等。

相对于上面几种方式，资源置换是一种成本较低的双赢推广方式，但其使用门槛较高，对网络文学平台本身的流量、知名度都有一定要求。新成立的小网站小平台，自身无法提供可用于置换的资源，也就无法实施资源置换。

6. SEO/ASO

SEO(Search Engine Optimization，搜索引擎优化）是一种利用搜索引擎的规则提高网站在有关搜索引擎内自然排名的方式。目的是让其在行业内占据领先地位，获得品牌收益。SEO通常需要专业人员提出优化意见，平台据此监督优化效果。SEO相对低成本，但SEO的问题在于随着智能手机的覆盖率不断提升，用户日常在使用中都被圈在某几个App里的，搜索引擎的使用率越来越低。优化排名自然是为了争取用户，但用户都不使用搜索引擎了，排名再高也没有了意义。不过，智慧的人民群众根据SEO的搜索排名原理，把工作转移到了其他社交媒体场合。

ASO(App Store Optimization，应用商店优化）是所有能够

让开发者上传发布产品的应用,使产品变得更容易被用户找到的方法和策略,或者说提升 App 曝光度的方法。通常我们说的 ASO 就是 App Store 中的关键词优化排名,其中最关键的是关键词搜索排名优化。

SEO 在没落中,ASO 方兴未艾,对拉新更有用,当然提供服务的价格也比 SEO 高。不过,就像 SEO 打不过竞价排名一样,手机应用商店已经纷纷推出了竞价排名的应用商店版。这就又回到了硬广模式下的竞争了。

上面总结了推广的六种主要方式和类型,可以看出,每种推广类型都有各自的优缺点,应该使用哪种推广方式,需要结合自身的条件、推广的预算、发展的阶段、拥有的资本来综合考虑。

为了快速发展,主动推广需要重视,但口碑效应带来的被动引流则是更需要追求的长远目标,也是唯一有百利而无一害的引流方式。而口碑的获得,取决于内容是否优秀,也就是前文提到过的,内容才是真正的竞争壁垒。因此,网络文学平台必须沉下心来认真做内容,没有优秀的内容,投入再多的推广都是无源之水,无本之木,不可长久。

第二节　平 台 运 营

在网络文学领域，平台本身就是给用户提供各种服务的“大件产品”。产品运营是指以产品为手段的一种运营方式，网络文学产品运营则是指以网络文学平台为手段的一种运营方式。不同类型的网络文学平台，其生产和传播机制以及商业模式不尽相同。

一、平台机制和类型

（一）平台生产与传播机制

网络文学生产与传播中最核心的两个要素，一是互联网技术的发展使得阅读者能与创作者进行更直接的沟通，二是创作者为了满足阅读者的需求而进行的市场化写作。

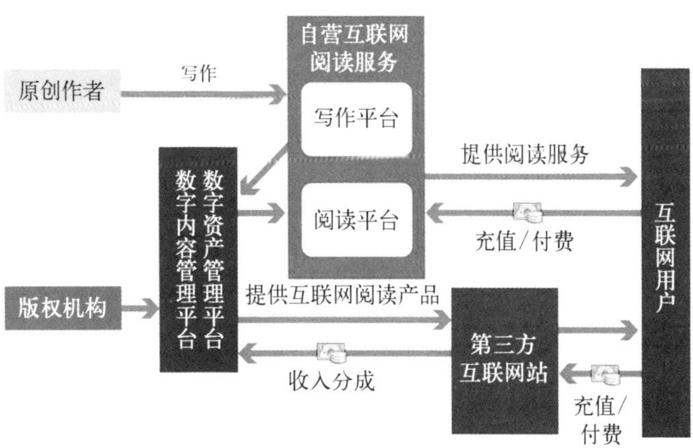

图 5－1　网络文学作品阅读业务流程示意图

而在阅读者与创作者之外，提供其沟通交流平台的即网络文学平台(亦属于数字出版机构)。数字出版机构从版权机构、作者处获得数字内容，通过编辑、加工制成数字阅读产品，通过手机、手持终端、互联网等渠道或直接提供给用户阅读。

图 5－2　数字出版上下游行业关联

数字出版上下游行业发展状况：

(1) 作者和版权机构为数字出版机构提供原料。作者和版权机构提供作品并保证作品的质量，以及作品的更新速度，都对数字出版行业的发展有直接影响。

(2) 用户数字阅读习惯的培养，特别是通过手机、手持终端、互联网等数字阅读习惯的养成，并愿意为数字阅读支付费用，是数字出版行业发展最根本的驱动力。

(3) 数字出版的特点是发行渠道的数字化。用户通过手机、手持终端、互联网等渠道等获取数字阅读产品，大大提高了阅读的便利性，降低了阅读成本。数字出版机构和发行渠道是相互依赖的关系，数字出版机构为发行渠道提供阅读产品支持，丰富了发行渠道中的服务和应用，提升渠道的价值和用户黏度。而数字出版机构通过发行渠道的支持，尽可能提高用户覆盖率，提升双方效益。

(二) 平台的主要经营/盈利模式

探究网络文学平台的主要经营或盈利模式，绕不开已上市的几大平台。

如中文在线形成了一套包括完整的产品、运营和增值服务的，适合中国特色数字出版的商业模式。中文在线以版权机构、作家为正版数字内容来源，进行内容的聚合、加工和管理，面向手机、手持终端、互联网等出版媒体提供阅读产品；为数字出版和发行机构提供数字出版运营服务；通过版权衍生产品等方式提供数字内容增值业务，逐渐形成了“一种内容、多种媒体、同步出版”的全媒体出版模式，保持公司稳定盈利，价值不断增长。

掌阅科技的平台模式有两种：一种是数字阅读服务业务，一种是游戏联运、广告营销等增值服务业务。其中，数字阅读平台仍然占据绝对营收位置，版权产品已成为公司第二大收入，且连续两年维持 90%以上同比增速。

阅文集团的运营收入由三部分构成，分别为在线业务（包括自有平台、以腾讯平台为代表的自营平台、第三方平台）、版权运营业务（阅文自有版权业务、新丽传媒）和其他业务（纸质图书出版等业务）。阅文集团“明确将以网络文学为基石，以 IP 开发为驱动力，开放性地与全行业合作伙伴共建 IP 生态业务矩阵”。

由此可见，当前数字阅读业务是各家网站平台的基本盘，但版权运营收入则开始激增，这也代表了市场的一个重要方向。需要指出的是，中小型网络文学平台的经营方式主要是为大平台及相关销售渠道提供内容、进行分销，与大平台的运营策略并不相同。

（三）主要平台类型

常见的网络文学运营平台类型主要有以下 6 种分类方式：

1. 垂类平台与综合平台的垂类栏目

从平台的所属主体来看，可以分为垂类平台和综合平台的垂类栏目。

垂类是指垂直领域，为互联网行业术语，指的是为限定群体提供特定服务，绝大多数网络文学平台是垂类平台，比如起点中文网、晋江文学城、七猫小说等，都是专业且主要只为阅读爱好者提供阅读服务的平台。垂类阅读平台的用户黏性相对高，他们访问这个平台的目的，就是要在这个平台上寻找适合自己的作品阅读。因此，垂类平台的阅读 ARPU 值也相对比较高。

综合平台的垂类栏目，指的是依附在某个大的综合性平台上的阅读类栏目。比如新浪网下属的新浪读书、豆瓣网下属的豆瓣阅读、知乎网下属的知乎盐选、爱奇艺下属的爱奇艺小说、当当网下属的当当电子书等等。这类平台的特点是，由大平台投资建立并支付其运营成本，尚未获得足量的对口用户，在大平台不打算为其投资独立引流的情况下，需要通过大平台的各种功能链接，分享大平台部分用户流量，来推动自身的运营。这类平台的阅读 ARPU 值往往比垂类平台低不少，因为大平台虽然用户量大，但具体到这个下属栏目，愿意为之消费的人数比例往往不高。

2. 长篇平台与短篇平台

从平台的主打作品篇幅来看，可以分为长篇平台与短篇平台。

网络文学里的篇幅概念与传统文学里的篇幅概念不太一样。在传统文学概念里，小说篇幅大体分为微型小说（1 千字以下）、短篇小说（1 千—1 万字）、中篇小说（1 万—10 万字）、长篇小说（10 万字以上），虽然字数划分标准有几种说法，但数量级上相差不大。而在网络文学，尤其是付费阅读范畴里的网络文学，10 万字以下算短篇，10 万字以上算长篇，但绝大多数长篇甚至超过 100 万字，最长的几篇小说已经超过 2 000 万字，比如著名的《从零开始》，总字数 2 022 万字，连载了 12 年才完结，堪称奇迹。

网络文学篇幅通常很长，是由其市场特性决定的。读者原本更喜欢读完结的故事，但是盗版网站也知道这一点，因此网络小说一旦完结，他们就会特别精心地做好整理，甚至包括错别字和段落格式的校对，然后挂在盗版网站里加以宣传。因此，会有更多喜欢看完结文的用户转去盗版网站看。相对地，连载中的小说，由于作者每天更新，但盗版网站盗版没那么及时，因而想及时看到每日更新的读者，往往会选择在正版网站安安稳稳地看。由此造成一种与理论相反的吊诡场景，即读者不想追连载，但作者连载时收入高；读者喜欢看完结，但作者一完结收入马上开始减少。因此，为了不想让收入减少，作者舍不得完结，导致作品越写越长。除此之外，平台推荐规则、作品按字数收费的标准都是让网络小说越写越长的原因之一。

市面上绝大多数网络文学平台的主要作品，都是百万字以上的长篇小说，但也有一些例外。比如由轻博客转型的乐乎网，以小短篇为主。豆瓣阅读和知乎盐选，目前也以短篇为主。晋江文学城、磨铁中文网等，由于存在大量出版、影视改编机会，因此也有大量虽然在长篇范围内，但体量为 30 万字左右、适合出版改编的作品。

相反地，由于受到网络文学字数越来越长的影响，尤其是一些非常有名的长篇作品的影响，原本通常只拍二三十集就完结的电视剧，现在也开始有部分尝试长篇化，开始以第一季、第二季这种形式改编,来适应越来越长的小说了。

3. 原创平台与服务商平台

从平台的作品来源方面来看,可分为原创平台(也称为内容生产平台)与服务提供商平台,也就是通常说的CP(Content Provider)和SP(Service Provider)。

原创平台属于产供销一体的结构。从签约作者开始,培养作者写文,用作品来吸引读者,读者购买作品,给作者发放稿费,全部流程都在这一个平台上完成。早期的网络文学平台大多是原创平台,原创平台投资小、建设快,程序代码搭建好之后,即可招呼三五个文学爱好者好友写作助阵,作者吸引来读者,形成一个好的沟通氛围,慢慢就会吸引更多的作者和读者,久而久之,良性循环,雪球越滚越大。

网络文学商业化后,这种投资小建设快的发展模式越来越无以为继。一方面已经成长起来的大平台开始跑马圈地,和作者签订独家授权合同,作者不能再随意流动,给朋友写文助阵的自由越来越少;另一方面,越来越多作者把写作从业余爱好变成职业,在A网站写作,一个月能挣够生活费,去B网站免费写文助阵,分文没有,这显然是不现实的。

后续加入这个行业的平台,就很难再白手起家,大都需要资本的支持。拿着投资有两条路可选,一是继续做原创平台,把投资当成稿费,开出更高的买断或保底条件去竞争作者。但从零开始招募作者,从零开始积累作品,从零开始作宣传吸引读者,毕竟是一个相对漫长的过程,没有几年时间,发展不起来。因此,第二条路是去做服务提供商平台。

服务提供商平台可以说是在社会化分工中,精准选取了自己更擅长的工序，从而成为助力提高网络文学产业整体效率的角色。它们在整个流程中回避了自己签约作者、培养作品的漫长过程，而是从原创平台购买作品授权，然后直接从吸引读者的环节切入市场。凭借雄厚的资金实力和丰富的社会关系，一方面购买互联网广告获取流量，一方面和各大手机厂商谈内置合作，快速搭建好了进货、渠道、销售的通路，不需要时间积累，业务就可以迅速成型，打好快速进入网络文学市场的闪电战。

原创平台和服务商平台的关系可以说是爱恨交织。一方面，原创平台营销能力有限，把作品授权给营销能力更专业的服务商平台，可以快速扩展读者群体，帮助自己和签约作者迅速提高收入；另一方面，行业缺乏相应的标准与监管，服务商平台基本不提供收入明细数据，原本谈好的分成收入，究竟有没有如实地分给原创平台，很难确定。同时服务商平台借助原创平台的作品迅速成长，做大后往往都开始涉足原创，令原创平台有一种养虎为患的焦虑。

服务商平台也有自己的焦虑。一方面，没有属于自己的创作队伍，每家原创平台的作品都需要年年谈，甚至本本谈，不但可能面临一波波涨价，而且万一没谈成，就会直接面临无书可卖的困境；另一方面，互联网广告的流量价格越来越高，利润空间被压缩，手机厂商的要求也越来越高，前期可以直接内置自家App，后期已经要求服务商平台隐藏自家品牌，给厂商做贴牌订制，并且分成比例也越来越高。左右夹击，服务商利润收窄，就把突围的方向瞄准了签约作者作品。原本快速切入市场的目标已实现，有时间开始补培养作者的这一课了。拥有了属于自己的作者，不但会带来不需要买流量就有的读者，而且少分收入给原创平台，又解决了版权问题，对于服务商平台来说，自然是个好选择。因此，现在市面上绝大多数服务商平台都在做原创，而原创平台很多都在谨慎授权，甚至收回授权。

4. 网页平台与客户端平台

从平台的技术实现方面来看，可以分为网页平台和客户端平台。

网页平台以 HTML 页面构成，需要使用浏览器查看 HTML 页面，受限较大，有很多功能和效果无法实现。客户端平台，也就是常说的 App，是安卓或 iOS 系统下可以独立运行的应用程序，不需要借助其他工具就能使用，可以实现各种绚丽的效果和强大的功能。

网页平台诞生于 PC 时代，显示器的屏幕，相比手机屏幕要大得多，一屏可以放下的内容是手机屏幕的十几倍。用于宣传展示的位置足够多，平台就可以尝试推广更多题材以丰富当前展示面积里的内容种类。而内容的丰富使得长尾效应增强，让更多的作者受益，维持他们尝试去创作新题材的胆量与信心。这就很容易形成一个关于题材种类创新的良性循环，用以对抗跟风模仿的不良风气。

客户端平台虽然在效果和功能上远远超越网页平台，但是由于设备屏幕较小，一屏的展示数量有限，这就会导致平台在推荐原则上，容易优先选取当下热度最高的题材，降低试错的成本。作者在创作的时候也会受到推荐原则的影响，优先去写当下的热销题材以保证自己的收入。长尾效应被马太效应取代，容易形成一个不敢创新、跟风模仿的恶性循环。

网络文学平台的重点在于内容，尽管客户端平台在内容创作方面与网页平台相比有天然的缺陷，但是人类社会已经进入5G时代，互联网使用者的使用习惯已经彻底改变，一个网络文学平台可以没有网页但不能没有客户端，否则几乎无人访问。网络文学平台必须面对现实，适应当前环境，并想办法更好地解决手机一屏之内的创新问题。

但是网页平台的建设不应放弃。网页具有连通性，在浏览器的范畴内，用户可以从搜索引擎进入、从其他网站的链接进入、从广告链接进入，以及从客户端中跳出并进入，到达方式丰富且便捷，这种特性非常利于宣传推广。而一个App作为一个可以独立运行的程序，它是从整个互联网世界中分割了一块天地，既没有方便的跳出功能，也没有方便的跳入功能，App与App、App与网页之间互相的连通性很低。对于推广而言，推广一个网页，用户只需要点一下就到达了，而推广一个App，用户需要点击下载链接、下载、找到下载的安装文件、运行安装文件、回答应用市场的问题、回答各种权限问题、安装成功、找到桌面图标并运行，用户所需要的操作和思考成本不止十倍。所以，尽管网页平台在流量上已经和客户端平台无法相比，但是把它作为一个宣传推广的工具，还是很有效率的，重视其展示性建设，打造一个非常正式的官网概念，很有必要。

5. 男生平台与女生平台

从平台的用户群体方面来看，可以分为男生平台与女生平台。

男生平台的作品风格和题材，一般而言，更贴合男生的审美与兴趣，热点词汇主要集中在“事业、升级、好运、天下”。女生平台的作品风格和题材，更贴合女生的审美兴趣，热点词汇主要集中在“恋爱、学习、改变、冒险”。

大多数原创平台会有比较明确的用户群性别特征，比如提到“起点”，第一反应就是男生平台，提到“晋江”，第一反应也肯定是女生平台。但无论是读者和作者，这两个平台都存在着一定比例的异性。一般而言，男生平台作者以男性为主，会有极少数女性作者，适应性相对较好。女生平台作者以女性为主，也会有极少数男性作者，但男性作者在女生平台的适应性比女性作者在男生平台的适应性差，生存发展相对更艰难一些。男生平台读者以男性为主，但是也有相当比例的女性读者。女生平台的读者以女性为主，也有一定的男性读者，但其比例比男生平台的女性读者比例要低。

服务商平台的用户群性别特征往往不明确，比如提到“掌阅”“咪咕”，就很难明确地说是男生平台还是女生平台。这类平台内的作品，也的确是男性感兴趣的题材与女性感兴趣的题材比例大体相当，两性的读者群比例也大体相当。

造成这种差异的原因在于，原创平台的用户群发展大多是靠兴趣爱好的吸引，自然增长起来的，因此兴趣爱好高度趋同，逐渐形成了某个性别占压倒性优势的局面。而服务商平台的用户群往往是投入大量资金购买流量带来的，买量的渠道不同，每个渠道的性别比例也不同，买量的渠道越多，其用户总和在性别上的比例就会越趋平均。

6. 纯文字平台与多媒体平台

从平台内容的展现形式上看，可以分为纯文字平台与多媒体平台。

纯文字平台占绝大多数，“起点”“晋江”等发展较早的知名平台目前都是纯文字平台，即作品的呈现方式是传统的文字形式。

随着技术和思维的创新发展，在纯文字平台之外，又衍生出一些新的作品呈现形式。如对话小说、有声小说、多线程小说等等，相信随着时代的继续发展，还会有更多的新形式出现。

对话小说的表现形式模仿微信聊天，情节发展完全以对话来推动，有些仿真度高的平台，还会把对话以气泡的形式顺序播出，读者在阅读时，极像在一个聊天群里围观别人的聊天过程。对话小说的代表平台是“话本小说网”，一开始推出时，令人耳目一新。但一个完整的故事只用对话来表达，如何把介绍性文字、场景描写、他人反应等全部以对话形式交代清楚，还要不枯燥不无聊，其创作难度是相当高的，尤其是想创作长篇小说，更是难上加难。因此在热闹过一个阶段后，对话小说的创作就遭遇了瓶颈。平台在功能上作了改进，对话之中可以夹杂类似旁白的陈述性段落，在一定程度上降低了创作难度，但阅读时的体验也不够好了。未来，对话小说会如何发展，还未成定数。

有声小说是利用电脑合成或者真人配音，把原本文字类型的小说读出来，让读者变成听众，很好地解放了读者的眼睛，在利用碎片时间方面效率大大提升。目前比较知名的有声小说平台如“喜马拉雅”“猫耳 FM”等，都发展得比较顺利。只是，有声小说平台能不能算在网络文学平台的大概念下面，业界还有一些争议。

多线程小说的技术含量则更高一些，它大量利用了程序代码，给故事在一些关键场景或转折点上赋予了不同的选择，不同的选择分别可以指向不同的剧情发展，读者在阅读时可以根据自己的不断选择，得到完全不同的故事经过和结局，整个过程像在打游戏。目前业界也有很多争议，因为这类小说的阅读过程和日式AVG(Adventure Game，冒险类游戏)的玩法非常相似。这种形式如何定性，究竟算小说还是算游戏，认识并没有得到统一。

其实网络文学的概念在诞生之初，很多学术观点认为网络文学主要指的是多线程小说这种形式。钱建军则在《第X次浪潮——华文网络文学》中，非常明确地给网络文学总结了三种形式：一是利用网络的多媒体功能交互作用而创作出来的文学作品，大多只存在于网络，其代表有联手小说、HyperText超文本小说、Flash图文动画交互作品等形式；二是把传统媒体的文学作品输入放上网络，类似文库或称网上图书馆；三是以网络的语言和特色所创作的文学作品。随着时间的推移，第一种网络文学因为创作门槛较高，发展遭遇了瓶颈，第二种网络文学存在版权问题，也渐渐销声匿迹，只有第三种网络文学因为创作的技术要求低，蓬勃发展起来，慢慢地在社会认知上几乎完全占据了网络文学的概念。

目前国内的多线程小说平台主要是“橙光游戏”，他们提供了一套简单易学的框架程序，极大地降低了多线程小说创作时的技术门槛，培养出大量的创作者，商业化度已经较为成熟，打破了这类小说的创作和创收一直由日本游戏公司把持的局面。由此可见，多媒体类的网络文学平台发展成功与否，与其技术手段的发展脱不开关系。随着社会发展，相信技术门槛会不断降低，视觉小说、互动式电影等目前看起来还很专业的形式，也会渐渐被普通人掌握，融入多媒体小说的大概念当中去。

二、平台基本功能

（一）产品设计原则

新时代互联网平台的运营与传统运营的主要区别就在于用户的参与程度前所未有地加深了。一款好的产品，从设计的第一天起，就要时刻将用户的体验放在第一要位。

知名设计集团创始人，红点、红星等设计大奖得主贾伟表示：人有三观，好的产品也有三观，分别是用户观、价值观和世界观。用户观，考验的是企业对于用户的理解程度，它决定了一款产品能不能做；价值观，即产品引申出的用户价值、商业价值、组织价值、社会价值，它决定了产品是否能做成功；世界观，反映了创始人对世界的深度思考，对未来世界发展趋势的认知，它决定了产品是否能做大做强。其中，构建正确的用户观，一切以用户为原点，学会真正理解用户，是创造好产品的基础和前提。但同时，线性思维和锚定效应经常让我们陷入迷惑，就比如在汽车被发明生产出来之前，用户的需求往往会被理解为需要更快的马车。

因此，我们产品设计的原则就是一切从用户出发，时刻保持同理心，致力解决用户痛点，但也要透过现象看本质，深入挖掘用户的真实需求。具体到网络文学平台，又有特殊之处，它的商业本质是一个致力于促成作者、读者沟通的第三方机构。一切第三方机构的平台，都有至少两类用户，他们的需求和痛点往往不一致，甚至有对立的时候。因此，身为第三方机构的平台，需要娴熟掌握平衡与妥协的艺术，深入挖掘作者与读者的共同利益，寻找并放大两者需求的一致之处，同时巧妙地处理两者利益对立的一面，折中到双方都能接受的程度。例如一些进行商品销售的第三方平台，他的用户既有商家，也有消费者。而平台既要保护消费者的利益，不被无良商家坑害；也要保护正规商家的利益，不被职业差评师敲诈，因此在差评这个体系的设计上，就要寻找最合适的点来平衡商家和消费者的权利。

（二）产品设计流程

1. 平台的定位

网络文学平台从不同的角度去看，有不同的类型，在产品设计之初，就要考虑好平台的定位。

确立定位，一方面要从自身条件出发。比如做 CP 还是 SP，要看投资金额和商务运作能力；做纯文字还是做多媒体，要看团队技术实力；做男频还是做女频，要看拥有的作者资源等等。另一方面就是从用户出发。从读者方面着眼：市场上哪些用户的阅读需求没有被满足或者开发？为什么没有？是不是有难以解决的痛点？我们能不能解决？解决的代价能不能被未来的营收预期涵盖？争取这部分用户除了营收预算外，能够带来正向的社会价值吗？从作者方面着眼：热爱写作的人还有哪些没有参与到网络文学中来？为什么？我们能不能解决？还有什么痛点是解决了上述问题仍然存在、存量作者也会遇到的？现有的平台为什么没有解决存量作者的这个问题？我们能不能解决？如果我们不能解决这个痛点，我们还能做点什么其他的来弥补？

这些问题都回答了，找到那个能够解决用户痛点最多的路径反推回去，这就是我们要圈定的目标用户群了。圈定了目标用户群，也就能比较顺利地做好平台定位工作，从而确定己方产品的平台类型、营利模式、主要客户群等了。

2. 功能的规划

平台定位的工作完成之后，就可以开始启动平台功能的规划。一方面要参考同类型平台都有什么功能，我们也必须要有的。另一方面更要思考同类型平台没有什么功能，但用户其实很想要的。同时也要思考，为什么要设置这些功能，虽然同类型平台设置了，但这些功能真的应该存在吗？或为什么同类型平台没有设置这项功能？设置了这些功能会得到正向的社会价值吗？比如，电商平台上的买家就很希望能有个和卖家沟通的便捷渠道，进行商品购买过程中的问题交流通道；同时，对于买卖双方跳过平台完成交易，平台也担心收不到手续费的问题。而现有的平台对于商品买卖沟通和交易撮合机制的功能就逐步进行了完善。而不能提供此类功能的平台则会逐渐被淘汰。

3. 基本功能框架

网络文学平台的基本功能框架一般包括发布、阅读、评价、审核、购买、签约、稿费、客服、推荐、检索、荣誉、推广、活动和防盗版系统。

发布系统：给作者提供将其打出的文字上传至服务器，并在符合要求后可供读者阅读的功能，这是网络文学平台的基础功能。在基础功能之外，可以结合自身用户特点，额外提供自动排版功能、自动纠错功能、云存稿功能、定期发布功能、预告功能、语音录入功能、作者 PK 功能、邀约同写功能、环境音效功能、封面制作功能、版权保护功能、文稿查重功能、违规警告功能等一系列额外服务功能。

阅读系统：给读者提供的阅读作者发布的合规作品的基础

功能。除此之外，可以提供更丰富的辅助选项以满足读者的不同需要。如背景选择、字体选择、颜色方案选择、自动翻页、自动滚屏、语音朗读、保存进度、云端同步、阅读足迹、读书笔记等等。

评价系统：用于作者与读者交流、读者与读者交流的基础功能。除此之外，还可以根据平台的推荐规则，辅助提供查看同好、打分、纠错、解释、投诉等辅助功能。

审核系统：这是非常重要的功能，对于能展示在页面上的所有由用户自行发布的文字，都需要进入审核系统进行合规审查。其中比较容易被遗漏的有章节标题、用户昵称、评价理由等。

购买系统：这是商业模式为收费的平台最基础的功能之一，根据不同的收费模式还分有单订、打折、包月、限免等不同形式，以及在其前后的充值、退费功能，还有相应的消费明细、充值明细、赠币明细、发票明细等一系列的账单功能。

签约系统：原创平台的基本功能。除此之外，还可以提供电子合同查看、线上签约、线上解约、解约赔偿等辅助功能。

稿费系统：收费模式与商业化免费模式都涉及给作者支付稿费的需求，因此稿费系统也是这类模式下的必备功能。除最基本的结算功能、提取/发放功能、算税功能等，还可以提供稿费统计分析功能、收入预测功能等进阶服务。

客服系统：平台必备功能，也是在整个运营过程中让用户充分发挥作用的最基础功能之一。客服系统的主要作用是功能说明、问题解决、bug 上报、意见收集，尤其要重视意见收集的作用。

推荐系统：平台必备功能，推荐资源的分配，不但关系着作者的个人收入与成长，更关系着平台创作导向、反映的社会价值等重要问题，是一个最需要重视的问题，也是不同平台间竞争的重要元素，壁垒往往因此而生。

检索系统：检索系统大多数时候面对的是闻名而来的全新用户（简单搜索）和已经对推荐不感兴趣的资深用户（高级搜索），因此简单搜索要够简单，确保新用户轻松找到自己想找的那本书，智能补全、拼音首字母搜索、语音搜索等功能尽量提供。高级搜索也要够全面，帮助用户精准找到自己感兴趣的细分领域，避免资深用户的流失。

荣誉系统：荣誉系统不是必备系统，但是大多数用户无论是读者还是作者，都会对荣誉系统感兴趣，因此提供一整套头衔及升级引导，会对用户的留存起到积极作用。

推广系统：推广系统是指由平台提供的，使用户可以成为有报酬或无报酬的兼职宣传员的辅助功能，是平台的引流手段之一。不是必备功能，也不是引流的主要手段，但有条件尽量提供，这是一个可以充分发挥各种想象的功能。

活动系统：平台在节假日，大都会举办应景的各种活动，用户也往往会期待这些活动带来的各种优惠，不是必备功能，但建议有条件尽量提供。平台的对外推广往往也需要借助这种活动的契机来进行，更加有的放矢。

防盗版系统：网络文学平台从诞生的第一天就和盗版紧密纠缠在一起。如何防盗是个永恒的话题，尽管目前的技术水平无法阻止盗版，社会的司法实践也尚未能一一找到并严惩盗版者，“正版光荣”的社会风气与思想意识更是刚刚萌芽，但是在力所能及的范围内做一些防盗的措施不仅能够挡住一些初级盗版者，对于被盗作者的心理，也能起到一定安慰剂的作用。

4. 选择、平衡与妥协

在网络文学平台的功能规划中，各个系统的运行需要遵循什么原则，游戏规则要怎么定，往往会面临着选择。有时候是哪种规则更好的思考，有时候则是当几方利益不一致时，用什么样的规则来调解以达到平衡的问题。

比如推荐系统应该采用什么样的原则来推荐，是以经济效益为首还是以社会效益为首？是以当下热门题材为主，还是以鼓励创新的冷门题材为主？是鼓励作者多写快写以增加收入，还是要求作者保证质量但面临要求过高写不出来断更的风险？是以编辑的人工判断为准但可能产生一些问题，还是以大数据推荐为准但可能制造信息茧房？这些都是产品设计游戏规则时会面临的选择。再比如读者和作者之间也面临着很多利益冲突的矛盾。读者希望作品更新越快越好，作者希望能优先保证质量，那么应该设计催更奖金这种功能吗？读者最不希望的是作品断更或烂尾，希望给这类作者以惩罚，但作者觉得写不出来硬写才是把故事毁掉，那么应该制定断更惩罚规则吗？读者觉得作品有好有坏，希望可以有类似淘宝的差评体系，作者觉得差评会影响自己的创作心态和销售状况，那么应该提供给作者任意删评的权利吗？诸如此类因立场不同而产生的矛盾，产品设计时需要充分考量几方利益和其社会价值，以便找到最公允平衡的立足点来使各方都达到较为满意的状态。

三、常见商业模式

1994 年，中国正式接入国际互联网，已在海外华人社区萌芽的华语网络文学创作，迅速感染了中国人，无数爱好写作却没条件发表的文学爱好者，纷纷开始自己的网上创作。网络文学诞生之初，是完全基于兴趣爱好的一项用于丰富业余生活的活动，随着社会的进步，上网人数的增加，文学爱好者们的知名度也随之增加。出版是最早的商机，嗅觉灵敏的出版商们迅速地签约出版了当时最优秀的网络文学作品。

但实体出版毕竟数量有限，绝大多数文学爱好者，依然只能把写作当成业余爱好自娱自乐。直至2003年，历经十年探索，VIP收费制度的成功实践，给文学爱好者铺设了一条从业余到专业，从写手到作者的商业化道路。

时至今日，网络文学的商业化模式日趋成熟、平台类型丰富多样，逐渐形成了一个深具中国特色又遥遥领先于世界的产业，演绎了一场生动的弯道超车。

商业模式，即利用何种方式实现盈利，从这个角度来看，目前有收费、免费、混合态三种常见模式。

（一）收费模式

收费模式在中国最早的探索，始于2002年的明杨品书网，但当时的客观条件尤其是付费工具不太成熟，在新模式的探索上，明杨做了很多试错的工作，直到2003年，随着付费工具的成熟，起点中文网把这种按字数收费的模式固定下来，时至今日，依然是网络文学平台收费模式的模板。

这种采取按千字向读者收取费用的方式，最初的标准是每千字读者需要付三分钱，二十年后的今天，依然有网络文学平台沿用着这个价格标准收费。每部作品读者付出的全部费用，即这部作品的收益，由平台和作者按照协议约定的比例进行分配。

这种模式是按照如下方式进行操作的：

首先，网络文学平台先和他们认为合格的作者签订合约，约定付稿费方式、比例、版权归属情况等，然后作者才能在写到平台规定的最低字数以及达到平台规定的最低热度后，开始向读者收费。每月按作品销售收入结算，次月按合约比例支付给作者结算的稿费。网络文学平台和作者的全部收入，由付费阅读的读者支付，成本支出比例固定，利润率可控。

在这个模式形成的过程中，有过很多分支探索，有些失败的模式被淘汰，有些成功的被保留了下来，有些弊大于利，仍在慢慢转型中。

中国最早的大型网络文学平台榕树下，曾经尝试过读者免费阅读模式，网站向作者收取除基本发文功能之外的附加服务费。由于未能兼顾多方利益，很快就失败了。

还有一些小型平台尝试过不和作者签约，不制定上架标准，一切由作者自行操作的模式，愿意来就来，愿意写就写，愿意收费就收费，愿意收多少钱就收多少钱。这种模式方便快捷，减少了很多管理成本，但对于作品质量与合规性的把控力度不足，容易出现质次价高或内容违规的问题，同时由于没有合同约束，很容易出现抄袭剽窃的问题，拿别人的作品来收费，给平台带来版权风险，因此目前没有大型平台采用该种模式。

另外，一些平台在相互竞争的过程中，为了抢作者，或者为了提高平台利润率，采取了买断的模式。买断是指平台在作品上架销售之前，提前把稿费以评估后的一口价（整篇一口价，或者千字一口价）方式约定支付给作者，之后作品怎么收费，收多少钱，都不再与作者有关。作者也不能将该作品授权给别家。

买断方式是一种风险方式，有一定的投机性，它在赌开出买断条件的签约编辑的眼光。如果编辑眼光精准，就能以很低的价格买入优秀的作品，在上架后赚取超额的利润；如果编辑判断失误，则有可能提前支付给作者一个高价，但上架后读者不买账，平台便会赔钱。这种方式无论平台赔赚，都有一方可能不满意。平台赔钱自不用说，平台赚钱，作者心理又往往会失衡，觉得自己卖便宜了。

保底加分成的方式是为了弥补买断制度的不足出现的。这种方式是由平台先支付给作者一个小额的保底，比如一万元。作者在达标上架销售之后，如果收入超过保底金额，则超过的部分按标准千字模式继续支付。如果收入未超过保底金额，平台也不会向作者追回。这种模式解决了作品一旦销量极好，作者心理失衡的问题，同时由于不需要提前约定整本书的买断价，平台只需要预支一个较小的数额，万一上架后销量不佳，平台赔钱有限，在一定程度上减少了买断模式的风险。但是，无论是买断模式还是保底加分成的模式，都需要依赖于签约编辑对销量的预判，风险依旧存在。同时由于没有较硬性的标准，极易出现内外勾结等违规甚至违法问题，需要平台加强管理。

以上几种尝试，共性是无论和作者怎么分配收入，读者都是以千字模式付费的。还有一种模式是读者以包月形式付费，一个月内无论看多少作品，都只支付一个固定的金额。一个月结束后，平台统计读者的包月费用之和与作品被看次数占比情况，按占比分配读者的包月费用之和。包月模式对于付费读者而言，费用低廉，比较容易被吸引转化新的付费用户，在一个平台快速扩张时期是比较好的办法，但是长期只有包月收费制度，平台的利润率极低，作者能分到的稿费收入也相对较低，写作积极性也会受到影响。同时，平台的包月库里书必须要多，否则读者包月付费的积极性就会严重下降。但是包月库里的书越多，相对地，单本书的利润就越低，而且在一个庞大的书库里计算每本书阅读次数的比例，很难监控数据的正确性，平台方面就容易对数据做手脚，或者为了平台利润给作者们少算稿费，或者为了制造宣传上的“高收入”现象吸引新作者，人为修改阅读次数比例，克扣部分作者的收入转移给另一部分作者，这里面又有可能掺杂着编辑的私人情感或内外勾结的违规行为。由于这种计算方式天然很难被验证数据的正确性，在缺乏监督的时候就容易被利益引诱犯错，因此一个想要良性发展的平台，不宜将天然缺乏外界有效监督的包月模式作为长期主要制度使用。

（二）免费模式

除以收费模式经营的网络文学平台之外，还有以免费模式经营的平台。在2003年千字模式收费的制度试行成功之前，网络文学平台大抵都是免费模式。而收费阅读运行了15年之后，2017年后半年，免费阅读又开始兴起。只是虽然同为免费，运营原理却大不相同。

1. 非商业化免费模式

这种是以爱好建立起来的不以营利为目的的非商业化免费平台，其收入主要用来支付建立运行一个平台无法避免的成本，比如服务器、带宽的购买或租赁费用。这类平台运行所需的基本费用，往往是由平台的用户捐献募集，定期或不定期做一些平台的周边产品、纪念品义卖来募集资金。流量大的平台，还可以接一些广告联盟商的广告。由于不以营利为目的，因此这类平台的收入非常不稳定，平台的运行也难以稳定。而爱好者靠爱好结成松散的组织，其组织形式也非常不稳定。因私人事件突然退出、因产生了一点利润但分配出现争议等原因导致的团队解散、平台易主或直接关掉的事也时有发生。因此，这类非商业化免费平台难以扩大成长，只能保持小规模运营。

2. 商业化免费模式

这种是以营利为目的建立起来，但针对读者的互联网阅读不收取费用，而是选择以其他方式营利的运营模式。

最早的商业化免费模式是盗版网站。这类网站建立起来，就是为了营利，但他们不向读者收取费用，而是利用网络联盟广告的形式，在阅读页遍布各种广告，使读者在免费阅读之余，自发或误触地点击观看广告，从而给网站所有者创造利润。由于盗版网站做的是无本买卖，维护运营的员工极少，网站代码结构简单，通常是一次性买来稍加改几个字，就可以做无数个类似网站，并且他们不需要给作者支付稿费，广告产生的全部营利都归老板所有，利润非常可观。当然这一切都是不合法的，被盗取资源的正版平台也会通过各种民事刑事手段积极维权。为了规避风险，这类网站都把服务器设在国外，导致维权十分艰难。2020年1月，检察机关就“菠萝小说网侵犯知识产权”一事提起了刑事诉讼，这是一个成功的国家机关打击盗版的案例。

除盗版网站外，如何合理合法地经营一个网络文学平台，又不向读者收取费用，很多平台都作出过积极的模式探索。比如前文提到的榕树下向作者收费模式、龙的天空的联合出版模式、晋江文学城的版权代理模式等等，其核心诉求都是希望避免向读者收取费用，以保证平台流量不减。但这类尝试都因为不能覆盖到大多数作者的利益，在收费阅读模式出现之后，彻底宣告失败。榕树下几经易手后关闭，龙的天空放弃经营小说，转为维护成本很低的作者 BBS，晋江文学城彻底转为收费模式。

2015 年左右，由网络小说改编的电视剧《花千骨》大热，由此带动了网络小说的 IP 热，网络文学平台的价值开始进入资本的视野。在此之前，相对知名的网络文学平台几乎都是文学爱好者建立起来慢慢发展壮大的，而 2015 年之后，出现了大量由知名头部平台直接投资的网络文学平台。比如由百度投资的七猫小说，由触宝科技投资的疯读小说，由趣头条投资的米读小说、由头条新闻投资的番茄小说等等。头部平台资金雄厚，看到了 IP 的价值，急于弯道超车，因此纷纷选择了免费模式。

由头部平台主导的免费模式与盗版站选择的免费模式既有相同之处，也有很大的不同。相同之处在于，两者都把读者阅读的购买成本转嫁给了看广告的时间成本，都可以通过广告获得收入。但区别在于，由头部平台主导的免费模式因为要合理合法运营，要从原本的收费阅读平台争取作者作品，因此作者稿费不能忽略，是必须要支付的一大成本。其次是盗版网站的流量来源主要是搜索引擎，读者群是不愿意花钱、但愿意阅读的那一部分人群。他们往往是先在正版付费平台上得到了一部作品的信息，然后再通过搜索引擎去寻找免费的资源来看。因此，盗版网站的读者群很大程度上不会超过正版付费平台的消费+非消费人群之和。这部分读者从正版付费平台流失到盗版网站，属于存量的转移。而正版免费平台的流量来源，主要是他们花天价投放在其他网站或移动终端上的互联网硬广所买来的，这部分人群绝大多数是游戏用户、短视频用户，是被“免费看小说还能挣钱”“看书抽手机”这类广告吸引来的，这些用户对于网络文学行业来说，是海量的增量用户，但黏性低，流失率非常高。

四、主要运营方式

运营是使产品价值提升的方法与过程，如果把整个平台视作一个产品的话，运营就是提升平台的知名度、美誉度、影响力的手段之和，可大体分为“修内”与“修外”两类。

（一）平台的内部自我优化

平台在功能规划的阶段就要充分考虑自我净化、自我优化、自我监督的机制。网络文学平台内部最容易出现以下几个方面的问题：

1. 账务处理

作为一个商业化运营的平台，必定涉及财务往来，账务准确详细、清晰可查，对于口碑的树立非常重要。现阶段职业化的作者越来越多，对于收入问题非常敏感，一个平台如果能做到让作者相信平台提供的每一笔销售与收入数据都是真实可信，对于作者资源的争夺会起到十分重要的作用。

要做到这一点，就要在产品的设计机制上提前处理，为用户提供实时明细的账单。实时明细账单可以让用户随时核查以及进行购买测试，账务上有任何问题，都能被用户发现。用户监督条件的提供，不但有助于提高竞争力，也能使平台在监督下少犯错误，暴露问题能及时纠正，避免滑向深渊。

目前业内能提供实时账务明细的平台并不多，有些平台是因为收入渠道多且杂乱，实现收入的记账原则不能统一，坏账情况难以控制，因此害怕提供明细暴露问题。有些平台则是收入分配受客观因素影响波动极大，提供的明细很难解释。如免费模式下，作品按点击比例分配当期广告收入，但不同期的广告售价不同，从而影响分配到的收入，要解释清楚会带来很多额外的工作。在这种现实情况下，能够克服困难提供实时明细账务的，就会更加加分，因此能提供尽量提供。

2. 推荐排序

收入问题是作者最关心的问题，而推荐则直接影响着作者收入。推荐制度是否合理；推荐位的好坏分配是否与作品优秀程度成正比；在关注作品经济效益的同时，是否也关注了社会效益；对于一部作品的推荐顺序是否符合培养原则；对于一部有问题的作品的惩罚机制是否公平合理；等等，都是需要通过制度设计解决的问题。最优的解决方法是推荐制度公开透明，无论是通过人工，还是通过大数据来进行推荐位分配，只要规则是公开透明的，就可以通过用户监督的方式来杜绝大部分不公的问题。剩下要做的，就是对暴露出来的问题也要有公开透明的处罚机制。

3. 内容质量

网络文学创收的运作原理，导致了几个常会发生的影响文章质量的问题。对内解决这些问题，提高网站的总体质量，是“修内”非常重要的工作。

(1) 跟风问题

某部作品取得了非常好的成绩，当它还是一个很少人写过的新颖题材时，极易引发其他作者的跟风模仿。因为题材新颖，会让人感到，在这个设定下，好多可以发挥的空间没被用起来。这些新设定还能怎么发挥，架设出哪种全新的故事，作者想试试如果自己来写会写成哪样，取得什么成绩；读者也想试着看看同样的题材，换个人写会不会有更新更好的角度。双方不谋而合，就会造成一部作品大热，很快会有一堆相似题材作品出现的现象。

模仿，只要不是抄袭，本身并没有错误，甚至存在一定的必要性。在一个题材诞生的初期，还会有助于完善一个题材的内涵和外延。一定数量的模仿在相互竞争中会丰满和补足早期设定中的缺失，开拓题材的深度和广度，给题材以持续成长的能量。但是，短时间大比例的跟风则不同，一拥而上良莠不齐的作品会让读者很快审美疲劳。因为竞争太大，对题材设定的过度挖掘会迅速吸干题材的生命能量，让一个题材很快枯萎，最终被读者弃如敝屣，成为昙花一现后再没人提起的历史。

因此，网络文学平台应该谨慎控制跟风模仿的行为，从产品设计开始制定一套推荐原则可以让作者自发地控制跟风。比如设计一组推荐位时，对任何一种题材的推荐比例都有上限，当一个题材写得人少时，会有充足的推荐位来提升大家开拓题材的兴趣，而当有更多同题材的作品后，会因为超比例而不能获得推荐，作者就会自发地降低跟风的欲望。

（2）水字数问题

水字数，是网络文学界的术语，指的是一段用少量字数足以描写完毕的情节，作者为其填充了大量无效描写，以达到同等剧情量、字数是原本的数倍的效果。水字数是一种变相涨价行为。网络文学的收费模式以千字价格为主，这就导致作者写得越多收入越高。但一本书的剧情量是有限的，如果按标准描写程度来推剧情，剧情很快被推完，作品就该完结了。由于盗版等原因，作者收入大多会在完结后大幅下降，因此很多作者不愿意早早完结，那唯一的办法就是给作品“注水”。同样的剧情量，增加几大段环境、衣着描写；对同一件事情，多增加几个人的心理描写，用不同的角度重复叙述同一件事；增加没有必要的细节描写等，都是常用的水字数手法。

水字数能快速提升作者收入，试想两千字的作品，如果能再注水两千字，作者收入就凭空增长一倍，因此很多作者都练就了出色的水字数能力。经常有读者吐槽说跳了三章没买，结果剧情完全连贯，一点不影响阅读，可见作者水起字数来能够整章整章地水。

但水字数必然降低作品的文字质量，长久下去还会影响整个网络文学的口碑，因此网络文学平台一定要考虑到长远利益，想办法抵制自身与作者这种可以快速有效提高眼前收入的诱惑，引导作者正常写文正常完结。比较好的办法还是在产品设计之初，就设计一整套正向的而不是负向的措施来激励、引导不水文的习惯。

比如要反思是不是应该取消不少平台常见的催更票（网络文学平台的一种读者激励形式，往往表现为读者出一个与字数挂钩的悬赏，如果作者在规定时间内完成了读者定的这个字数量，读者的悬赏就自动转给作者，如果作者没有完成，这部分钱退回给读者）类鼓励政策。比如推荐规则上对作品的不同推荐位置建立最高字数要求，字数越多，获得该推荐位的机会越少；比如上架要求的字数标准是不是应该降低？有些网站要求写够30万字才能上架，而有些网站30万字都完结了，那么30万字才能上架的作者水字数的可能性就会更大；比如利用各种政策引导作者写中长篇，不鼓励作者写超长篇；等等。

在千字收费模式下，字数就相当于传统商业里的商品，因此字数越多就等于生产出来待售的产品越多，还没有过期和保养的成本困扰。因此，水字数对于作者和平台来说，都是很难割舍的诱惑。网络文学平台一定要分清长远利益和短期利益，尽量把水字数扼杀在萌芽期，不给它长大的机会。

(3) 格调问题

随着用户数量的扩大，各大互联网行业都面临着用户质量下降的问题。这给很多 UGC 产品带来了困扰。以前用户的发言、点评、作品水平很高，怎么现在水平越来越差呢？这是业务发展、规模扩大的必然代价吗？UGC 之路还能不能走得通？

在网络文学平台，也同样面临着这个问题，主要表现是读者变多、收入变高的同时，作品的格调变低了，作者的文笔变差了。究其原因，是读者群变了。上网人数少的年代，优先上网的大多是有一定收入和知识水平的那批人，读者、作者大多是文学爱好者，对故事的文笔、逻辑、立意有一定追求。随着用户群扩大，上网人群的平均收入水平和平均知识水平都在不断下降，读者、作者更多的不再是文学爱好者，而只是闲着无聊看个故事打发时间的人和听说这行挣钱简单我也来试试的人。在这种用户结构下，新加入的作者一旦缺乏文学信仰，就更容易放弃坚持，向用户偏好妥协，去创作那些“无脑爽”的故事。

想与用户群作对无疑是很难的，尤其对于商业化的网络文学平台而言，用户是平台利用一定的经济手段吸引而来的，如果给他们提供不想看的书把他们赶走，这无疑是赔本还赚不着吆喝的事。幸好，用户其实是可以学习和进步的。

网络文学平台可以把作品打好标签，分好级别，以慢慢引导的方式，铺设一条从小白到大咖的进阶之路，既要保证用户的留存度，又不能放弃培养提升用户的欣赏水平。这是一条漫长的路，回报少见效慢，但不能放弃。

4. 作者评价

随着用户群不断下沉，受影响的不仅仅是作品质量。用户评价也是下沉的重灾区，主要表现在观点上的不宽容、语言上的不文明、用意上的不友好。

在观点上，读者越来越难以容忍与自己想法不同的故事情节和故事走向。比如男主有过女朋友，作者却没有提前声明，这很难被读者接受；又比如故事的结局女主原谅了伤害过她的人，太心软，这也有可能不被读者接受；比如男女主最终没有在一起，作者却标了“Happy Ending”，这依然很难被读者接受。

在语言上，虽然“出口成脏”的绝对数量还不算多，但是比例提升了。除此之外，虽然没有骂人，但挖苦、嘲讽、尖刻的语气很多，心态不好的作者很难忍受得住不反击。而作者一旦反击，就会引来更多不客气的声音。

在用意上，以前读者对作品的批评往往是为了作品更好，最恶意的不过是看了觉得好笑分享给其他人一起嘲笑。而现在读者动辄给作品扣上一顶沉沉的大帽子，其目的是想让作品下架。比如对标签的意义理解不同等于作者诈骗，是需要去工商局投诉的；比如改邪归正的故事不能写，因为刚连载到“邪”的部分，作品就会因为主角三观不正被举报下架，根本没机会写到“归正”。

如何在保证读者正常批评权利的同时，准确地识别并处理属于语言暴力的内容，以维护作者的生存环境，也是产品设计中的一个重要课题。目前业内还没有特别好的办法，AI也尚难以做到结合所评作品的内容去判断评论用意，可能为用户增加信用记录、结合评论里发言用户的信用记录与所表达的态度来判断，是比较好的办法。

（二）平台的对外品牌维护

平台对外品牌维护的一个原则就是尽量依靠用户口碑，少发官样文章通稿。

1. 优秀成绩展示

首先在产品设计上要尽量提供各种协助或提醒用户分享的便利工具，如"一键转发到微博"功能、"最近最爱的十本书简介拼图"的生成工具等。

针对读者型用户，宣传的方向是"我们这里有好文"；针对作者型用户，宣传的方向是"我们有好制度"。在产品设计上，能展示有好文的页面，比如"近期热播影视剧原著抢先读"，就要给用户提供便利的分享方式，甚至提供分享激励机制。能展示有好的作者制度的宣传也同理。

2. 谣言及时澄清

有损平台形象、歪曲事实真相的谣言一定要及时澄清，很多时候不澄清或澄清的范围力度不够，时间一长三人成虎，原本半信半疑的用户也信了，一直不肯信的用户见不到澄清，信任度也会直线下降。

谣言澄清的方式方法因其性质而异。不太严肃的问题，可以用搞笑视频来应对，严肃的问题，可以摆事实讲道理，再不行可以寻求法律途径。

网络文学平台特别容易被扣上的一个流毒甚广的谣言是

“某平台不管盗版，因为盗文网站就是他们开的，否则怎么也说不通。”这个谣言还有好多变体，比如“某平台不管盗版，因为盗文网站的流量能为他们带来名气，从而卖影视。”“某平台不管盗版，是因为盗文网站和他们达成了广告分享的协议，可以不用给作者稿费直接分钱。”等等。基于对现实中打击盗版难度的不理解，这个谣言可以随便扣到任何平台头上去，平台应提前预想解决措施。

3. 错误迅速道歉

平台出现任何制度错误、执行错误、严重技术错误等，都要立刻诚恳道歉，解释清楚原因，说明修正进度，以及未来如何避免重复出错的方案。道歉要及时，避免发酵；道歉要选对范围，控制在错误的影响范围内，避免道歉变通知，反而扩大了影响；道歉要诚恳，尽量少用模板公关稿，减少官样文案的疏离感。

4. 个性化形象的树立

找到一个契合平台的点，打造一个属于平台的拟人化人格特征，这是让新用户快速记住的好方法。围绕这个人格特征，设计能够充分展示该特征的标语、吉祥物，创作关联的故事。这些都可以有奖征集的方式来进一步扩大影响。基础元素定下来，在后续的宣传中，就要注意不断贴合、强调这些元素，使它们和平台紧密结合起来。

第三节　用户运营

一、本质与原则

一款产品的成功，无不有着深深的用户运营的痕迹。苹果公司的“果粉”、小米公司的“米粉”之类，都体现了用户对产品的热爱状态。

为什么有的产品就能拥有这样狂热的粉丝，有的就没有呢？明明品牌推广、粉丝聚会等活动也举办了不少，为什么用户还是没有那样的热情和凝聚力呢？

在《用户思维＋》这本书中，凯西·塞拉给出了一个颠覆性论调——很多人并不关心你的产品有多棒，他们只关心使用产品时的自己有多棒。凯西·塞拉提出，想让用户积极主动为产品价值的提升作贡献，就要让用户在这个过程中有获得感、成就感，让用户为自己喝彩，包括自己独具慧眼的选择。但是用户为什么要主动讨论和推荐你的产品呢？并不是你的产品有多好，而是他们使用了你的产品后变成了更好的自己。一个产品的成功，取决于那些使用了这个产品并成功了的用户。那些用户会展示自己的成果，容忍产品的问题，不断提出反馈，保持忠诚，欣赏并使用更高级的产品特性，宣传或说服他人使用产品，最终他们成为别人学习和羡慕的对象。至此，口碑营销成为强有力的事实营销。

通常意义上的用户运营，指的是“拉新、留存、促活、转化”这四大工作，但这其实是用户运营工作成果的外在数据化表现，是用于考核的指标。如果用与产品不相干、与内容不相干的手段来获取用户，大概率很难留下用户，更别说把用户转化为活跃用户、忠诚用户。因此，用户运营的本质不是为了用户，而是为了提升产品，是在把用户引流过来之后，如何更好地把用户与产品结合起来，使之相互促进，提升彼此的价值。

因此，用户运营的原则应该是：从产品研发设计开始，在产品的整个生命线的任意阶段都不忘时刻自问，我们的产品要怎么做才能给用户充分的获得感、成就感，帮助用户变成更好的自己？在此原则之上，我们从产品生命线的不同阶段来探讨用户介入的方式。

二、产品生命线不同阶段的用户介入

一款互联网平台类产品的生命线，考虑到迭代问题，往往是一个循环往复的过程：产品调研——产品设计——产品上线——产品推广——产品日常运行——产品升级再调研。

在这个过程中，用户并不一定会主动介入，毕竟消费者没事谁想给企业打白工呢。想把用户培养成“自来水”（不受企业雇佣，因为喜爱而自发给企业做宣传的人），从产品调研的环节起，就要去充分深挖用户的痛点和真实需求。当他知道有一款产品打算解决他的痛点，满足他的真实需求，他就会不自知地卷入协助你提升产品价值的链条中。

（一）产品调研阶段

产品调研期间的用户运营，就是要完全站在用户的视角看问题，把“我”变成“我们”，利用同理心，找到对方痛点，进而找到解决的方案。

具体到网络文学平台，在设计阅读相关功能时，产品设计的调研对象至少是个读者，最好是个深度读者用户，基本做到能自发使用绝大部分功能，并对其他平台的相关功能也熟悉掌握。在设计与作者相关的功能时，由于较难要求产品设计也是个作者，因此须要求建一个至少由50名活跃的不同收入层作者组成的产品调研群，收集意见，积极交流，了解意见背后的深层原因，同时给出初步解决方案，并与群里的作者探讨是否可行，是否存在着其他方面的隐患。这类群里的参与人员积极性最高的时段是初建的两周左右，前期积累的问题和情绪释放完之后，参与的积极性开始大幅下降。因此，为保证调研的及时有效，从建群开始，产品设计要写日总结与周总结，用以保证已充分利用了用户积极时段。

以上方式适用于已经成形的网络文学平台增加新功能时使用，如果是一个从零开始的初创平台，没有过去的错误可以吸取经验教训，也没有作者或读者资源可以拉群讨论改进意见，那就需要付出更多精力在调研上。首先要充分调研网络文学平台的已有功能，然后在社交媒体上、阅读写作相关的论坛上、短视频阅读相关频道里广泛搜索网络文学用户对各大平台的使用体验的吐槽，记录并分析用户痛点与背后的真实需求。

在找到用户痛点——分析真实需求——给出解决方案的三个步骤中，要注意避免踩入锚定效应的陷阱。有时候是用户对自己痛点背后的真实需求理解有误，有时候是用户痛点背后的真实需求与平台政策倾向相悖。

（二）产品设计阶段

产品设计阶段的用户运营，主要体现在用户共建上。已成形的网络文学平台会相对更有优势一些，尤其是自带论坛、社交媒体账号且经营较好的，日常就会收集到很多用户建议，且由于参与交流方便直接，效果最好。一个用户发帖建议后，还会有大量用户对该建议进行分析或优化。建议的正负向效果预测、用户持欢迎或反对态度的比例都能很直观地感受到。

我们总希望站在用户的视角看问题，但我们毕竟不是用户，有时是难以克服企业视角的。而自带论坛里的用户建议与分析，却是完完全全的真正的用户视角，是用户给予的珍贵馈赠。要有意识地培养并鼓励这种讨论的氛围，及时给予回应，无论是否采纳，都要对参与讨论的用户态度给予肯定。一旦建议被采纳并实现了，提建议的用户也会收获莫大的成就感。如果再建立一套荣誉制度，用户共建的效果会更好，用户的积极性也会更高。

一个平台的大量功能中，来自用户共建的比例越高，对于用户而言，他们玩“养成游戏”（一种“圆梦”的游戏，通常以培养子女长大成人，看他/她慢慢懂事、学习、工作、走向完美人生的结局为主要内容）般的快感与成就感就越高，就越容易有凝聚力，会对养成目标产生保护欲。当外界有谣言时，他们会积极辟谣；当有人抱怨功能不好用时，他们会努力科普；他们会为自己在平台建设中的贡献收获大量的成就感；产生一荣俱荣一损俱损的集体荣誉感。这就是“果粉”“米粉”的雏形。

（三）产品上线阶段

产品上线后最重要的事是产品效果的评测，这个阶段最关键的是要及时处理用户的反馈。

绝大多数网络文学平台在互联网各种应用里，算是小平台、轻平台。平台的运作模式简单、资产较轻，产品改动成本较小，试错成本较低。这种类型的应用，企业宜采取小步快跑的策略，在开发上选择“极限编程”模式，减少冗长的前期评估、完整的产品设计和过细的内部测试，提高产品改进速度，更有利于市场竞争。而这就要更加倚重用户的反馈。

产品初上线较宜使用AB测试法[是为web或App界面或流程制作两个（A/B）或多个（A/B/n）版本，在同一时间维度，分别让组成成分相同（相似）的访客群组（目标人群）随机地访问这些版本，收集各群组的用户体验数据和业务数据，最后分析、评估出最好版本，正式采用]，随机抽取一定比例的足量用户展示新功能，利用海量用户的使用和报错来代替过细的内部测试，毕竟用户数量几十上百万，效率要比内部几个十几个测试员高得多，同时用产品上线后的效果评估来代替一部分前期评估以提高效率。面对产品实际效果的用户评测，其意义远远大于前期评估。万一用户反馈不好，可以随时下线整改，毕竟“船小好调头”，相对于提高的效率来讲，损失量小且可控。

因此，这一阶段，用户反馈至关重要，一定要及时收集，及时处理，把损失降到最低。

（四）产品推广阶段

产品推广手段多种多样，基于内容的推广已经在第一节详述，基于平台的推广在第二节论述过，这里我们来探讨基于用户的推广。当前的主要推广方式有以下几种：

1. 新用户福利

新用户福利是指对于第一次注册的用户，提供额外的福利，包括现金奖励、实物奖励、平台制度性福利等。获奖方式有注册就送、抽奖、集碎片等。当然套路也很多，往往不会直接给奖励，如果是直接给的，大体是非常微小的奖励如几分钱。抽奖奖品池看似很诱人，从几块钱现金到上万元的手机都有，但绝大多数人只能抽到那几块钱，往往还不是真给，而是送一个互联网金融产品或保险产品的代金券。集碎片套路更多，一个手机用十个碎片换，使用一天产品就给一个碎片，但到了第十天，一天给十分之一个，到了第二十天，一天给百分之一个，无限分裂，永远没有集齐的机会。

新用户福利这种推广手段，单独使用没有意义，必须伴随其他引流手段一起实施。先把新用户引流至福利页面，再用福利诱惑用户使用产品一定天数，以提高用户留存率。这种手段因为几乎没有真金白银的付出，本身成本很低，初期引流和留存的数据都很好，但这个手段的前置引流手段成本非常高，后续当用户明白这只是个把戏，永远拿不到那个奖励时，就会气愤地离去，很难再回来。这种手段可能适用于买卖电商类平台，他们和用户的联系是一个个独立的订单，而网络文学出版单位是一个需要和用户长期相处的平台，尽量不要使用这种会破坏形象的推广手段。

2. 用户拉新激励

用户拉新激励方式的目标是鼓励老用户向新用户进行宣传推广，并且按成果给老用户以奖励。这种方式不需要依赖其他引流手段，可以单独使用，使用较为普遍，引流和留存的数据因产品不同而不同。这种方式曾经是游戏的重要拉新手段，很多老用户成了专门的推广员，足以靠发展新用户的奖励来维持日常生活。但是游戏类平台 ARPU 值很高，其拉新奖励可以设置得较高，对老用户有吸引力。网络文学出版单位做的是千字几分钱的小生意，ARPU 值才十几块，能拿出来分给老用户的钱必定没有那么高吸引力，但是却特别容易招来羊毛党(指专业薅羊毛的用户。薅羊毛，源于 1999 年央视春晚小品《昨天·今天·明天》，指利用规则漏洞或者通过钻研规则，在规则之内获取一些小利益，俗称占便宜。羊毛党便是对薅羊毛用户的戏称)。

普通老用户用宣传的方式拉新需要费力说服对方，效率很低，成功率也很低，但是羊毛党已经职业化了的今天，技术手段也很难查出数据造假，比如批量注册 1 000 个号都说是自己推荐来的，就可以瞬间拿走 1 000 份拉新奖励，而给花钱的企业只留下 1 000 个存在数据库里占空间却永远不会消费的垃圾账号。如何区分拉来的新用户的真实性，是一场道高一尺魔高一丈的攻防战。防刷的手段在提高，造假的手段也在提高，目前还没有企业能够精准有效地找出所有羊毛党。

3. 积分换奖励

积分换奖励是指平台设置一系列的任务，通常是浏览几个页面、看几个广告、使用几次某个功能等非常简单就能实现的任务，每完成一项任务系统就给一定数量的积分，积分积累到一定额度，可以用来兑换奖励，通常是现金或该平台的代币。

这种手段的主要目的在于让用户熟悉平台的功能、向用户介绍新增业务、提高用户的留存和活力。由于奖励不高，且获取比较繁琐，因此不受羊毛党重视，数据水分较低，用户留存和活跃数据的表现也还不错，但缺点在于几乎没有引流的作用，算是一个锦上添花的手段。如果想引流，就要提高积分能兑换的现金数额，羊毛党就会卷土重来，但成本也会立刻飙升。

4. 裂变营销

“裂变”在营销领域是个新词，但基本上是原本“病毒式营销”的时髦叫法。很多通过人际关系一传十、十传百的传播方式，都可以称之为裂变。我们这里讲的“裂变”，主要是指当下比较流行的各种受到利益的驱使，不强制，但无法抗拒诱惑而主动加入传播的裂变方式。代表性活动就是拼多多的帮忙“砍一刀”的玩法。

用户可以以原价购买，但“砍一刀”后的优惠力度很大，无法抗拒诱惑的用户主动把这个活动分享给自己的亲朋好友。亲朋好友碍于面子或感到好奇，纷纷加入帮忙“砍一刀”，甚至自己也被优惠吸引，发起了属于自己的“砍一刀”活动。

还有一些外卖平台、生鲜平台做的“分享得红包”的活动，也属于裂变营销。在这些平台完成一笔交易后，系统会跳出“给你大额红包”的界面，但点击会告诉你转发活动到群里，有五个人参加，才会给你这个红包。你可以不要这个红包，不影响刚才完成的交易，但往往受到诱惑转发了。

裂变营销的传播对象是亲朋好友，这种人际关系是一种长期有效可重复利用的优良关系，不会因此得罪熟人，一般不会“砍”到最后一无所得。再加上优惠幅度自主设定，因而成本可控，所以在大部分时候，它的优惠是真实且颇具吸引力的，具有非常好的引流效果，并不像新用户福利那种更可能竹篮打水的模式会严重败坏口碑，是可以长期使用的引流手段。但不要为了提高引流效果，设置优惠幅度超大、成本难以覆盖的不理智活动。

一般而言，裂变营销更适合电子商务类业务，这类业务客单价较高，且由于商品价格没有明确上限，进行优惠打折活动时让利空间较大，客户感受明显，活动效果较好。但网络文学平台的客单价极低，且定价明确，让利空间极小，因此不能生搬硬套，要找到更适合的利诱模式再期裂变。

5. 种子用户

种子用户的概念是从目标用户群里先选一批符合条件、有粉丝基础的优秀用户对产品进行内测、试用，让他们把业务流程先走一遍，进行示范。这期间网友只能围观，不能参与。当他们贡献了足够多的精彩内容，把业务的可取之处表现得淋漓尽致后，平台再对全体观众开放，早被吊足胃口的公众就会加入得特别有激情。

种子用户选取对了，用户的示范效果好，宣传引流的效果就会特别好，但万一种子用户没选对，给用户进行了错误的示范，活动就翻车了。因此需要提前做好种子用户的调研工作。

6. 用户分享

用户分享是指平台提供方便的分享功能，设置一些特殊的节点作为分享契机，比如用户等级提升了、年终盘点这一年的平台成绩等，不需要设置奖励，由于这些信息饱含荣誉感和成就感，因此用户会非常积极主动地分享出去。

用户分享与利诱裂变的区别就在于有没有利益的诱惑。用户分享不存在优惠折扣红包这些元素，因此成本为零，宣传推广非常便宜，但同时，没有利益的诱惑对于分享信息的接收者来说，其参与的积极性也会下降，因此用户分享在推广方面的作用主要是增加品牌露出次数，慢慢在潜移默化中增加影响力，对于引流的作用不是立竿见影的。可以作为常规功能持续提供，不适合当作冲 KPI 的活动。

7. 用户口碑

用户口碑是指,没有任何利益的诱惑,同时也不需要借助分享功能的提醒和刺激,用户单纯因为喜欢而给平台作不求回报的推广。对于平台而言,这是零成本没有任何代价的最优秀推广,同时也是要求最高、最难企及的推广,它要求用户对产品有足够的喜爱。如何达到这一点呢? 回顾前文所讲,产品要足够优秀,同时,产品也要让用户变得更优秀。

三、产品日常运行:用户体系

(一)产品如何帮助用户变得更好

产品日常运行的过程,就是用户使用产品的过程。具体到网络文学平台,就是作者在这个平台上创作、销售、获得收入和知名度的过程;就是读者在这个平台上阅读、放松心情、从作品中感受美好、汲取力量的过程。

作者的成功,离不开平台合理的作品成长机制、离不开编辑对内容的运营工作、离不开平台的流量增长策略,离不开读者的鼓励与热爱,种种因素加在一起,造就了作者的成功,也体现了平台的价值。

读者的成功,主要体现在助力喜爱的作者不断成长,助力平台优化建设,贡献出色的功能创意惠及同好,并在这个付出的过程中,感受到自己的价值。

(二)用户荣誉体系的作用

日常运营中,不是每个用户都能获得创作上的成功,不是每个用户都能提出优秀的改进建议,如何让这些用户也有获得感、成就感？建立一整套用户荣誉体系，让用户清晰掌握自己的每一步成长，同样也会带来成就感。“创作的第一本书”“得到的第一个评价”“收获的第一笔稿费”“终于可以养活自己啦！”“我出版啦！”“支持正版一个月啦！”“第一次当土豪”“读万卷书成就达成！”……一个个荣誉勋章，标志着人生的每一次进步。未点亮的勋章，给用户以示范和引导；已点亮的勋章，是用户的成就展示。在为普通用户提供成就感上，用户体系的作用很大。

第四节　版 权 运 营

一、概念及特点

（一）概念

版权，又叫著作权，是在著作权法规定范围内的文学、艺术和科学领域内具有独创性并能以一定形式表现的智力成果所天然拥有的人身权和财产权的总和。

人身权包括发表权、署名权、修改权和保护作品完整权。财产权是指著作权人对作品的使用权和获得报酬权。其中，使用权指以各种方式使用作品的权利，是著作权人的一项主要财产权利，包括复制权、发行权、出租权、展览权、表演权、放映权、广播权、信息网络传播权、摄制权、改编权、翻译权、汇编权和应当由著作权人享有的其他权利等；获得报酬权指转让使用权或者许可他人使用而获得报酬的权利。

著作权中的人身权和著作权人有密切关系，具有人身属性，只能专属于著作权人，不得让与，也不得出质；只有著作权中的财产权才可以转让，可以作为权利质权的标的。

狭义上的版权运营，主要是指针对著作财产权的，以促进版权变现、财产增值为目的一系列估值、推广、销售、开发的工作之和。

广义上的版权运营，则有更丰富内涵与外延，同时涉及了人身权和财产权的相关特性，是指从源头的作品挖掘、作者培养、版权登记、版权确权，到版权形式的创新、推广、版权内容的销售、开发、产品化，以及后续的版权分发、衍生制作、监督维权、品牌打造等一系列环节，以版权的资产化为纽带，以版权价值开发和增值为主线，在产业经营实践中逐步形成的一个相互支持、彼此渗透、相互协同的版权业务链条。

（二）特点

网络文学版权运营具有以下五个特点：

1. 形式多样

版权的许可使用类型极其丰富，常见的授权类型有信息网络传播权、出版许可权、影视/动漫/游戏/广播剧改编权、有声书录制播放权、文创产品许可权、主题店铺形象使用权、实景娱乐冠名权等等；有许可费用高昂的如影视改编权售价上至几千万上亿元，也有满足简单需求的如电子书封面在线使用权只要十元八元。这就给运营工作提供了海量的可能性，知名 IP 有知名 IP 的运营模式，小众 IP 有小众 IP 的收入渠道。

2. 无限拆分

版权的类型不但丰富，而且通过合同的约定，还可以在时间、空间等不同维度上进行更详细的授权拆分。比如约定只授权中国大陆的出版权，想在中国香港地区出版价格则需要另算。比如约定只授权翻译成英语在加拿大发行，想翻译成法语费用则需要另付。再比如约定只授权非商用做成礼物给老客户回馈，那么便不可以用作商用营利也不可以送不是老客户的人群。通过合同的约定，一种常见的版权，通过不同条件的限制，可以拆成很多份分别销售，极大地提升了版权价值。这也是版权运营工作的成就感所在，只要想象力够丰富，就可以不断创造可能性。

3. 持续裂变

除了靠增加售卖类型和拆分售卖条件来增加版权价值外，版权运营工作还需要与时俱进的敏锐眼光，捕捉新的商业模式，更需要专业的法律知识和严谨的遣词造句来避免未来的损失。

一种新的版权授权类型，其实对应的是一种新的商业模式。比如小说版权一般可以卖动画和漫画，但最近一种介于两者之间的动态漫画被开发出来了，又多出一种版权来。再比如小说还可以授权有声书和广播剧，而最近的一种多人朗读有声书，又是介于两者之间的新模式。如果没有注意到这些最新动态，就不会主动拆分出某个授权用作单独销售。值得注意的是，如果前期的合同条件约定不好，等某个商业模式冒出来后，经常会发现已经在早前的合同里授权了，只能叹息后悔。

互联网进入中国不久，电子书的概念开始出现，并慢慢有了单独的经济价值，一些电子图书馆类企业开始收购电子书。但很多作家发现，原来在没有电子书的年代，自己作品的电子版权已经在出版合同里授予了出版社。因此当时的一大轮版权交易，基本没有作家们什么事，都是出版社的生意。只有少数作者因为合同规定得好，电子版权仍保留在了自己手里。

4. 多次利用

版权神奇的地方在于，把它放在那不用管，它就会跟随着科技进步、人类商业模式的不断创新而自我裂变，越长越多，收益范围会越来越大，但这只需要付出一次的生产成本，可谓低碳环保的绿色产业。而且同为知识产权家族里的一员，相比专利权需要申请，且只有 10～20 年保护期，商标权需要每 10 年申请一次续期，版权无须申请，天然取得，保护期长达作者终生以及去世后的50年，其投入产出比在知识产权家族中属于绝对的佼佼者。

5. 叠加效应

版权虽然可以裂变得越来越多，卖给很多不同角色的买家，但这不是零和游戏，不是A和B各买了一种版权，A的产品做好了，B的产品就卖不掉了。恰恰相反，无论有多少个买家，买走多少种授权类型，无论授权被分得多细，其中任意一个买家的产品做好了，都会提高版权的价值，而这增值的利好会辐射到每一个买家，让他们手里的版权同步增值，产生1＋1＞2的叠加效应。

（三）网络文学版权运营的特殊性

一是与传统文学相比具有先验性。网络文学率先发表在网上，当它开始出售各种改编权时，已经积累了足够多的经验数据可供参考。它的优点、缺点都已经被读者充分讨论。这相当于在开展一个项目之前，请了一个10万人的评估团队做前期调研，因此买方的出版、改编风险相对于传统文学作品要小很多。

二是与其他类型作品相比可授权类型更丰富。目前大多数网络文学作品是长篇故事性的作品，因此情节、元素非常丰富，可以发散开来的点也就异常的多。这使得与非文字内容类版权作品相比，比如音乐、图片，文字内容类的裂变程度明显较高。

二、发展历程

（一）网络文学早期的版权运营（2004年以前）

网络文学刚刚诞生时期，市场价值还没有体现出来，网络写作被认为是低门槛的发表,“因为不够出版资格才来写网文”是对网络文学版权价值的最初认识。但作者们自得其乐,创作不受约束,各种题材、各种篇幅,天马行空,“我手写我心”。当时,尚没有网络文学平台这个概念,写手们零散而自由地分布在天涯、新浪等各种大型综合性网站的文学板块,凭兴趣写作。

但是这个状态维持得不久,因为只要作品一旦有了比较火爆的情形,势必引起市场的反应,试图开发其商业价值。比如那些发表在论坛上而出名的作品,如《第一次的亲密接触》《明朝那些事儿》《悟空传》等等,出版商甚至导演就会寻找过来,进行商业开发。这也是版权运营和网络文学的第一次亲密接触。

但这个时期,对网络文学的版权开发具有中大奖式的偶然性,只有多年难遇的大爆款,才有可能获得这个机会。这种情况下,无所谓版权运营工作。

(二)网络文学版权运营的萌芽阶段(2004—2015年)

在这一阶段,国内的网络文学平台渐渐成形,论坛式的网文写作式微。那些处于金字塔顶端、特别受欢迎的网络文学作品开始被市场认同,作者们也认定网络文学作品写出来以后,唯一可以获得收入的方式就是出版,其他形式基本不去考虑。而且在社会认同上,实体出版也代表了更高程度的文学水准。这两点导致当时绝大多数网络文学作者的写作目的发生了根本性改变,作者逐渐将“我手写我心”的创作初心向出版方向靠拢。

写作选题方面不再像早期阶段那样天马行空,作者们开始有意识地选择容易出版的类型,比如言情、玄幻这种广受出版社欢迎的题材,而作品体量也开始有意识地向出版化的方向靠拢,较多写到10万或30万这样的字数,如《泡沫之夏》《何以笙箫默》《梦回大清》等。

这一时期出版仍然是文学爱好者的最高梦想，但认清了机会的稀少后，恰逢VIP阅读模式的到来，版权运营的重点改为电子收费阅读。随着互联网的普及，上网人数的暴增，也给网络文学带来了巨大的人气，专家意见的重要性在不断下降，读者实打实的点击、评论、付费等行为而形成的意见，其重要性被提到了前所未有的境地。

由这些读者数据所决定的网络文学平台的排行榜，对于作品无论是电子阅读收入还是出版的可能性，都起到越来越重要的作用。除了平台自身的电子收费阅读外，版权运营的重点除了出版外，另一方面还有电子阅读的第三方渠道优化工作。

（三）IP的兴起、升温与冷却（2015—2018年）

在IP热之前由网络文学改编的电视剧，有如下作品：

2001年，痞子蔡的《第一次的亲密接触》、筱禾的《蓝宇》上映；

2005年，都梁的《亮剑》上映；

2008年，明晓溪的《会有天使替我爱你》上映；

2010年，明晓溪的《泡沫之夏》、瞬间倾城的《美人心计》、匪我思存的《来不及说我爱你》《佳期如梦》上映；

2011年，流潋紫的《甄嬛传》、桐华的《步步惊心》上映；

2012年，文雨的《搜索》上映；

2013年，辛夷坞的《致青春》上映；

2014年，顾漫的《杉杉来了》、却却的《战长沙》上映；

2015年，明晓溪的《明若晓溪》、顾漫的《何以笙箫默》、zhuzhu6p的《长大》、Fresh果果的《花千骨》、南派三叔的《盗墓笔记》、天下霸唱的《鬼吹灯》、海宴的《琅琊榜》、沐轶的《纳妾记》、尼罗的《无心法师》上映。

可以看出，2008 年是网络文学影视改编的分水岭，在此之前，虽然也有网文被改编，但那是因为“它是一个好故事”只是“碰巧也是篇网文”，而 2008 年之后，能够明显感受到市场开始有意识地选择网文去改编，并且频率越来越高。

2015 年是网络文学影视改编的大爆发元年，也是 IP 的概念开始风靡的起点。大量的网文改编作品上映，并且其中很多都取得了巨大的成功。这给了市场很大信心，但其实也是很大的误导。当时投资方觉得自己找到了财富密码，IP＋流量明星＝成功。一时间，网络文学近二十年积累下来的作品，稍微有点名气的，都遭到了哄抢。

经过不到两年的抢购、囤积、开发，2017 年 IP 剧大量上映，却没有出现现象级作品，尤其是《欢乐颂 2》《鬼吹灯 2》《无心法师 2》这几部前作表现优秀的，全都乏善可陈。唯一热度不错的《三生三世十里桃花》，也在冲击大银幕时折戟沉沙。这个沉重的打击令市场始料未及。理想很丰满：是《变形金刚》能拍到第 5 部，是《速度与激情》能拍到第 8 部，是漫威宇宙能拍二十几部票房依然能打。但现实很骨感：是连第 2 部都可能赔钱，是连续剧爆了都可能带不动电影，更别提建立中国版的某某宇宙。本来就不对的财富密码失效了，板子却打在了 IP 身上。

2018 年下半年开始，影视行业进入寒冬，迅速崛起的 IP 概念也在不到三年的时间里，迅速滑落凡尘，彻底冷却。

作为分水岭的 2008 年之前，影视改编权的许可费用还是非常低廉的，十几万的不在少数，最头部的作品也就 100 多万。到了 2015 年，IP 爆火极大地提高了影视改编许可费，基本没有低于 100 万的许可费，头部作品甚至上千万，极个别顶级 IP 许可费高达上亿。时至今日，虽然市场冷却，报价回落，但也不太可能跌回 2008 年的水准了。

（四）当前形势下的版权运营状态（2018 年至今）

在 IP 风口的这几年，各大网络文学平台纷纷组建或加强了自己的版权运营队伍，极大地造就和锻炼出一批专业人才。如今风口结束，收入大降，给了各家版权运营队伍巨大的压力。但压力也是动力，为了抹平收入的巨大落差，运营团队都在努力扩展版权授权的种类和模式，希望绕过影视寒冬，在其他授权业务上打破僵局。

相应地，市场也不会在影视寒冬里坐以待毙，投资者们也在物色新的投资对象。广播剧、动漫、实景娱乐等等都在影视寒冬里迅速成长。同时，也正是在这几年，很多网络文学平台布局海外，着眼文化输出。有新建外语平台，大量翻译中文优秀作品，也有打通出版渠道，把国内销量领先的图书推广到海外并且销售成绩出众的。同时，仍有一些影视改编海外授权的作品还在谈判和努力中。

历史的车轮是不断向前的，人类社会是螺旋上升的。市场的力量虽然经常在资源配置上会冲动犯错，但是它也有巨大的纠错能力。只要秉承着党中央对文艺工作的指导精神，无论一时有多少困难，也总能克服，一路向上向前。

三、主要形式

（一）纸质图书出版

图书出版是指书籍、地图、年画、图片、画册，以及含有文字、图画内容的年历、月历、日历，以及由新闻出版署认定的其他内容载体形式的编辑，并通过印刷发行向社会出售的活动，或者说，是指依照国家有关法规设立的图书出版法人实体的出版活动。

网络文学图书版权运营就是将在网络上发表的作品以实体图书等形式向社会出版发行，最早的网络文学版权运营就是从网文实体图书出版开始的。以晋江为例，2003 年开始与国内出版方建立合作，陆续签约授权简体中文图书出版，并于 2011 年正式开启了国外版权输出。

在网络文学图书版权运营的实际操作中，授权形式上为图书，内容上多为小说。授权范围上多为中国大陆及港澳台地区，但随着网络文学的发展，并响应政府“走出去”的政策，已经陆续向海外国家及地区进行图书版权的输出。授权的语言种类也不再仅限于中文或英文，而是会根据授权的国家或地区来授权翻译的语言种类。通过多年的不断摸索，在向海外授权图书版权时会对授权的地区、翻译语种进行明确约定。这样一部作品在同一个国家或地区，也可以多次授权不同翻译语种的图书。即使一部作品仅翻译为英文，也可以同时授权给不同的国家和地区。

目前网络文学授权出版的合作模式，基本上是平台直接或通过文化公司等第三方渠道再同出版社建立合作，通过作品选题推荐(网络文学作品受欢迎程度反馈非常及时且直观)，再经过各方确定条件后，达成合作意向，在签订图书出版合同后进行后续的图书出版基本流程。

(二) 电视剧/网络剧(微短剧)改编

随着中国互联网的飞速发展，数字化阅读模式逐渐被大众熟知并广泛运用，由此衍生出的颇具人气的网络文学作品开始被影视制作公司关注，如 Fresh 果果创作的《花千骨》，古装仙侠题材加上网络文学独有的故事节奏，播出后得到一致好评。

从网络文学平台签约影视改编权，跳出传统影视制作固有模式，与网络文学里程碑式的创新合作，让网络文学改编从小众审美走进了大众视野。互联网娱乐的逐渐壮大，不仅是年轻用户群体、整个大众消费都开始转向网络为主的平台，网络剧便是传统媒体转向互联网时代所产生的新一代影视类别，即通过真人演员演绎，仅在视频网站上公开播放每集不少于 30 分钟的连续剧。

网络文学网站内容更迭快速，其独有的推送机制能更加清晰地了解当下年轻观众群体的喜好，及时掌握创新动态并向影视制作公司推荐作品及签约，使影视制作公司有了更多的选择，也缩短了前期创作周期，这种合作模式已经逐渐成熟并成为主流。网络剧改编授权可以作为单独一项类别被签约，通常改编授权年限以 5 年为准，签约价格受作品类别、影视制作公司规模等因素影响从几十万至上千万不等。为了保证市场的良性循环，防止影视公司“囤 IP”，大部分作品会被要求 3 年内开机。

同时，凭借着体量轻、节奏快、市场短、“爽”点多等特点，微短剧以其蓬勃的发展功能，成为网络文学生态中不可忽视的一股新生力量。越来越多的网络文学作品成为微短剧创作改编的富矿，两者的融合创新发展，收获了大量爆款作品和用户。相比传统的长视频内容，微短剧在变现上更加符合广告商渴望在短期内高效转化的需求，越来越多的网络文学企业和视频平台等相继涌入微短剧市场。根据中国作家协会网络文学中心发布的《2023 中国网络文学蓝皮书》，2023 年，微短剧井喷式增长，上线微短剧超 1 400 部，备案近 3 000 部，年度市场规模达 370 多亿元，同比增长约 268%。年新增微短剧改编授权 800 部左右，同比增长 46%，微短剧成为网络文学行业发展新赛道。

（三）电影/网络电影/动漫电影改编

随着网络剧的迅速崛起，间接带动了其他影视类别的改编热潮，甚至衍生出了新的影视类别。影视已经跳出传统行业定义，分离细化成为电视剧、电影、网络剧、网络电影、动漫电影等。其中电影与动漫电影签约模式类似，即通过真人演员/虚拟角色演绎，仅在院线公开播放的视听作品。网络电影则与网络剧类似，主要依托互联网平台传播。

目前电影、网络电影、动漫电影的改编授权时间基本与网络剧相同，授权范围多为中国大陆，偶有含中国港澳台地区。在版权运营价格上，电影、网络电影、动漫电影的价格亦由制作公司及网络文学网站根据内容及当下形势发展判断，以 5 年为例，分为几十万到上百万不等。

传统模式下，电影类作品多为后期分成付费模式，而网络文学版权运营模式中，电影类作品的版权付费模式主要为一次性定期独家授权。又因网络文学作品的特殊性，需要原创作者保证其著作权的合法唯一性，而制作公司也需要保证一切改编以尊重原创作者的作品为底线，否则即为违约。

目前，市场逐渐规模化，内容与市场的供需比例达到了一种平衡，网络文学版权运营已不再只是维护某一环节的利益。随着全球网络改编市场的发展壮大，像网络剧一样，电影、网络电影、动漫电影的改编合作逐渐敞开国门，面向欧美及日韩的授权也在逐年增加。

网络文学有其特殊性，它们自带一批读者流量，改编后又会新增一批观众，他们不受地域限制，当这些影响力汇聚在一起形成了一种强大的凝聚力，回馈市场的，就不仅仅是消费，更是能够带动多个产业领域，形成大规模的良性循环。

（四）网络游戏出版

网络游戏是指通过计算机网络、移动通信网等网络提供的游戏产品和服务。中国的网络游戏数不胜数。从目前市场上网络游戏题材分布来说，玄幻、仙侠及武侠类型的题材居多，以独有的中国神话背景和历史背景所衍生出来的各种不同类型的游戏占据主要市场。

2007 年公测、根据 IP 小说所改编的网络游戏《诛仙》，想必是大家最熟知的，当年这本小说本身就极具人气，小说原本火爆的人气让完美世界游戏公司看到了潜在的商机，快速下手以刚过百万的价格拿下了游戏的改编权，才有了当年惊艳读者轰动一时的经典游戏《诛仙》。不过由于种种原因，这款游戏在火爆了一段时间以后也成了昙花一现。

对比以往一锤子的买卖，现在的合作模式更为丰富。在双方都认可的情况下，前期支付作者版权金，游戏上市时再根据游戏实际的销售额度给原著作者一定的比例分成来进行合作，在有限的年限授权时间内原著的利益和改编作品的利益密不可分。也会有一些小 IP 选择入股分红的情况，这种也是市场上比较流行的一种合作方式，原著出版权，对方出技术。但是这种情况也很有可能会让原著血本无归，毕竟在没有成本的情况下，对方不一定会将主要精力分摊在你的作品上，转化时间更久是常有的事情，这类合作就要更加注重合同条款的约定，避免后续出现纠纷。

还有一种需要注意，早期因条款约定不完全被钻漏洞的情况。例如，古龙的作品《楚留香》在和网易公司签署了游戏版权后改编了同名手游，在版权到期以后因为无法达成续约，按惯例应该停止运营。但网易将原本的游戏改名为《一梦江湖》，将游戏中关于原著的剧情和人物也纷纷改名后继续运营。这种情况就引起了争议。这样做是否就能完全和原著割裂呢？毕竟原本在游戏改编初期，大部分的玩家均是被根据原著改编的这个噱头吸引才来玩游戏，其中游戏建模的原型也是以小说描述为主建立的，单单只是修改了剧情走向和人物名称就真的不侵权了吗？

（五）动漫制作

动漫是一个合成词，指动画和漫画的集合，是两种不同艺术表现形式的概括性表述。动画是集合了绘画、电影、数字媒体、摄影、音乐、文学等于一身的艺术表现形式。不论拍摄对象是什么，只要拍摄是采用逐格方式，观看时连续播放形成了活动影像，就是动画。漫画是用简单而夸张的手法来描绘生活或时事的图画。

世界范围内，美国、日本一直是动漫产业的领头羊，中国动漫起步较晚，但发展迅速，《2017—2021 年全球及中国动漫行业研究报告》显示，2020 年，我国动漫产业产值已经突破 2 000 亿元。另据中国新闻出版研究院发布的《2022—2023 年中国数字出版产业年度报告》，2022 年，我国数字出版产业总收入达到 13 586.99 亿元，其中网络动漫 330.94 亿元。“漫画”二字起源于中国北宋，文艺复兴时期西洋漫画逐渐兴起，16 世纪被引入日本后发展为有独特东洋绘画风格的漫画，遂发展为影响亚洲地区的庞大产业；中国漫画的兴起在 19 世纪末 20 世纪初，而近年来国漫亦受日漫风格影响较多。

目前美式动画引领着世界动画的潮流和发展方向，以剧情为主，雅俗共赏，符合大多数人的口味，有着较为完善的产业模式且善于产出动画明星；日式动画题材上更偏向非现实、超现实内容，并保留着传统的手工绘制方法，值得一提的是日式动画多来源于日式漫画的改编，两者的联动也是日本动漫发展迅速、受众广泛的主要原因；而中国动画在创作上始终致力于坚持本国特色和民族绘画传统，如中国木偶动画、剪纸动画、水墨动画等，内容上更注重寓教于乐这个特点，不流俗、不肤浅。

在我国，随着时代的发展、技术的完善、相关人才的涌现，动漫产业已经有了一套较为完整的运作模式，文学作品、漫画、动画的三方联动亦能发挥出最大的作用和效果，故而和网络文学的多元结合也是动漫发展现在及未来的发展趋势。近年来我国也实现了动漫作品的海外输出，如《罗小黑战记》《哪吒之魔童降世》《天官赐福》《全职高手》等动画均在海外上映播出，精良的制作、符合大众审美的画风、跌宕起伏的剧情均是吸引海外观众的特征，也让海外观众对中国风及中国传统文化有了更大兴趣，实现了文化输出的更多可能性。

（六）有声书出版

在互联网发展起来之前，有声书主要是以儿童启蒙读物、青少年教材、小说和评书相声为主，载体主要是磁带、CD 或者 MP3 等。现在随着智能手机、车载收听设备甚至耳机设备的发展，有声书也在迅速崛起，它的取材范围随着大众的需求变得越来越广，而发展得更早的网络文学就正好为有声书提供了丰富的内容。

由高人气的网络小说改编的有声书可以带动有声平台的崛起，增加流量和收入，甚至输出海外地区。比如《魔道祖师》改编的广播剧在国内反响非常好，后来也改成了日文广播剧，由铃木达央、日野聪、绿川光等日本著名声优配音。

网络文学的有声书版权，主要是有声读物和广播剧两种版权形式。前者指以语言、音乐和音响等听觉手段，通过机械录制单人或多人配音演员朗读授权作品的声音而形成的音频形式。后者是指以语言、音乐和音响等听觉手段，配音演员通过声音演出授权作品内的角色并通过纯音频录制的声音戏剧电子表现形式。

有声读物更接近于网络小说本身，虽然现在市场上有声读物有些采用多人录制，更加精品化，但在版权运营的时候还是要更注重原著的选择。在连载期间表现比较好的网络小说，特别是其中篇幅较长的作品，录制而成的有声读物往往也更受听众喜爱，甚至让听众产生追文更新一样的迫切情绪。此外，偏恐怖或者悬念颇多的网络小说，也吸引了相当一部分听众。

而广播剧由于有改编的因素，除了原著小说本身的人气外，其改编效果也受到剧本、配音人选、导演及后期制作的影响。在出售广播剧版权的时候，也要更多地了解对方的制作团队。小说的内容选择也要考虑是否适合改编演绎，比如有时小说篇幅过长反而不利于改编。

现在网络小说的有声书呈现，主要还是以真人录制或演绎为主。但是网络文学是一个非常大的体量，随着技术的发展，真人有声书会不会被更高效的自动发声智能语音系统逐步取代，也是我们未来需要重点关注的方向。

（七）周边衍生品生产

“周边”这个说法在日本、欧美使用率比较高，一般根据动漫或者游戏作为载体，根据内容或者元素所衍生出来的、具有代表性的实体或者非实体产品，如主角人物的形象娃娃、挂件、立牌，主角人物游戏皮肤，等等。

利用IP知名度发挥IP最大价值和影响力从而将经济最大化的运营案例，最为典型的就是迪士尼。早在迪士尼创建不久的时候，他们已经意识到了形象使用权是一个巨大的商机，从1923年迪士尼公司创建以来，在周边衍生变现收入可用几十亿美元的表述来计算。时至今日，迪士尼的人物形象深受年轻人喜爱，除了本身自己创造周边产品以外，迪士尼也可被称为最大的IP授权商。我们能在国内各种产品中见到迪士尼人物的身影，服装、箱包、化妆品、玩偶等等。当产品使用了IP形象以后，价格会比原本的销售价格提高3～10倍，这就是IP所附加在产品上的衍生价值。

如今的国内市场大多把眼光放在头部IP身上，可以是知名的小说、热门的国漫、原创的游戏等。且头部大IP大多在平台和TOP级别的大公司手中，依托他们手中独有的市场优势、流量以及资源加持等多方宣传，能够快速被大众所认识和接受。

目前市场上改编量最大的广播剧不仅仅满足于中国市场，很多已经远销海外。中国的广播剧进行改编出海时，一般都会配上周边产品一起销售，也更符合当地市场，类似于“普通版”和“豪华版”的差别，往往能提升消费者的购买欲，销售额明显增高。其次是动漫改编，在动漫播放累积到一定的人气以后，衍生品逐渐上市跟上脚步，能快速地推动一波新的追剧热潮，给 IP 带来经济的良性循环。

（八）文旅及其他产业

随着网络文学版权运营的深化发展，网络文学市场正在逐步衍生出新的产业链及市场化模式。多产业形式不断融合，多种形式并行发展，文化与文化的交叉，成为现在的新趋势。网络文学为文化创意产业不断提供思路和内容，细分市场不断增多，从而形成新的产业生态链条，拓宽了版权运营的模式。

一部优质 IP 资源往往可以通过一部成功的影视或动漫作品打造多个产业同步发展，如主题乐园（环球影城、迪士尼等主题乐园极大程度地代表了优质 IP 资源可以带来的经济效益）、剧本杀（近期热门兴起的产业，许多热门的 IP 被剧本杀引用版权，形成了供消费者深度体验的新兴产业）、主题咖啡或甜品店（多以动漫、有声广播剧作品衍生而来，如《默读》主题咖啡店、《破云》主题咖啡店等）、漫展（IP 主题活动区域、售卖衍生产品等），甚至在其他非传统 IP 改编商品产业模式也产生了巨大的商业价值。如与服装品牌开发联名服饰（《哈利·波特》系列、《舒克与贝塔》等）、与食品餐饮行业开发联名食物（《魔道祖师》动画与可爱多的冠名形象甜筒、《全球高考》《伪装学渣》与肯德基线下主题店的限时联名相关食物等），甚至在美妆界也逐步开发了崭新的合作模式（如《魔道祖师》与国潮品牌美康粉黛联名的美妆品牌）。值得一提的是，网络文学 IP 转化的衍生版权不仅有商业价值，在公益活动、非物质文化遗产的发扬中也起到了积极作用（如《魔道祖师》动画与灵山慈善基金会及非物质文化遗产手艺人打造的定制非遗工艺品进行众筹，款项用于助力传统匠人、保护非遗文化），相信在未来，传统与流行的碰撞会迸发出更多火花。

第五节 品牌运营

一、概念及要点

（一）品牌的概念

在网络文学领域，品牌是一种名称、术语、标记、符号或图案，或是它们的相互组合，用以识别、联想企业提供的产品或服务，使之与竞争对手的产品或服务相区别并赋予这些产品或服务高于自身价值的价值。

（二）品牌运营的概念

品牌运营的定义也有很多，大体分为两种，一种说法是“品牌运营就是把品牌作为工作对象推介到消费者或用户面前，使其了解、认识、认可并喜爱，在纠结如何消费时，选择这一品牌的产品。”另一种说法是“品牌运营是指企业利用品牌这一最重要的无形资本，在营造强势品牌的基础上，更好地发挥强势品牌的扩张功能，促进产品的生产经营，使品牌资产有形化，实现企业长期成长和企业价值增值。”

这两种说法并不矛盾，其实代表的是整个品牌运营的两个阶段。前者是处于从 0 到 1 打造品牌的阶段，后者处于从 1 到 100 利用打造好的品牌更好地销售产品同时继续提升品牌价值的阶段。

（三）品牌运营的要点

1. 全面的市场调研和准确的市场定位

全面分析市场上的产品分布情况，定位正确的竞争对手，扬长避短，差异化经营。对于网络文学平台而言，选择谁做竞争对手，关系到经营策略的制定，关系到品牌的打造方向，都与自身的资源、资金、优势有关，必须结合自身能力来定位。

2. 质量是品牌的根本

一个好品牌要有配得上的好质量，质量是产生口碑的基础。好口碑是品牌能够传播的重要助力，且需要时间的沉淀。因此经营理念、企业文化、信念感，需要企业自身真正相信且践行。自己都不相信的口号，不会经得起时间的考验，也就无法真正打造一个好品牌。

3. 品牌的命名

要好记，好听，好看，与定位契合。宝马、华为、可口可乐无一不是非常优秀的品牌名。

二、网络文学平台的品牌运营

网络文学平台的产品主要是各种作品及相关的服务。因此，网络文学平台的品牌打造有几种定位和方向。

(一) 作者个人品牌

选择有强烈个人特色的作者，打造专属于这个作者的品牌。比如《怨气撞铃》《半妖司藤》《开封志怪》的作者尾鱼，就特别适合打造一个“以悬疑来包装公路文的流浪爱好者”的品牌形象。

在选择打造作者个人品牌的时候，要有一定的警惕心，个人品牌直接等于那个人，相比起组合品牌、平台品牌，用户特别容易共情，从读者、消费者转变成粉丝，很容易思维粉圈化，失去理智甚至产生过激行为。

粉丝是一群什么样的人？约翰·费斯克在《粉丝经济》中指

出，粉丝不同于读者，粉丝是“过度的读者”，是以“主动的、热烈的、狂热的、参与式的”态度来参与粉群建设，以期取得粉圈身份地位的一群人。

粉圈是怎么形成的？蔡骐在《粉丝型受众探析》中指出，粉丝们把自身与其所粉的“正主”结成“想象的共同体”，对这个共同体拥有无上的荣誉感和责任感，为维护它而与不同阵营的粉丝产生激烈冲突，并在组织化的过程中受到组织内高阶成员的意识形态的询唤，从而使自己的行为更趋近于组织内高阶成员的行为，重度的粉丝会以极其坚贞的狂热进行无怨无悔地付出并建构自我行为的合理性。

粉圈为什么大多具有攻击性？亨利·詹金斯在《文本盗猎者》中指出，粉丝是在文化上被边缘化、社会上处于弱势的立场下展开行动的。所以外界越是打压，粉丝们越需要抱团寻找认同，粉群的凝聚力和集体荣誉感就越强。粉圈间的竞争越激烈，粉丝内部的群体极化现象就越严重，从而选出更极端的“带头人”来领导“战斗”。

明白了这三点，就要对打造作者个人品牌更加慎重。对于作者的选择要看重人品、性格、是否情绪化等等，要有管理粉圈的能力和责任感，避免给自身和平台带来麻烦。

（二）组合品牌

组合品牌是网络文学运营常用的手段，只要能找到合适的组合就可以打造。比如“言情四小天后”“清穿三座大山”。

（三）特定题材品牌

如果平台某个题材的书特别多且出色，也可以用这个来打造品牌增强平台的辨识度。比如提起 LOFTER 就想到同人，提到飞卢就想到爽文。

（四）平台品牌

如果整个平台都极具特色，可以直接打造平台品牌，这是最好的选择。比如现在流行一句话“你是晋江男主吧”，它还有很多变体，比如“这很晋江”“北美晋江文学”等。在这里，“晋江”已经从一个名词变成了一个形容词，是它的宣传语“缠绵悱恻的爱情”的代名词。

第六节　网络文学作家工作

一、工作原则

（一）作家工作的意义

近年来，党和国家一系列的政策，对精品创作、人才培养、文学阵地建设等都起到了引导扶持的作用，网络文学事业发展面临着前所未有的良好机遇。

新时代有新目标、新任务、新要求，文学事业要有新担当、新作为、新气象，既能传承中华民族优秀文化传统，又能反映当代中国卓越建设成就。这项繁荣祖国文学事业的重任，必然历史性地落在当代作家的肩上。网络作家人数众多，是我国文学事业的生力军之一，网络作家的创作和成长，对于中国特色社会主义文学事业的大发展大繁荣，具有非常重要的意义。

网络文学平台作为众多网络作家的共同合作伙伴，对平台自身的内容建设、品质建设、精神风貌建设负有管理监督的责任，更对聚集在平台写作的网络作家负有及时沟通政策信息、准确解读中央精神、致力作家权益保护、扶持培养优秀新人的重要责任。

网络文学平台作家工作，对增强网络作家使命意识、强化责任担当、坚定文学理想、创作文学精品、引领时代风尚有重要意义。网络文学平台一定要当仁不让、责无旁贷地肩负起这个历史使命，为推动祖国文学创作在新时代呈现新繁荣作出更大的贡献。

（二）工作原则

1. 坚持正确的创作导向

文学的意识形态属性，决定了文学具有鲜明的创作导向。坚持正确的创作导向，是确保文学创作沿着正确方向前进的必然要求，也是网络作家成长进步的根本保证。

当前，伴随着经济社会的发展，文学观念、创作方法、传播方式等都发生了空前的变化，文艺创作领域也出现了一些低俗、恶搞、制作粗糙等带有不良倾向的作品，这些现象的背后都反映出价值取向上的问题。我们的网络文学平台要督促、引导网络作家牢记文化担当和社会责任，避免一味迎合大众，把“优秀文学”当成“猎奇文学”；珍惜手中的笔，要用我们的笔、我们的作品反映人间正义、承担社会责任，用文学的力量弘扬真善美、传播正能量。

2. 推动现实题材创作

习近平总书记强调，社会主义是干出来的，新时代也是干出来的。网络文学平台要鼓励生活在新时代的每一位有理想、有抱负的作家，都应该对自己生活的时代积极参与、热情回应，争当新时代的记录者和书写者。

要准确把握时代脉搏。新时代的现实题材书写，首先要对时代有整体性的把握，这也是真实反映时代精神、提高作品思想水准的关键。直面大变革，用心用情用功抒写新史诗，需要作家拥有历史的眼光和世界的视野。网络作家要志向高远，关注现实变革，感应时代进步，让自己笔下的人物与时代发展同频共振，使自己的作品经得起历史和人民的检验。

要深入生活、扎根人民。生活是创作的唯一源泉。古今中外，许多文学大家的经验告诉我们，文学之路没有捷径，必须扎扎实实地深入生活、扎根人民。

3. 不忘初心、精益求精

要不忘初心。文学创作是高尚的精神劳动。当今时代，市场大潮汹涌澎湃，各种利益诱惑纷至沓来，考验着每一位作家和文学工作者的理想坚守和职业良知。文学的道路上，有辉煌、有鲜花、有掌声，但更多的是艰辛和付出，需要长年累月辛勤地耕耘、默默地坚守。作家们之所以走上文学的道路，归根结底是因为对文学的热爱。在各种利益和困难面前，要始终做到不忘文学初心、坚守文学理想。

要精益求精。匠心和工匠精神是各行各业对工作的至高标准追求。好的文学创作同样需要工匠精神，在获得灵感的基础上，沉下心来精心创作、悉心打磨，追求完美和极致，攀登文学高峰。作家最终还是要靠作品来说话，因此一定要秉承严谨的态度和精益求精的作风，克服浅尝辄止的浮躁心理，经得住诱惑，耐得住寂寞，把提高质量作为文艺作品的生命线，厚积薄发、推出精品。

4. 德艺兼修、勇于创新

要德艺兼修。作家是人类灵魂的工程师，肩负着立德树人、以文化人的重大使命。作家对读者的影响，既体现在作品中，也体现在作家日常生活的一言一行中。铁肩担道义，妙手著文章，对于作家来讲，做人与做文同样重要、不可偏废。古往今来，凡是受人尊敬、广被赞誉的文学名家大师，无不以高尚的人格魅力和精湛的艺术成就为人称赞。

要勇于创新。创新是文艺的生命。改革开放四十多年来，中国社会发生了深刻变化，我们的身边出现了大量新的事物、形成了大量新的经验、产生了大量新的观念，新时代的新故事、新内容，更需要有新的创作视角来深入表现。同时，读者的审美需求也有了新的改变。广大作家要保持青春的朝气、创新的勇气，在尊重文学创作规律和要求的基础上，在创作观念、内容、风格方面大胆创新，在体裁、题材、样式、手段方面大胆创新，努力以新的思想内涵、新的艺术手法、新的生命体验、新的文学语言，开辟新的文学境界。

5. 坚持服务为本

网络作家的成长需要全社会的重视、关心和支持。网络文学平台要发挥自身优势，关心爱护网络作家，为他们成长进步创造条件、提供舞台，努力形成人才辈出、佳作涌现的良好局面。

在日常工作中，要不断优化推荐机制，重点推荐既符合社会需求又具备艺术审美的优秀作品，同时也不能忽略给新人留足上升通道，开辟专门的板块，拿出专门的制度和资源，来助力其快速成长。还要为网络作家提供和争取国家各相关部门举办的培训活动的名额，积极推荐符合要求的作家、作品参与各部门举办的评奖活动。

同时要关爱网络作家的心理健康和生理健康，尤其是年轻的网络作家阅历浅，人生经验不足，特别容易受到作品评价不高、读者过于严厉等问题的影响，一时不能接受，产生自我伤害的想法。同时长期伏案写作也容易罹患颈椎、腰椎、腱鞘、眼睛等部位的职业病。网络文学平台应该不定期开展健康意识教育，同时在政策上有意识地减轻作者在更新字数上的竞争压力，提倡“降速提质”，不要一味闭门造车，要鼓励作家劳逸结合，多出门采风，对现实题材的创作也有很大的好处。

正如作家铁凝所说，“在这个伟大的时代，海阔天空的可能性正在我们眼前展开，让澎湃的现实生活、让昂扬的时代精神、让丰富的经验和情感在我们笔下提炼造型，是这个时代的作家和广大文学工作者的光荣责任。”

二、日常维护

（一）联系与沟通

网络作家分布在天南海北，难以见面沟通，因此网络文学平台一定要尽可能多地掌握签约作者的联系方式。除了个人的手机号码、固定电话、QQ、微信、电子邮箱、通信地址外，最好还能让作者告知一至两名家人的联系方式，作为紧急联系人，避免有重要问题找不到人时产生麻烦或损失的情况。

一般网络文学平台联系作者，大致有以下几种：

一是选题探讨。当作者当前连载的书快要完结时，往往已经在着手准备下一本的选题了，通常责编应在此时与作者探讨下一本的选题内容。如果是初次合作则就选题、作品内容进行接洽、沟通。

二是对于长期断更原因进行了解。作者短期断更通常会请假，但是长期消失不请假不联系，往往是有其他困难，在消失时长超过某个警戒线时，责编应联系作者了解情况，是身体原因，还是家庭原因，是否有平台帮忙能解决的困难，等等。

三是推荐参加各种活动、培训、评奖。当作者被推荐参加各种活动、培训、评奖等，往往需要自行填写一些个人情况的表格，责编应及时联系作者处理，避免错过时限，丧失机会。

四是通知作品销售和版权授权动态。网络文学平台还应就作品销售收入和版权授权动态定期或及时同作者联络沟通，尤其是版权授权，应帮助协调、促成授权合作。

五是对产品暴露出的问题进行纠正。如果突然发现或被人举报作者的作品有立场错误等问题，或者是被举报抄袭、刷数据等违规问题，责编应先暂时下线作品，马上联系作者了解情况并督促修改。情节严重的，报上级领导申请处理意见。

（二）选题探讨

作者正在连载的书快要完结时，往往已经在着手准备下一本的选题了，通常责编应在此时与作者探讨下一本的选题内容。探讨的内容一般包括以下几点：

了解下一本作品的题材选择、故事大纲、作品立意。如果题材选择陈旧，应建议作者尽量创新，如果是新人作者，还应帮其分析平台推荐规则。老旧题材、火爆题材写的人多，人均推荐机会就少，新题材写的人少，推荐机会大很多。如果大纲上的故事情节设计有问题，应建议作者修改大纲，理顺情节逻辑。如果文章立意不够积极向上，应建议作者重新调整立意，并修改与立意相悖的部分大纲。

如果符合规则，提醒作者积极参加当期的主题征文、主题推荐等网站活动。如果作者能力足够，可建议其尽量创作现实题材，可以从比较容易入手的现实题材，从身边熟悉的人事物写起。如果作者感觉没素材，应建议作者多去采风，丰富脑海里的素材库。

（三）推荐与督促

网络文学平台应不断优化推荐机制，为新题材提供合适的土壤、给创作中的作者提供顺畅的不断向上的通道、给新加入的新人作者提供单独的培养政策，帮助他们快速融入与成长。

网络文学平台还应督促作者保持稳定规律的更新。注意不是大量的更新，而是稳定规律的更新。一个人的精力有限，如果一天的时间都用于写作、赶进度，就必然没有时间和精力打磨文字，思考剧情，是竭泽而渔的行为。网络文学平台应该想办法出台一些政策，防止作者过度劳累，既有损文字质量，也有损身份健康。

（四）巡察与管理

较为成熟的网络文学平台都拥有海量的作者和读者，大量用户群体聚合组成的平台某种程度上很像一个微缩的社会组织，要保证平台的正常有效运作和健康持续发展，必须根据当前政策监管要求、行业公约、平台自身特点等，建立相应的管理规范及与之配套的规范执行、巡察机制。网络文学平台是以内容为驱动力，内容是作家提供，因此对作家的引导、管理是重中之重。

1. 制定相关管理制度

一般来说，主要分为两大部分：

一是作品内容合规层面，这是作家及平台能否长远发展的基础。网络文学平台必须及时了解掌握当前文学内容的监管要求，明确红线、底线，并据此建立内容审核标准、创作导向等，要让广大作家知道什么能写、什么不能写，减少内容创作的政策性风险。

二是作家行为规范层面，这关系到作家及平台能否稳定发展。制定政策时除了要充分考虑到文学创作领域普遍要求，比如不得抄袭，尊重史实等之外，还要兼顾平台自身定位下的特殊需求。比如为维护公平正义，保证良性竞争，保护权利人权益，作家不得进行任何形式上的引导他人恶意刷分刷数据行为，恶意评价行为，恶意伪更行为等。

2. 建立合理检查机制

针对已有管理规范，必须配套建立相应的检查执行机制，让管理规范确实起到相应作用，形成有效管理效果，机制的建立应多维度、立体化通盘考量。

比如针对内容审核，要从数据产生的源头就介入，为降低风险，一般会采用多轮审核机制。在上述基础工作之上，还可通过设立举报投诉中心、增设不定期巡检、质量抽查等手段形成对管理规范正常运行的查漏补缺。

另外，很重要的一点是要考虑到管理和被管理双方因立场不同，定位不同导致的信息认知差异，因此要在平台对作家的单向管理之外，设置作家对平台的反向反馈机制，一来可通过此机制及时了解管理政策执行是否出现偏差，二来可对管理政策执行人员形成制约，防止权力滥用。

网络文学的诞生依托于互联网，因此在日常管理上也要充分利用互联网技术，比如可以用模型算法辅助检测作家相关数据，提前发现不合理增长的问题；可以借助 AI 智能审核技术，应用到内容检测当中，提高审核效率和精准度；还可以通过对以往数据的收集分析，对相应作家打标签，一段时间内作家创作的内容完全合规的可暂时设置为高可信作家，降低对其内容的监管力度，对多次出现违规行为的作家，提高监管关注度，提早发现问题。

（五）监督与奖惩

对于管理过程中发现的违规现象，要早日制定明确的处罚规则，并保证能够公平实施在每一个违规的人身上。一个平台，公平、透明是两个非常重要的特质。公平的奖励比如推荐机制，公平的惩罚比如罚分、扣榜机制，会给作家带来一个稳定的心理状态。他们会放心在这里不需要拉关系、走后门、请客送礼，可以把精力全部放在创作上面。而透明的规则是实现群众监督的前提。所有的规则都不是潜规则，都有条文可查，才能对比印证平台在公平地执行奖惩。

公平透明的规则定好了，就需要保证在执行中不走样，保证执行人员的处理是合规的，这就需要群众监督。要鼓励用户发现问题及时投诉，平台要接受用户的投诉，及时纠正问题，并给用户反馈结果，自然就会得到用户的信任。久而久之，良好的风气形成了，对于平台内部可能滋生的以权谋私、违法违规行为都会起到极好的遏制作用。当这种不良风气消失了，我们的榜单上就不会出现名不副实的作品，对于整个平台的作品品质，也是一种提升。

公平、透明、监督，就意味着每个人都没有特权，都不能随心所欲。它不但使得总体利益最大化，而且会阻止个人不小心滑向错误的深渊。

三、扶持与培训

（一）交流与分享

网络文学平台应该尽可能提供帮助作者互相交流与分享经

验的机会，同时也要对公开分享的经验做监控，有问题及时纠正，避免以讹传讹。交流经验是一个能够极大提高作家成长速度的方式。要尽量提供便利交流的机会和方法。常见的交流方法与场所有：

1. 网络文学平台自有论坛或公共论坛里公开的经验分享；

2. 微博超话、豆瓣小组、百度贴吧里的经验分享与问答；

3. 网络文学平台的社交媒体账号下的评论区；

4. 作者以“找个朋友一起研究写作”“造福坛友，五年经验收个徒弟”等方式进行私下联系与交流；

5. 平台组织的线下聚会与写作讨论会；

6. 作者们的线下交流与聚会；

7. 被推荐一起去参加培训或其他活动时，作者们的私下交流。

经验交流总体来说是提高效率的好事，但要注意几种负面影响。如由于理解的偏差分享了错误的经验，分享一些违背合同约定的信息或故意分享一些编造的信息。网络文学平台要及时提醒作者少盲从，多思考，明辨是非，去伪存真。

（二）信息与政策

中国的网络文学之所以可以在全球范围实现弯道超车，一方面是中国悠久的文化底蕴让广大作者群体可创作的素材众多，另一方面就是特殊的生产机制，打破了时间、空间的约束，让更多作者、读者同步参与进来。

随着作者范围的扩大，对于行业相关管理政策的制定和传播需要更多作者的参与和反馈。这就需要作者所签约的网络文学平台、所在的行业协会等肩负起向作者传播行业政策的责任；

另一方面也可以引导作者主动了解，获得行业信息与政策规则，促进行业内各个阶段、各个角色的参与者发现问题，并总结可行性建议，向上级管理部门或行业协会组织进行反馈，最终达到行业内良性循环的目的。

行业政策信息获取渠道有以下几种：

1. 作者所签约平台

一般来说，具有一定规模的正规网络文学平台与行业协会、上级管理部门均会建立良好的沟通反馈渠道，网络文学平台可以发挥自身优势，主动向作者宣传、讲解行业政策及信息。

2. 行业协会

行业协会主要包括中国作协、中国文联以及各地方省市传统和网络作协等。网络文学平台可通过浏览行业协会的官网、官方自媒体账号等方式获得行业信息，并向作者进行宣传、讲解；也可以给予作者指导和推荐，如结合自身籍贯、常住地等地缘优势，协助其加入当地的行业协会，参与协会活动或通过行业协会内部沟通反馈机制，获取行业政策及信息、反馈意见建议。

3. 主管部门

主管文化领域工作的管理部门，如中宣部、各省市区委宣传部等，网络文学平台可通过关注行业主管部门的官网、官方自媒体账号、相关新闻报道等，了解行业政策信息，并向作者进行宣传、讲解，也可以收集整理作者反馈意见，结合网站自身情况，通过公开的反馈渠道进行可行性建议的反馈。

4. 其他

2017 年中国网络作家村已在浙江杭州建立，之后部分省市地区也已建立了网络作家村。作家村一般是由当地政府、相关领域主管部门和当地行业协会等共同建立，旨在打造中国网络文学产业发展核心区，为网络文学作者提供更优越的创作环境和全面信息政策的获悉、反馈渠道。网络文学平台可推荐作者入驻作家村，享受优惠政策。

（三）培训与推荐

网络的普及和科技水平的提高，使得网络文学行业的入行门槛降低，现有的网络文学作者的知识储备、生活阅历等方面水平参差不齐。在此情况下，培训体系的建立，可以让网络文学作者的写作更加顺畅，写作内容更加言之有物。推荐体系则是给予网络作者的鼓励和鞭策。

1. 培训

日常培训包括网络文学作者在日常生活中进行的知识积累、写作技巧的学习、行业法律法规的学习等，这部分培训可由作者通过阅读专业领域书籍、了解新闻时事等方式独自完成，也可与同行业从业者、所签约平台编辑等进行沟通交流等扩充知识储备，达到培训的目的。此类培训通常可在线上完成。

统筹培训一般由行业协会、相关主管部门牵头组织部分作者进行统一培训，主要分为短期培训、长期培训、专项培训等。

短期培训通常包括中国作协或由各地方作协组织开办的研讨会、交流会等；长期培训通常由行业内的专业研究机构组织开办的学习班；专项培训通常由行业协会组织，如现实题材作者专项培训、历史题材作者专项培训等。此类培训通常在线下完成，也可以线上进行。

2. 推荐

作品推荐是签约平台、行业协会、行业主管部门等对优秀网络文学作品的认可。签约平台的推荐包括站内推荐阅读及向外部推荐参评等;行业协会推荐包括协会内部评选及向上外部推荐参评等;行业主管部门推荐包括行业内部评选及向全民推荐阅读等。

作者推荐是签约平台、行业协会、行业主管部门等对优秀网络文学作者的认可。在进行作者推荐时将根据不同推荐主题对网络文学作者的籍贯、年龄、写作经历等不同维度进行考量。

网络文学平台应鼓励作者多参与平台、行业协会的活动,不仅可以了解到更多的行业信息,也可以使网络文学行业的培训与推荐体系建设更加完善,达成良性循环的目的。但是在参与各类培训和推荐活动的过程中要提醒作者注意保护自己的信息安全和人身安全,注意辨别主办方情况及参评条件,切勿盲目参与,谨防上当受骗。

思 考 题

1. 网络文学内容运营坚持的原则是什么?
2. 网络文学内容运营包括哪几个部分?
3. 网络文学平台运营的基本功能是什么?
4. 网络文学平台运营的类型有哪些?
5. 网络文学用户运营的原则是什么?
6. 狭义和广义上的版权运营分别指什么?
7. 网络文学版权运营的特点是什么?
8. 网络文学版权运营的主要形式是什么?
9. 网络文学品牌运营的要点是什么?
10. 网络文学作家工作的原则是什么?

第六章

网络文学传播

重点提示：网络文学传播的特点、机制；网络文学传播的路径；网络文学受众的类型和特点，以及受众与网络文学作品的相互作用；网络文学的传播渠道建设和拓展。

第一节　传播的特点及机制

互联网改变了人们的生活方式，也为文化产业提供了新的经济增长点。网络文学就是在泛在网络背景下快速走向产业化的大众文化形式。其传播势必带有时代的烙印，有科技发展的痕迹，也受到人们习惯、认知的影响。

一、传播特点

学习网络文学的传播特点，首先要初步了解网络文学的传播过程。

一般地，网络文学作品都以创作者为起点。其中，创作者可以是个人，也可以是群体。创作者将所创作的网络文学内容发布在传播媒介上，再由传播媒介即刻传递到网络文学的读者手中。网络文学的读者通过多样的传播媒介对创作内容进行再传播。原创文学网站的发布平台、与网络文学相关的社群以及网络文学的衍生领域，都是传播网络文学较为活跃的地方。网络文学传递过程耗时短，呈非线性传播，形成一对多、多对多的传播方向。

而传统文学是由创作者书写成稿，传递到编辑，再由编辑传递到出版社，出版社经过编辑加工出版成书，经过销售渠道，将图书传递到读者手中。读者较为独立地阅读图书，读者与读者之间的传播较少。信息传递过程耗时较长，且传播方向单一，但整个传播过程较为完整。

相较于传统文学的传播过程，网络文学的传播有自身鲜明的特点，主要表现在以下四个方面：

(一) 即时性

网络文学传播的即时性体现在两方面。一是传播过程时长缩短，即创作者发布信息后读者能在短时间内接收到信息。二是传播信息内容迭代迅速。

1. 传播过程时长缩短

由于新型传播媒介的广泛运用，创作者发布网络文学内容到读者接收内容信息的过程时长大为缩短。可以说创作者发布的网络文学内容通过传播媒介能即刻被读者接收到。这与传统文学通过编辑、出版社、销售渠道进行传播有着巨大的差别。传统文学的传播过程可能需要几个月，甚至几年的时间，而网络文学的传播在按下鼠标键的瞬间便完成了。

网络文学传播过程时长缩短，但同时缺少对内容的筛选、编辑、审核、监督，所传播的网络文学内容相比传统文学，就具有相对不稳定性，比如错别字、误用标点、作品断更、内容导向问题等。

2. 传播内容信息的版本迭代迅速

传播过程时长的缩短能让创作者更快知道读者对网络文学内容的反馈。除了错别字、标点错误、语句不顺等问题外，读者还会反馈对内容本身的建议等。

与此同时，新型传播媒介的广泛运用为创作者对已发布网络文学作品进行修改提供了便利。

基于修改的便利，再加上读者的反馈，创作者会对发布的内容信息作出一定程度的修改。这就推动了网络文学的版本内容迭代迅速。早上的内容可能与晚上的内容有差别，甚至这一秒的内容与上一秒的内容也会有所差别。

（二）双向性

网络文学的传播不是单纯的线性传播方式，而是传播媒介与读者之间、读者与读者之间进行双向传播，可以是 对多，多对多，甚至是网状传播。

原创文学平台、与网络文学相关的社群以及网络文学的衍生领域，都是传播网络文学较为活跃的地方。这些媒介使网络文学传播更具有双向性的特点。

1. 原创文学平台

在原创文学平台，读者以文字为主要交流手段。读者的互动对于网络文学的创作者是非常重要的。因为互动是提升网络文学人气的重要手段。原创网络文学平台的运营者们逐渐将平台向着社区化的方向建设着。社区化的原创网络文学平台让读者间的传播更有效率。互动行为能够在一定程度上满足读者的成就感与发泄情绪，这种情绪将会随着讨论人数增加和传播范围扩大而更为强烈。

2. 与网络文学相关的社群

与网络文学相关的社群不限于微信群、微博粉丝群、百度贴吧、豆瓣小组等。与网络文学相关的社群是较为独立的公共讨论空间，这里为读者提供了自主管理和自由表达的机会。围绕原创小说展开的传播活动不局限于某个主题帖，参与者也不局限在某个群体内部。社群中的传播能进一步放大网络小说的影响力，为具有相同爱好的成员提供讨论话题，但是传播内容的多元性与混杂性也增加了无意义内容和负面消息出现的概率。

3. 网络文学的衍生领域

网络文学的产业化发展，让网络文学的 IP 越发重要。围绕网络文学 IP 打造衍生产业，成了为 IP 增值的主要手段。网络文学的有声、漫画、影视、游戏改编，都属于网络文学衍生领域。围绕网络文学衍生领域的传播不断壮大，让一些并未阅读过原著的成员也参与到群体传播活动中。

在网络文学及其衍生内容的传播过程中，网络文学传播的即时性拉近了创作者与读者的距离，读者的反馈能够在一定程度上优化传播内容，使传播的内容更符合多数成员的心理需求。信息的流动呈现出明显的双向化特征，即每个人都是信息的发出者也是信息的回复者，传播过程中的任意两个读者都可以围绕网络小说进行双向的信息交流。双向的信息流动模式能够放大信息，借助创作者和读者的互动介入网络小说创作，直接或间接影响创作者的更新状态与更新内容。

带有双向性的网络文学传播是一种体验式的传播，也是社交网络式的传播。

（三）同质化

网络文学的传播具有很高的同质化特点，具体表现为对网络文学优质内容在不同领域和形态上的重复和模仿。

传播的同质化首先体现在整个行业对网络文学优质内容的重复和模仿。网络文学一旦有了“爆款”作品，该作品就会成为整个网络文学行业争相模仿的对象。如《斗破苍穹》成为热门图书后，模仿该作品的同类作品如雨后春笋般出现。又如《寂寞空庭春欲晚》《东宫》等作品成为令人追捧的读物后，带有虐恋因素的言情作品大量涌现。在整个行业模仿的状态下，“爆款”作品的影响力得到最大值的扩大。

全行业的模仿带来指数级增长的影响力外，也带来了全行业内容同质化这个严重问题。内容同质化对整个网络文学的健康发展有着不小的负面影响。同类内容畸多，挤压了其他小众内容的生存空间，压抑创作者的创新能力，不利于网络文学健康可持续发展。同类内容大量涌现，相似的故事被反复书写，会造成读者的审美疲劳。这类内容不再具有吸引力，相关的传播也会逐渐停止。跟风的内容成为明日黄花，无人理睬。后续跟风模仿的内容就成为浪费的资源。

因此内容同质化对热门内容和小众内容都有伤害。要扩大网络文学的影响力，使读者愿意参与到传播活动中并保持传播的稳定性，就需要对具有相似特性的网络文学传播进行优化和发展。

除了同领域对“爆款”作品的模仿，在该作品的衍生领域也会兴起大量的模仿行为。以“爆款”作品为素材，大量同人文、同人广播剧、MAD（电玩文化、动漫文化、同人文化界别中的多媒体作品。一般作品为一段有关的影片剪辑，配以作者喜欢的音乐）剪辑作品在各大社群中涌现。如以金庸武侠人物为素材而创作的同人作品《此间的少年》，又如借用了多位明星影像而制成 MAD 剪辑作品的《且试天下》。这些衍生领域产生的作品都是对爆款作品的重复和一定的创新。但由于很多同人作品在创作的时候，并没有取得原作品创作者的授权，这些未经授权的作品就面临侵权的法律问题。

读者对优质内容的分享和转发，也是网络文学传播同质化的另一种体现。网络文学的经典内容可能在多个传播媒介上反复传播，而重复传播的内容则会加深读者对相关信息的印象，激发他们的好奇心与想象力。传播内容的变化是信息传播者和接受者双方互动的结果，由于网络文学的传播具有即时性的特点，内容是一直变化的。读者对网络文学作品和创作者都是有一定影响力的，而读者的阅读习惯与思维定式也可能受到其他因素的影响。这种影响能够帮助读者发现新的阅读兴趣点，也为网络文学衍生领域的创作提供灵感。如热门作品《盗墓笔记》的结尾停在吴邪和张起灵的“十年之约”。十年之后，长白山巅，青铜门后，张起灵能否平安归来？读者看到这个结局后对“十年之约”产生了热烈讨论，甚至有读者在“十年之约”到期之日，跑到长白山上等待张起灵从青铜门后出来。“十年之约”通过转发、分享成为“新闻事件”，《盗墓笔记》这个 IP 因此迅速出圈，非网文读者也由此开始了解《盗墓笔记》。

（四）自优化

网络文学的自优化是指作者对读者在阅读过程中提出的问题和要求对内容进行及时修正，以吸引更多读者，提升作品质量。这些优化可能是在原有大类题材上的微创新，也可能是抛下原有题材，选择冷门题材进行创作。如超人气作品《诡秘之主》作为西方玄幻类小说，掺杂了克苏鲁风格、西方魔幻元素、第一次工业革命时代风情和蒸汽朋克情怀。该作品是对玄幻大男主升级流类型作品的创新和突破。

网络文学传播的即时性令网络文学产生过程中缺少对内容的筛选、编辑、审核、监督，错别字、标点符号错误、语句不通畅等内容差错率比较多，作品的完成率、内容导向也是网络文学较为突出的问题。网络文学传播的相似性又让网络文学遭遇同质化的问题。网络文学传播中的自优化对这些问题能够进行一定程度的修正。

在网络文学发展的萌芽期，网络文学的作品完成率不高，连载作品经常处于停止更新的状态。“断更”的作品一直是读者心中的痛，同样也影响着原创网络文学平台的人气和收益。在网络文学发展早期，作者“开坑不填坑”，读者便在评论区留下催更留言，几番催更，作者也不为所动。有些优质作品有了上半部，而下半部却一直没有动静。随着网络文学写作的规范化，作者和原创网络文学平台会签订合同。平台为了保证作品的质量，留住读者，采用合同约束，稿费激励等手段，保证作品的完成率。

网络文学的同质化问题在读者的反馈中不断得到优化。读者会对大量的同类内容产生审美疲劳，网络文学内容不进行创新，就无法吸引读者继续阅读。近年来，原创网络文学平台的运营者们也意识到内容同质化对读者和行业健康发展都是有巨大负面影响，纷纷采取措施应对这个问题。平台通过征文、奖励、专项推荐等形式，扶持小门类作品，保证小门类、冷门作品的生存空间，鼓励作者对这类作品的持续写作。

（五）个性化

随着传播渠道、传播手段的革新，网络文学的传播越来越显出个性化的特点。其个性化特点主要体现在三个方面：一是创作者写作个性化；二是渠道推广多元化；三是读者选择个性化。

1. 创作者写作个人化

网络文学的创作者门槛并不高，只要在原创网络文学平台上注册账号，打开文档就可以书写属于自己的作品。电脑屏幕之后的创作者可以是专业的文字工作者，也可以是业余的文学爱好者。创作者可以是仍然在求学的青少年，更可以是满头银发的老年人。

多元化的创作者给网络文学带来多种多样的内容题材。青春校园、职场生活、古代宅院、军旅岁月，多样的内容都是创作者生活经历的投射。

网络文学除了内容丰富，体裁也如万花筒一般多样。小说、剧本、自传、回忆录、诗歌等多种形式的文体都能得到很好的传播。而且在传播过程中，文体与文体之间发生碰撞，产生多样变体，丰富了文学样式。

2. 渠道推广多元化

随着新媒介的发展，读者可以在电脑、手机、电子阅读器等多种设备上阅读网络文学。由于技术的原因，以往所有的媒体几乎都是大众化的，而新媒介却可以做到面向更加细分的受众，甚至可以面向个人。为了起到更好的传播效果，网络文学会根据不同的传播媒介，适度改变内容形式。同一篇作品的开篇在不同媒介上的展开方式可以是不同的，为的是吸引更多使用媒介阅读的读者们。

3. 读者选择个性化

大数据技术的运用，“千人千面”的推荐方式让读者可以通过新媒体定制自己需要的信息。读者的选择越多，推荐越精准，呈现的作品就越符合读者自身的喜好。因为这样的推荐方式，读者在传播中起到的影响力会越来越大。

二、传播机制

网络文学传播机制是指网络文学传播的形式、方法以及流程等，包括创作者、读者传播渠道等所有环节构成的统一体。其中的每个环节都对网络文学的传播影响巨大。

（一）网络文学的创作者

网络文学的创作者，即作者，可以是个人，也可以是集体。网络文学创作者呈年轻化趋势，充满创新精神，并逐渐组织化，具有更大的凝聚力。这些特点能让网络文学创作者发挥自身的“光和热”，扩大他们的影响力。

随着网络文学内容创作者和消费者的代际变迁，创作者人才辈出。凭借优质的创作实力、扎实的粉丝基础、超强的开拓能力以及广阔的 IP 衍生前景，众多“80 后”中生代作家以领航者的姿态崛起，冲刺头部作家行列。众多中生代作家通过写作沉淀与持续的自我升级，保持着与时代同步的发散思维和创造意识,并在创作中将传统类型与新颖题材进行巧妙结合,促进行业百花齐放。

同时,"90 后""00 后"新生代作家大面积涌现。基于新生代作家群体自身的个性特点,以及与"Z 世代"(新时代人群)、粉丝的互动更加高频、深入,促使其在创作灵感、内容、风格,以及文字方面都展现了强大的个性意识。新生代作家的内容专业纵深更强、覆盖题材更加广泛,进一步推动了网文题材的新颖多元化。

随着网络文学的蓬勃发展,网络作者数量已逾千万,与网站签约的网络作家却不多,绝大多数网络作家的创作状态还是单独和分散的。

由于网络文学的特殊性,大多数网络作家在文学理念、创作手法、传播形式和生活方式诸方面,与传统作家有着明显不同,他们更容易遇到传统作家所没有的困境和困惑,亟须扶持和帮助。虽然近几年来,各级作协已开始注意吸收网络作家入会,但因种种因素制约,人数仍然有限。成立全国性网络作家组织成为网络文学行业所急需解决的问题。

近几年来,全国各地都在积极组织网络作家协会。一时间,各个地方的网络作家协会竞相成立,全国性网络作家组织也在积极筹备中。网络作协组织的建立能发挥更广泛的团结和联络作用,促进网络文学的传播,让网络文学作者发挥更大的影响力。

(二)网络文学的读者

在网络文学的时代里,读者从单纯地接受内容变成了影响甚至决定内容的生产,身份地位发生了根本变化。网络文学强大的媒介传播优势和它本身所具有的传播特性及手段,使其与传统文学产生了根本的不同，读者在网络文学传播过程中正拥有越来越重要的地位，也呈现出年轻化的趋势。

中国音像与数字出版协会发布的《2023 年中国网络文学发展报告》显示，2023 年中国网络文学市场营收规模达到 383.0 亿元，网络文学用户规模累计达到 5.50 亿人。在各年龄段的网络文学读者中，60 岁及以上占比 4.55%，46—59 岁占比 17.34%，26—45 岁占比 36.72%，19—25 岁占 27.96%，18 岁及以下占比 13.43%。由此可以看到，中青年群体仍处于网络文学用户群体的核心地位。另外，从受读者欢迎程度的网络文学题材看，玄幻奇幻、悬疑推理、新类型小说、灵异科幻和武侠仙侠等仍然是用户偏好度较高的题材。

随着 IP 市场的逐步成熟，头部平台对粉丝经济和社区生态的深耕，网络文学作者、网络文学作品、作品书粉、IP 市场已形成了一个共生共荣，相互促进的链条关系，IP 及书粉的影响力持续攀升。这与网络文学读者的代际变迁密切相关。

“Z 世代”正逐步成为网络文学读者的主力，作为互联网的“原住民”，他们付费意愿更高，更愿意在互联网上表达，更重视互动性，并积极参与到作品世界观和人物的共建中来。作品的连载有“共同创作”的脉络，小到配角名字，大到情节推动，处处有粉丝的印记。作品的人物、情节与情感凝聚了书粉，而书粉的感召力、影响力和衍生品创作成为作品出圈的重要力量，可以说，粉丝规模和黏性是建构 IP 高度和影响力的重要基石。

以起点中文网作品《诡秘之主》为例，该作品自 2018 年 6 月上架以来，仅起点站内便积累超 850 万粉丝，以在起点站内破千万的评论数位居站内作品评论数第一。此外，网络文学作家爱潜水的乌贼粉丝覆盖书友圈、B站、微博、LOFTER、微信等多个社交平台,“诡秘之主”在社交平台话题阅读量已超1.4亿,以不容小觑的站内外UGC力量频频出圈。

（三）网络文学主要传播渠道

网络文学是依赖网络文学平台而兴起发展的。虽然小说网站、博客及论坛是网络文学的发源地,但随着科技发展,媒介融合加强,网络文学开始尝试与其他媒体合作,借此扩大自己的影响力,延长自己的生命。原创网络文学网站、影视剧改编、实体出版、移动端阅读都是网络文学的主要传播渠道。

1. 原创网络文学网站

原创网络文学网站作为网络小说的摇篮,一直以来都是网络小说最主要的载体和传播渠道。

1997年,由美籍华人朱威廉创办个人文学主页“榕树下”进行了转型,为适应网络小说发展的需求升级成为面向公众的原创网络文学创作平台,由此带动了原创网络小说的风行。“榕树下”创建之后,很多其他的原创文学网站如雨后春笋般涌现出来,如起点中文网、潇湘书院、晋江原创文学城、红袖添香小说网等。

2008年,盛大文学建立。顶峰时期的盛大文学占整个原创文学72%的市场份额。旗下运营的原创文学网站包括起点中文网、红袖添香网、小说阅读网、榕树下、言情小说吧、潇湘书院六大原创文学网站以及天方听书网、悦读网、晋江文学城(50%股权)。

2015年,腾讯文学与盛大文学完成整合,正式成立阅文集团。阅文集团旗下拥有QQ阅读、起点中文网、创世中文网、云起书院、起点女生网、红袖添香、起点读书、红袖读书、起点国际、华文天下、天方听书、新丽传媒等业界品牌。阅文集团以网络文学为基石，以IP开发为驱动力，促进了IP产业化的进程。

原创文学网站有声有色的运营还细化了网络文学的分类，如幻想类小说就被分为魔幻、玄幻、科幻、奇幻等类别。细化分类有助于作者的构思，同时也为读者提供一定的选择建议。

2. 网络文学实体出版

虽然网络文学先天在阅读习惯、内容风格上与传统纸质图书是有很大的不同，但从出现之初，网络文学就尝试着与传统出版对接，通过实体出版扩大自身的影响力。随着网络文学出版市场的不断发展壮大，能够进行实体出版的网络小说种类越来越多。

近年来，网络文学的实体出版也在升级中。原本只要点击量高的网络文学作品就会被出版社挑选出来进行实体出版。因此网络文学出版的数量巨大，但质量参差不齐。现阶段，出版社向着“精品化”方向打造网络文学作品，严格把控选题、策划、审核、校对多个环节，不仅仅注重作品的经济效益，更追求作品的社会效益。优质的网络文学实现实体出版可以大大扩展作品的影响力。

3. 网络文学影视剧改编

1998年，痞子蔡的网络小说《第一次的亲密接触》在台湾地区的BBS上广为传播，自此网络小说进入了大众的视野。紧接着，《第一次的亲密接触》又被改编成了电影，网络小说影视剧改编由此开始。2010年起网络小说的影视剧改编量急剧上升。2015年，网络文学影视剧改编呈现井喷式发展。多部网络小说被改编成电视剧，从《何以笙箫默》到《花千骨》、从《盗墓笔记》到《琅琊榜》，许多网文改编剧都成为现象级作品，双网收视率居高不下，取得很好的经济效益。此后，网络文学影视改编数量居高不下。

网络文学作品类型多样，由此改编的影视作品包括《如懿传》《甄嬛传》《庆余年》等古装剧，《安家》《欢乐颂》等现代剧，《杉杉来了》《亲爱的热爱的》等爱情剧，以及其他多种类型的剧作。这些作品能够满足各个年龄段观众的需求，有稳定的受众群体。影视改编让没有阅读网文习惯的观众也了解到了相关网络文学作品，对网络文学跨圈层传播有至关重要的作用。

近年来，随着短视频的火热流行，以网络文学作品为基础改编的短剧和微短剧逐渐兴起，正在成为网络文学 IP 转化的一个重要方向。

4. 网络文学移动端阅读

根据中国互联网络信息中心发布的第 53 次《中国互联网络发展状况统计报告》显示，截至 2023 年 12 月，我国网民规模达 10.92 亿，手机网民规模达 10.91 亿，网民使用手机上网的比例为 99.9%。随着手机、平板电脑、电子阅读器等设备的普及，移动端阅读成为网络文学阅读的主流方式。

为了更好拥抱变化，原创网络文学平台除了有网页版和适配移动端的页面，还逐步构建了移动端的应用程序。

不仅有大量读者使用移动端的应用程序来进行阅读，大量作者也尝试用移动端进行创作。2004 年，作者千夫长推出了自己的首部短信小说《城外》，成为手机短信小说的第一人，由此也引发了业界的关注和争论。随着手机智能化程度的提高，作者用手机码字成为可能。各大原创网络文学平台为了给作者提供更好的服务，特地开发了“作家助手”“汤圆创作”“橙瓜码字”等应用程序。作者使用这些应用程序可以做到在碎片化的时间里进行写作。

在移动端上，读者利用碎片化时间来进行阅读，也同步推动了以网络文学作品为基础的有声阅读方式的迅速发展。这样的阅读习惯无形中改变着网络文学作品的写作内容、写作方式和服务方式。

（四）网络文学的海外传播

我国网络文学行业具备庞大的职业作家群体、完整的生产机制以及成熟的读者群体，在这个前提下，国内企业纷纷将目光投向海外市场以谋求进一步发展，网络文学市场出海规模增速较快。

在网络文学市场作品方面，中国音像与数字出版协会发布的《2023 年度中国网络文学发展报告》显示，截至 2023 年底，我国网络文学市场作品累计规模达到 3 786.46 万部，占数字阅读（含有声）作品规模（5 933.13 万部）的 63.8%，在数字阅读作品中占据绝对地位。我国网络文学作品经过二十余年的发展，诞生了许多题材新颖、情节精彩、价值观优秀的作品。同时，该报告显示，在末区分重复授权、多语种翻译、授权地区及海外原创等因素的情况下，2023 年，我国网络文学出海作品（含网络文学平台海外原创作品）总量为 69.58 万部，我国网络文学出海市场营收规模为 43.50 亿元，同比增长 7.06%。

近年来，国内网络文学内容精品化建设工作不断加强。行业主管部门组织实施的一系列重大出版工程，如优秀现实题材

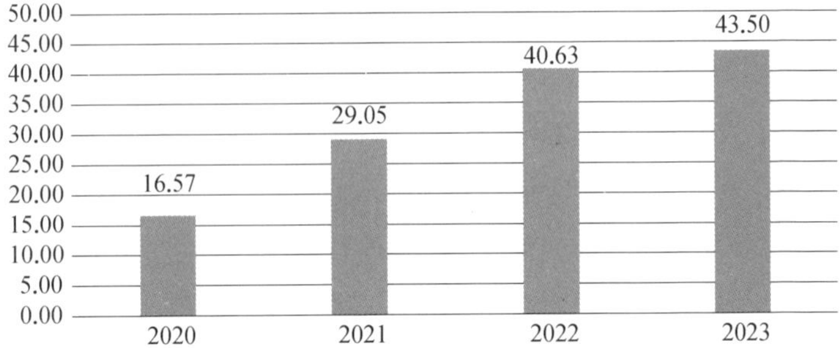

图 6-1　2020—2023 年我国网络文学出海市场营收规模(单位：亿元)

和历史题材网络文学出版工程、数字出版精品遴选推荐计划等，推动了网络文学精品内容的创作和传播，一批导向正确、内容优质、创新突出、双效俱佳的网络文学作品被遴选出来。这使得越来越多的国内优秀网络文学作品被翻译出海。2022 年 9 月，根据英国媒体的报道，中国网络文学作品首次被收录至世界最大的学术图书馆之一——大英图书馆的中文馆藏书目之中。这些网络文学作品共计 16 本，分别是《赘婿》《赤心巡天》《地球纪元》《第一序列》《大国重工》《大医凌然》《画春光》《大宋的智慧》《贞观大闲人》《神藏》《复兴之路》《纣临》《魔术江湖》《穹顶之上》《大讼师》和《掌欢》，既囊括了科幻、历史、现实、奇幻等多个网络文学题材，也涵盖了网络文学二十余年从初期到当下的经典作品。网络文学精品内容的持续输出，已成为网络文学企业出海业务的压舱石。网络文学也已成为新时代展现中国形象、提升中华文化影响力的一种重要符号和独特现象。

21 世纪是全球文化争艳的时代，而一个民族的自信心源于其文化底蕴和文化创新力。中国网络文学诞生二十余年，传承本民族优秀文化,学习外来先进文化。如今,网络文学已成为当代中国文化的有机组成部分,如今扬帆海外,展现了中国坚持改革开放不动摇的大国形象。用发展的眼光看,网络文学的未来不但属于中国也属于世界。这是历史的必然。

第二节　传播路径

网络文学传播路径是多样的、非线性的。本节简要地从网络文学网站、硬件设备、传播软件以及奖励机制等方面解析网络文学的传播路径。

一、网络文学网站

网络文学网站是指以网络小说为主要经营内容的原创文学门户网站。我国最早成立的网络文学网站是由美籍华人朱威廉在1997年时创办的“榕树下”。随后，我国的网络文学网站得到了飞速发展，至今已有数以万计的专业网络文学网站。

（一）网络文学网站的类型

随着网络文学的发展，它的传播模式及渠道日趋系统化、成熟化，网络文学网站成为网络文学的主要传播平台，网络文学网站随着网络文学的不断发展壮大有着广阔的发展空间。海量的网络文学网站如雨后春笋般建立起来，供读者们自由选择。

目前国内比较知名的网络文学网站有红袖添香网（成立于1999年）、起点中文网（成立于2001年）、潇湘书院（成立于2001年）、晋江原创网（成立于2003年，后于2010年改名为晋江文学城）、小说阅读网（成立于2004年）、3G书城（成立于2005年）、言情小说吧（成立于2005年）、17K小说网（成立于2006年）、纵横中文网（成立于2008年）、中国移动手机阅读基地（成立于2009年，后于2015年改名为咪咕阅读）、掌阅小说网（成立于

2015年)、创世中文网(成立于2013年)、点众科技松鼠阅读网(成立于2017年,2021年更名为点众文学网)、今日头条小说频道(成立于2019年,后于2020年改名为番茄小说)等。

根据不同维度,网络文学网站可以分成多个类型。

1. 网络文学内容维度

根据网站上主体内容的不同,可将网络文学网站分为女性偏好、男性偏好以及综合性网站。

女性偏好网络文学网站指的是网站的主体内容为女性偏好的网站,如晋江文学城、红袖添香网、潇湘书院、云起书院等。其中,晋江文学城的影响力最为巨大。

晋江文学城创立于2003年8月1日。该站早期将台湾言情小说转化为电子版供网友阅读,是文学爱好者集散地。后来渐渐发展出晋江原创网,为网络文学作者提供发表原创文学的平台,后改名为晋江文学城。经过多年发展,其在网络文学领域的影响力日益增大。目前晋江文学城分为言情站、纯爱/无CP站、衍生/轻小说站和原创小说站,每站下又按照作品题材设置了几个到十几个不等的子频道。

男性偏好网络文学网站指的是网站的主体内容为男性偏好的网站,如早期的起点中文网、飞卢小说网等。其中,早期的起点中文网的主体内容为男性偏好的网文内容,因其经典作品迭出,在网络文学行业中影响力巨大。

2001年11月,“西陆”BBS创建了“玄幻文学协会”。2002年5月,玄幻文学协会筹备成立文学性质的个人网站,正式成立起点中文网。2002年6月,起点中文网第一版网站推出,开始试运行。作为国内领先的原创网络文学网站,起点中文网的作品内容多元，其中玄幻、武侠、都市、历史、军事、游戏、竞技、悬疑、科幻等小说题材均具有极大影响力，适合多元用户群。随着起点中文网的成熟和扩展，网站的内容向着综合性发展，既有男性偏好的作品，也积累了较多女性偏好的作品。

网络文学的综合性网站，涵盖了女性偏好、男性偏好的各类内容，如幻剑书盟、纵横文学、创世中文网等。

幻剑书盟网站曾经是全网最大的综合性网络文学平台之一，也是网络文学行业的奠基者之一，但由于经营不善，如今已不再运营。

2001 年 5 月，网络文学爱好者发起并成立幻剑书盟。创站伊始，网站就致力于网络文学的发展。巅峰时期，幻剑书盟拥有驻站原创作家 2 万多名，收录作品 3 万多部。中文网站排名 30 左右，页面访问量 1 200—1 500 万/天，注册会员 50 多万人。

幻剑书盟是中国网络文学行业的奠基者，《诛仙》《和空姐同居的日子》等堪称经典的网络文学小说均出自此。幻剑书盟还和相关出版社协作，出版了《和空姐同居的日子》《新宋》《搜神记》《狂神》《炽天使传说》《我的播音系女友》等多部经典小说，为网文图书出版迈出了坚实的一步。

2. 内容生产模式维度

根据网站内容生产模式的不同，可将网络文学网站分为 UGC、PGC、UPGC 等模式。

UGC 模式，全称 User Generated Content，也就是用户生成内容，即用户将自己原创的内容通过互联网平台进行展示或者提供给其他用户。

在网络文学发展初期，网络文学的内容生产模式大多为

UGC 模式。其中较为著名的 UGC 网站有“榕树下”网站、晋江文学城、起点中文网。

其中,“榕树下”网站是国内成立最早、最具品牌的文学类网站。“榕树下”网站原本是个人文学主页。1997 年,“榕树下”为适应网络小说发展的需求升级而进行了转型,转为面向公众的原创网络文学创作平台,由此带动了原创网络小说的风行。

2000 年,榕树下开始连载癌症患者——陆幼青以珍爱生命为主题的作品《生命的留言》。该作品引发了人们对生命广度的深层思考。2002 年,“榕树下”开始大规模与出版社合作。迄今为止,出版了不少深受读者欢迎的青春文学图书,如《成都今夜请将我遗忘》《洛神红茶》《告别薇安》《沙僧日记》《若星汉天空》《草样年华》等。2006 年开始,“榕树下”网站因经营不善几经转手,如今已经很少被人提起。但不得不承认,“榕树下”网站为中国网络文学输出了多部优秀作品和无数的优秀作家,为中国网络文学的发展和进步作出了卓越的贡献。

PGC 模式,全称 Professional Generated Content,也就是专家生产内容。网络文学行业发展到一定阶段,产生了相对专业的网络文学创作者群体。创作者积累了一定的写作网络文学的经验,生产相对成熟的作品。

创作者通过投稿作品到相关网站,经由网站编辑研判能否采用,若采用则进行签约活动,若不采用则直接退稿。通过的创作者比起一般的用户,拥有一定的创作优势,具有一定的专业性。相比 UGC 模式,PGC 模式下产出的作品质量能得到一定的保证。如纵横文学、掌阅文学、番茄文学等都是行业内较为完善的 PGC 网站。

纵横文学是PGC模式下运营较为成功的网站。纵横文学的前身是纵横中文网,成立于2008年9月。创站伊始,以高价买断合同吸引大量作者,一举成为内容大站。

UPGC模式,全称User & Professional Generated Content,是UGC和PGC的结合,即用户与专家生成内容。网络文学发展初期,UGC模式的网络文学网站大行其道,因其易操作,低门槛,获得大量网站用户的青睐。“谁都可以来写网络小说”可以概括当时用户鼎盛的写作热情。但UGC模式渐渐显出弊端,用户创作出来的作品水平不一。而PGC模式能很好地挖掘好作品。但PGC模式需要大量的专业内容进行支撑,而网络文学的主体内容还是由用户自发提供的。所以网络文学网站为了更好地发掘好作品,且保持网络文学多样性,结合了UGC模式和PGC模式,形成了新的UPGC模式。

现阶段网络文学网站大都采用UPGC模式,甚至早期以UGC模式为主的网站,如起点中文网、晋江文学城,也逐步兼顾PGC模式。

(二)网络文学网站所面临的问题

近二十多年来,网络文学网站蓬勃发展,不管在数量上还是质量上都有了巨大的飞跃。伴随着发展,网络文学网站也面临着日益紧迫的问题。主要体现在以下三个方面:

1. 内容同质化

由于网络文学网站在发展初期,采用UGC的内容生产模式。网络文学的创作者门槛并不高,只要在原创网络文学平台上注册账号,打开文档就可以书写属于自己的作品。因此所产出的作品虽然呈现多样性,但质量参差不齐。

网络文学的传播具有很高的相似性，整个行业对网络文学优质内容会争相模仿。全行业的模仿带来指数级增长的影响力外，也带来了全行业内容同质化这个严重问题。内容同质化对整个网络文学的健康发展有着恶劣的影响。同类内容畸多，挤压了其他小众内容的生存空间，压抑创作者的创新能力，不利于网络文学健康可持续发展。同时，同类内容大量涌现，相似的故事被反复书写，也会造成读者的审美疲劳。网络文学内容参差不齐，呈现同质化趋势，严重影响网络读者的阅读体验，不加干预，网站会失去流量，逐步丧失竞争力，甚至面临倒闭、停站的后果。

2. IP 产业链不完善、国际化视野不足

目前我国大部分的网络文学网站发展模式较为单一，网站上刊载的网络文学作品内容原创性低、文学阅读价值不高。并且自身运营资金有限，运营模式较为单一，与读者受众都是较为浅层次的关联。这类网络文学网站产业链链条较短，“网站——网络文学作品——消费者——网站广告——阅读”是其主要的产业链发展模式，网络文学阅读点击费用是这类网络文学网站主要的收入来源。

近年来，网络文学出海市场在内容数量、用户规模上都呈现蓬勃发展的势头。国内优秀的网络文学作品在海外市场拥有头部效应，牢牢吸引新读者“入坑”网络文学。和海外原创作品相比，我国网络文学从作品成熟度、题材创新和篇幅上都占据绝对的领先优势，在海外市场反响良好。

但目前国内网络文学网站对网络文学的海外市场应对还不足，开发力度不够，缺少国际化视野。中国网络文学并未建构起

完整的内容输出体系。

3. 社会认可度有待提高

随着网络文学的蓬勃发展，网络作者数量已逾千万，但绝大多数网络作家的创作状态还是单独、零散的。网络作者渴望得到社会的承认和组织的关心。

由于网络文学的特殊性，大多数网络作家在文学理念、创作手法、传播形式和生活方式诸方面，与传统作家有着明显不同，他们更容易产生传统作家所没有的困境和困惑，亟须扶持和帮助。

网络文学网站作为网络文学作家聚集地之一，目前对这个问题应对还不足，与各级行业协会、高等院校的合作还较少，并未形成长期稳定的合作关系。

（三）网络文学网站的发展趋势

面对迫在眉睫的问题，行业内的网络文学网站正在积极寻求破局之路。网络文学网站解决问题的道路正逐步成为网站未来的发展趋势。

1. 注重作品精品化

网络文学网站实现作品精品化，必然要做到两方面的引导：一是尊重和引导读者的需求，二是提高作者的创新意识和创作能力。

网络文学最大的特点，就是以读者需求为创作导向。尊重读者的需求是网络文学网站的生存之本。但对资本和市场的过度迎合也让网络文学的发展面临着庸俗化、同质化等诸多问题。网络文学网站应在整体上严把审核关，对于存在价值导向问题的作品严格处理，将正能量、精品化的作品呈现在读者面前。

网络文学网站在充分保障作者创作自由的前提下，还要引导网络作家提升思想境界，关注现实题材，修炼自身的各项能力，打造出具备思想深度和艺术高度的作品。网络文学网站还可以通过征文、奖励、专项推荐等形式，扶持小分类作品，保证小分类、冷门分类作品的生存空间，以鼓励作者对这类作品的持续写作。

2. 完善IP产业链、拓展国际化视野

由于IP产业链的不完善，整个网络文学行业发展缓慢。网络文学网站在激烈的竞争中意识到完善IP产业链对于网站的可持续发展有着举足轻重的作用。

以起点中文网为例，该网站已经形成了完善的创作、培养、销售为一体的电子在线出版机制，并得以向文化产业全面延伸。通过与网络游戏公司、影视公司和出版社全面展开版权运营，带动了众多优秀作品成功改编成网络游戏、影视剧、话剧以及出版线下图书等，形成了一套完整的产业链条。此外，在自有平台保持高速增长的同时，起点中文网积极推进渠道拓展，在互联网、手机及其他手持阅读终端方面开拓出了巨大的市场。

网络文学网站产业链在发展初期，盈利模式较为单一，主要是通过阅读网络小说收费的形式而进行盈利。随着网络文学行业发展的日渐成熟，网站相应的盈利模式也变得更加多样化，呈现付费订阅、出售版权、广告业务、衍生周边等方式，盈利空间更大，更好地促进了我国网络文学及网络文学网站的发展。

3. 加强与权威机构的联系

网络文学平台要与各级网络文学作家协会、相关行业组织以及高等院校建立长期联系，有体系有规划地接受各级作协、相关行业组织、高校的指导，从而提高作者认识水平，促进作品的精品化趋势，提升全社会对网络文学行业的认可度。

二、移动终端

所谓移动终端是指人们在移动生活中使用的计算机设备，其移动性主要体现在便携化体积和信息自主更新能力上。随着移动互联网技术的飞速发展，移动终端的设备形态、功能特性、信息呈现方式都发生了深刻的变化。作为传播内容的网络文学，也经历了移动终端的更新迭代，在传播的路径、形态、对象、影响力等方面有着显著的特点和时代烙印。

（一）移动终端发展阶段

网络文学从 20 世纪 90 年代开始萌芽，最初的网络文学创作只是 BBS 上的“圈子”行为。21 世纪初，随着个人电脑的大量普及，网络文学的传播飞速发展，这个时期的硬件设备还是以 PC 终端为主，不过也出现了具有移动阅读附带功能的早期移动终端，如光盘、PSP、MP3/MP4，以及早期的电子书阅读器等。但这些移动终端受屏幕尺寸、容量、价格等因素限制，无法成为引领阅读市场的主流终端设备。

从 2000 年开始，以移动 2G 网速为主导的 WAP 应用技术迎来了快速的发展。WAP 应用将互联网上 HTML 的信息转换成用 WML 描述的信息，从而展现在移动通信终端的显示屏上，WAP 应用也被广泛地应用于 GSM、CDMA、TDMA 等多种网络中。2000 年 12 月，中国移动推出“移动梦网”品牌业务，在该品牌技术支撑下，涌现了雷霆万钧、空中网等一大批基于“移动梦网”的 SP 服务提供商，用户通过短信、彩信、手机上网等模式享受移动互联网服务。手机作为市场占有量飞速扩展的主流移动设备,其附带的移动阅读功能也得到了快速发展。

从2008年开始,随着3G移动网络的建设和智能手机的出现,国内互联网迎来两件大事:电子商务的兴起和手机上网+移动阅读的兴盛。2010年5月,中国移动手机阅读基地在杭州正式投入商用,这次互联网技术革命对于网络文学来说可以用改天换地来形容。短短8个月时间,到2010年底,网络文学用户迅速增长了一倍以上。随着智能手机的迅速发展以及4G网络的普及,手机读者数量增长迅速。智能手机作为网络文学传播中的主流移动终端,其影响力一直持续至今。

承载网络文学传播的移动终端除了附带阅读功能的光盘、PSP、MP3/MP4、手机、平板电脑,各种专门应用于移动阅读的电子书阅读器也在不断发展、革新。如亚马逊公司开发的电子书阅读器Kindle、国内阅读器生产商汉王集团推出的汉王电子阅读器、掌阅书城推出的掌阅iReader阅读器等。

随着5G技术逐步成熟,以5G为代表的移动通信技术有力地推动了人工智能、物联网、大数据、云计算等技术蓬勃发展,未来的阅读场景也将从手机端、阅读器衍生至绘本阅读器、智能耳机、智能音箱、AR/VR眼镜等场景,满足用户多场景下的沉浸式阅读体验的需求。

（二）主要移动终端及其特点

当前,网络文学传播的主要移动终端有智能手机、平板电脑以及电子阅读器。用户主要通过这三种类型的移动终端进行网络文学及其衍生品的听读互动。

1. 智能手机

2012年之后,智能手机的大规模普及,苹果IOS操作系统和安卓操作系统的普遍安装和手机应用程序商店的出现，极大地丰富了手机上网功能，移动互联网应用呈现了爆发式增长。

2019 年 6 月 6 日，工信部正式向中国电信、中国移动、中国联通、中国广电发放 5G 商用牌照，中国正式进入 5G 商用元年。得益于上网速度、上网便捷性等移动互联网技术的极大提升，以及手机应用程序的丰富，网络文学产业呈现快速增长，整体规模实现跃升。利用手机用户时间碎片化的特点，提供"高爽感、快节奏"的快餐文学产品，提高读者与平台的频繁交互，构建了"需求——应用——服务——功能提升——需求提升"的良性循环。

一大批以网络文学为主要内容产品的手机移动应用开始呈现大规模爆发式增长。据中国新闻出版研究院第二十一次全国国民阅读调查，我国成年国民数字化阅读方式（电脑端网络在线阅读、手机阅读、电子阅读器阅读、pad 阅读等）的接触率为 80.3％，移动阅读成为主流。

随着阅读渠道及阅读场景的多元化，移动手机厂商也采取手机内置预装、投资收购、与数字阅读核心企业合作等方式不断挖掘更多的用户，扩大网络文学群体覆盖面，从而使得其用户规模获得一定数量的增长。

以智能手机作为网络文学阅读终端有以下三大优势：一是用户覆盖率高；二是良好的多媒体体验；三是极佳的移动性。但同时，智能手机终端也有其缺点，如屏幕小、费流量、平台多、内容杂等，同时，也容易形成人的依赖性。

2. 平板电脑

2010 年 3 月，苹果公司第一代 iPad 正式向全球发布，在全世界掀起平板电脑热潮。平板电脑与智能手机相比屏幕更大，重量和体积又比传统笔记本电脑小，在移动阅读场景里具有先天优势。

平板电脑合适的尺寸、超高的分辨率、硬件上的可扩展、软件上的开放等特性决定了高品质的阅读效果。作为手机与电脑之间的中间形态，平板电脑结合了两者的优点，是一种更快捷获取互联网信息、适合轻量级应用的移动终端产品。平板电脑的出现带来了一种移动阅读方式的改变，即用户从图文阅读转向多媒体阅读。

3. 电子阅读器

2007 年，亚马逊公司发售了旗下第一款电子阅读器 Kindle，6 英寸黑白墨水屏幕可容纳上万本电子书。Kindle 的推出与 iPhone 的推出同时入选 2007 年世界十大网络科技事件。以 Kindle 为代表的电子阅读器，专为数字阅读消费而出现，是非常专业的移动阅读终端设备。

（三）网络文学与移动终端构建阅读新模式

在移动互联网时代，网络文学作为数字阅读的重要组成内容，呈现多样化、精细化趋势。经过二十多年的沉淀与发展，网络文学在兼顾文学性和娱乐性的道路上有了长足的进步，与互联网科技的紧密结合，开辟了文学创作的全新模式。

1. 内容跨终端发布

网络文学对 ACGNM+（动漫、短视频、游戏、直播、社交互动）泛娱乐衍生内容的开发，发挥了重要的社会与文化功能。

数字阅读对用户来说，除了满足阅读的本身需求，更关键的是解决了碎片化时间的有效利用。随着信息技术的发展和硬件成本的降低，用户对数字阅读内容跨平台、跨终端发布的需要大大提升。突破平台壁垒、终端壁垒，实现信息内容覆盖多种移动终端的多媒体发布，帮助广大用户实现随处阅读的常态化场景体验。

2. 拓展多模态开发

移动阅读的内容呈现方式日益多样化，市场争夺的重要对象聚焦在用户碎片化时间上。除了传统阅读的图文呈现，移动阅读将内容呈现方式扩展到声音、影像、直播、智能互动等多模态内容呈现。从最初的纯文本浅层阅读，扩展为有声、漫画、影视、游戏，直播互动等多模态沉浸式阅读，将更多的大众用户导流至作品，从而放大整个内容 IP 价值。

阅读体验领域的扩展带动移动终端功能的同步扩展。如当短视频成为用户重要的休闲娱乐内容模态，短视频也成为网络文学宣发推广的新渠道，相应的移动终端同步扩展，为播放短视频提供功能支撑。有声书阅读成为移动阅读中新的增长点，不少网络文学平台纷纷布局有声市场，在传统文字阅读转向有声阅读的过程中，采用 AI 主播、真人专业主播的录制形式也将移动阅读领域扩充到智能阅读器、智能耳机、智能音箱等有声模态的终端产品。

3. 互联网＋智能互动

随着 5G 时代的来临，用户对高品质阅读的需求越来越高涨，不少网络文学出版单位也在布局打通影音漫游书的新技术。借助 AR 技术，用户可以通过移动终端设备将内容信息中的 AR 点位扫描读取，作品中的抽象形态就能“活”过来，与用户产生更立体的智能互动。科技赋能，不只是阅读方式迭代更新，数字阅读的场景也更加智能化。

我国已有多家图书馆、博物馆运用高科技手段，搭建“云”参观平台,过去不可想象的阅读场景,如今变为现实。在咪咕中信云上 VR 书店里,用户足不出户即可进入 360 度全景书屋,根据个人意愿设计路线,“云”探店、“云”购书。随着 5G 互联网技术的普及以及智能家居、可穿戴设备的发展,更多智能化的移动终端将加入数字阅读的场景体验之中。

三、新媒体

近些年,随着社交网络的发展,社交阅读也应运而生。微信作为国内用户人数最多的社交软件之一,于 2015 年推出了“微信读书”App,可以直接于微信小程序内搜索到并进入阅读,这种阅读模式相比于其他阅读软件,能够让读者在阅读的同时,随时随地和原有社交账户上的朋友以及书友进行交流、书籍互推等。相对于其他阅读软件来说,互动性更强,能够更好地将原本较为孤立的阅读与社交结合起来,给传统的阅读模式带来了新的变革。

微博是指包括新浪微博、腾讯微博、搜狐微博和网易微博等多家互联网巨头旗下的社交产品,此处我们以新浪微博作为典型来介绍。截至 2021 年三季度末,微博月活跃用户达 5.73 亿,其中移动端比例达到 94%,日活跃用户达到 2.48 亿。微博用户群体呈现年轻化趋势,其中“90 后”和“00 后”的占比接近 80%。作为使用人数如此庞大的一个软件,微博也在其功能页推出了读书频道,不过目前仅限于推书以及短篇小说的发布。微博用户可以随时随地发表短篇小说以及推荐小说链接,丰富了网络小说的发表形式,扩大了网络文学的传播范围。

(一) 新媒体传播特点

微信、微博等新媒体因其自身的强大社交功能,对网络文学的推广起到了相当大的助力。微信、微博在推书方面有着独树一帜的特点，主要表现在四个方面：一是互动性强，二是传播成本低，三是传播范围广，四是社群属性明显。

1. 互动性强

微信、微博的阅读功能与其他网文客户端最大的区别在于能极大限度地利用其原有社交账号的好友圈层进行传播、互动。比如微信读书的“读书排行榜”“朋友的想法”等功能，可以查阅微信好友的阅读时长以及最近阅读的书籍，来达到交流阅读体验和互推作品等目的。微博可单向、可双向的关注机制和便捷的回复、评论、转发等功能，为网络文学爱好者搭建了良好的互动平台。与此同时，微博具备着论坛网站和社交网站开放性、交互性的特征，用户黏性也较强。用户在微博发布小说后，微博用户都可以自主对小说作评论，且用户之间也可以相互评论。网文创作者完全可以利用这一点，在信息关注者范围内进行“一对一”的沟通，既可以维护与粉丝的关系，也能深入挖掘潜在的客户，通过互动拉近了与受众之间的联系，进而达到传播和营销目的。

2. 传播成本低

网文作者利用微信、微博发布网文连载信息时，微信、微博对作者的入驻和发布信息本身是不需要收取费用的，对作者的关注、转发以及评论也基本不需要费用，即粉丝不必需要权限就可以关注作者并获得信息。例如大神作者南派三叔在微信发布作品相关的资讯通知，而天蚕土豆则直接将章节更新放在了微信上。所以与传统营销方式如利用网络电视、搜索引擎等进行广告营销时需要支付较昂贵的广告费用相比，网络文学的微信、微博营销的成本比较低廉，特别是信息发布的成本很低。当然如果是希望寻求粉丝数量庞大的推书公众号或者微博大V帮忙宣传自己的图书信息，也就是和传统意义上的广告位购买类似，以达到营销目的，这个费用就没有固定的衡量标准了。然而传播成本低不代表传播效果差，微信的朋友圈关系网来自现实生活中强有力的人脉关系，熟人推荐的效果往往比广告来得更有效；而微博超话和标签推荐可以更快地进行用户细分并锁定目标用户，达到精准营销的效果。

3. 传播范围广

相比于其他阅读软件的推送宣发以及顶部专题置顶等针对网文爱好者的宣发手段，微信能最大限度地利用信息传输者和被传输者的关系网，关系网和关系网交叠，转发、分享，再次转发、分享……在短时间迅速扩大网文信息传播面。同理，微博能够通过实时热点、小时榜、超话等专栏将讯息随时随地转发评论，将网文从特定群体的推广空间释放出来，从而吸引新用户的驻足和加入，形成更有效的传播。

4. 社群属性明显

相比较于传统媒体自上而下的传播方式，读者只能被动接收网文小说的传播信息，微信、微博等新媒体用户作为各自社群成员之一，可以自发组织研讨网文讯息，发起者既可以是大V，也可以是一名普通读者，只要输出的观点或创作的作品为广大用户喜爱，就可以达到所谓“出圈”的效果。原有的网文传播途径一般是网站根据后台数据反馈，推送数据好、立意深的作品来作为标杆或放在推荐位上宣传，微信、微博等新媒体却可以自下而上反馈时下读者的阅读喜好，更有利于捕捉最新的最贴近“地气”的大众阅读取向，打破原有传播方式的“意见垄断”和“议程设置”。

总的来说，微博微信推书的传播成本低，但可以极大限度地利用用户的闲暇碎片时间进行全方位的营销推广，从而达到比传统传播方式更有效的信息扩散。

（二）新媒体对网络文学的影响

1. 有利于网络文学挖掘下沉市场

下沉市场指的是三线以下城市、县镇与农村地区的市场，用户年龄多在 18 岁以下，46 岁以上，具有闲暇时间多、熟人社会、价值敏感等特征。下沉市场是我国人口基数最大、面积最大、潜力最大的市场之一，起先应用于互联网电商的市场扩容中，后来被文化产业尤其是网络文学行业的分销渠道的拓展所吸纳。

随着微博、微信、抖音等新媒体在日常生活中的使用频率不断增加，催生了网络文学对下沉市场的拓展探索。

2009 年微博上线的同年，《哥也混过，哥也爱过，现在哥也低调》跃居百度贴吧第一神帖，并被 17K 小说网邀请驻站连载，成为后来网络文学从各大新媒体平台引流行为的肇始，又称“第一人称直播纪实帖”写法。2012 年微信公众号上线后，各大文学网站反过来受到了百度贴吧等论坛及微博、微信公众号等新媒介的影响，促使了网络文学题材的演变。由于跟随网络文学发展起来的读者市场已经趋于饱和，微博微信等平台的兴起让网络文学行业从事者看到了尚未发掘的市场，各大网络平台调整战略方向，注册公众号、微博，试图抢先将较少阅读或者从未接触过网络文学的下沉用户收入囊中，从而开辟网络文学收入的新渠道。

2. 催生网络文学新题材的诞生

由于新一波的网络文学受众是由微信、微博等新媒体矩阵引流而来。以往的网络文学题材对于这类用户来说不够吸引眼球，用语较为复杂、华丽，短时间内难以将其吸引变现。为了吸引平时很少阅读网络文学的这类用户，首先需要研究这类用户的行为习惯爱好。对于下沉市场用户来说，吸引人的标题、津津有味的新闻八卦和短平快的故事情节更容易俘获他们的心。据此，网络文学从业者将原有的网络文学套路包装为小人物逆袭、阶层跨越等题材，并通过夸张的标题，以及新奇的开头设置来吸引点击，例如微信公众号的每日推文，首选推文的标题要足够抓住读者的眼球，然后再截取一段爽点足、悬念强的片段，最后附上跳转链接直达全文并设置收费点，这也是目前新媒体文的日常运营模板。

大长篇的网络文学在新媒体文中并不多见，网络文学的篇幅越写越长这个趋势也在新一轮新媒体文的冲击下有所改变。

随着新媒体文的发展，一些负面影响也随之出现，各种夸张的标题党、无下限的推广方式和为了逐利写文尺度的放开，都容易导致网络文学往低俗化的方向发展。比如前些年流行一时"赘婿文"和"首富文"，以这类主题写作的网络文学精品少，部分题材和主旨都强调金钱和权势的重要性，不能给读者带来积极向上的正面引导，反而容易对年龄尚小的读者的金钱观、价值观的塑造带来负面影响。这一现象需要高度重视并加以改正。

总体来说，微博、微信等新媒体，推动了网络文学向更广阔的用户市场扎根发展，也催生了网络文学新形式的诞生。然而过分迎合下沉市场，也使得网络文学题材出现低俗化、同质化和泛娱乐化的趋势，网络文学作家的争相逐利行为使得近些年网络文学市场出现“劣币驱逐良币”的现象，不利于网络文学精品的诞生。从长远来看，不利于网络文学行业的健康稳定发展，相关部门需进行监督把控，引导网络文学行业往精品化、可持续化方向发展。

四、排行榜与奖项

网络文学诞生伊始被认为是带有青年亚文化特性的文化产品，长期处于边缘地位。网络文学与青年亚文化关系密切，两者互相缠绕，结合紧密。一方面，网络小说写作促进或者带动了青年亚文化的形成。广大青年写作者如鱼入水，他们抛开传统写作的种种束缚和禁忌，并进行了大胆的革新和颠覆，往往能以强烈的个人特色赢得大批粉丝的追捧。另一方面，青年亚文化也能够引导网络文学写作的方向，基于网络平台交流的即时互动性，作者与读者共同成为文本创造者和审美体验者，读者会主动参与其中建构亚文化，从而影响写作方向。

当青年逐渐成长，网络文学也逐步走向成熟，影响力逐步扩大。经过二十多年的发展，中国网络文学已和美国好莱坞电影、日本动漫和韩国电视剧一样，被推送到文化行业的前沿主流。

网络文学作为小众的文化产品，在近十年转变为大众读物。现阶段的网络文学更已成为人们碎片时间不可分割的一部分。网络文学作品仅仅“出圈”已经不能满足大众要求，顺应大众呼声的各类排行榜与奖项产生了。

（一）网络文学排行榜和奖项的增加

1. 各大网络文学网站排行榜和奖项

为鼓励网络作者写出优秀的文学作品，挖掘网络作品的无限可能性，承载网络文学作品的网站近年来陆续推出征文比赛，形成各自的站内作品年度排行榜与作者、作品奖项。在提升网站知名度的基础上，同时也表达网站对优秀作品的认可，获奖作品也侧面反映网站当年收稿和发展方向。

阅文集团在2021年6月举办的阅文原创IP盛典，揭晓了年度重磅原创IP榜单，包括年度题材作品、年度海外作品、年度男频/女频人气十强作品、年度改编期待作品等一系列重磅推荐。其中，阅文集团大神作家“卖报小郎君”创作的《大奉打更人》一举囊括了“年度最佳作品”“年度男频人气十强”“年度东方幻想题材作品”及“年度影视改编期待作品”四项称号，成为本次盛典最亮眼的作品之一。

中国移动旗下阅读网站咪咕阅读2021年度为年度好作品、好作者颁发了48个重磅奖项。其中，月销千万引爆全网的《今日宜偏爱》获评“2021咪咕文学新媒体销冠”，连续3部作品达成百万级影视项目合作，荣登15个榜单TOP1的作者怡然获评“2021咪咕文学她力量年度作者”。

2. 由作协等官方、地方文化组织牵头的网络文学排行榜和奖项

除原创网络文学网站外，中国作协、地方作协等也单独或者联合地方政府、文化组织，主办或开设各类网络文学排行榜和奖项，以支持网络文学的发展与进步。

中国作协网络文学中心主办的“中国网络文学影响力榜”，始于2014年，影响力榜包括四项：“网络小说榜”“IP改编榜”“海外影响力榜”，以及针对“90后”作家的“新人新作榜”。发布“中国网络文学影响力榜”旨在发挥优秀作家作品在价值导向、

题材类型、文学品质、美学追求等方面的风向标作用，推动网络文学在文本质量、IP 改编、国际传播等方面的高质量发展。2020 年度“网络小说榜”上榜作品既有《北斗星辰》《大国战隼》等反映现实题材创作成就的作品，也有《汉阙》等优秀历史题材小说；“IP 改编榜”上榜作品中，有改编成影视作品的《燕云台》《一念永恒》。历届中国网络文学影响力榜中，亦有《知否知否应是绿肥红瘦》《庆余年》《诛仙》等知名作品。

中国音像与数字出版协会主办的数字阅读作品（项目）推荐活动，于 2015 年首次启动，旨在遴选追求真善美、传播正能量的优秀网络文学原创作品，并通过其示范作用，引导网络文学行业健康有序发展。迄今，8 届活动已向社会公开推介了上百部优秀数字阅读作品（含网络文学作品）和数字阅读项目，如《何日请长缨》《生命之巅》《重生：湘江战役失散红军记忆》等。

“网络文学双年奖”由浙江省网络作家协会、宁波市文联、中共慈溪市委宣传部共同设立，浙江省网络作家协会、宁波市网络作家协会、慈溪市网络作家协会联合承办。该奖项的设立旨在通过表彰和奖励在中国网络文学界有影响、有实力的作家作品，加强网络文学创作队伍建设，推动网络文学创作与发展，促进中国网络文学的健康发展。《将夜》《琅琊榜》《雪中悍刀行》《燕云台》《有匪》《长夜难明》等知名作品均获得过“网络文学双年奖”奖项。

由中华文学基金会、桐乡市人民政府发起的“茅盾新人奖”“茅盾新人奖·网络文学奖”，旨在引导网络文学创作、服务新文学群体。唐家三少、南派三叔、匪我思存、马伯庸、紫金陈、蔡骏等知名网络文学作家都曾获得过此奖项。

此外，泛华文网络文学“金键盘”奖、“最具版权价值排行榜”、各省市网络作家协会网络文学优秀作品扶持等奖项榜单，都如雨后春笋一般，丰富着网络文学的土壤。

（二）行业主管部门组织的推优工作

国家新闻出版署自2020年开始组织实施“优秀现实题材和历史题材网络文学出版工程”推优工作，每年推选不超过10部优秀作品，鼓励网络文学出版单位加强现实题材和历史题材作品创作出版，推出更多尊重历史、关注现实、贴近群众、反映生活的优秀作品，推动网络文学多出精品、多出人才，为人民群众奉献更好更多的精神食粮。目前，已有包括《苍穹之盾》等26部作品入选。

（三）主流文学奖项评奖范围的扩大

2010年，“鲁迅文学奖”首次将网络作品纳入参评范围。2011年，“茅盾文学奖”也将网络文学纳入了评选范畴。虽然十多年来，网络文学没有斩获这两个主流文学奖项，但已经越来越多次出现在入围及参评目录里。

作者文雨的作品《网逝》入选第五届“鲁迅文学奖中篇小说备选作品篇目”；作者笛安的作品《光辉岁月》提名第六届“鲁迅文学奖短篇小说奖”。另外，作者红九的作品《请叫我总监》、作者吉祥夜的作品《写给鼹鼠先生的情书》、作者囧囧有妖的作品《总有一天你会喜欢我》等多部网络文学作品进入第十届“茅盾文学奖参评作品目录”。

网络小说《大国重工》入选了第五届“中国出版政府奖”。“中国出版政府奖”是中国出版领域的最高奖，这也是该奖项设置以来首次颁发给网络文学作品。

以上都说明网络文学作品的质量在提升，行业的认可度在提高、社会影响力在逐步扩大。

网络文学通过近二十年的发展，进入排行榜和获奖的作品，并不是一味地追求爽感，而是更加接近生活，现实题材的网络文学作品正在逐渐成为网络文学中的重要类型。网络文学作品的价值观导向、网络文学作品的意识形态传达、网络作家的社会责任感提高，任重而道远。广大网络文学工作者要遵循习近平总书记对文艺工作者提出的要求，讲好中国故事，传播中华优秀传统文化。

第三节　网络文学受众

网络文学受众即网络文学信息的接收者，可以是个体，也可以是群体；可以是网络文学文本的阅读者，也可以是网络文学改编作品的欣赏者，更可以是网络文学衍生产品的使用者。网络文学是高度市场化的文化产业，影响着广大的网络文学受众。同时，对网络文学受众而言，网络文学也是一种文化产品的选择。网络文学和网络文学受众相互影响，相互作用，推动着网络文学的发展。

一、类型及主要特点

根据网络文学受众阅读目的的不同，网络文学受众可分为单纯输入型受众和再输出型受众两类：

（一）单纯输入型受众

单纯输入型受众是指其在阅读目的上，以单纯寻求阅读体验，根据阅读内容丰富个人阅历、指导个人生活的群体，或者是在无明确阅读目的情况下，进行网络文学阅读的群体。这类受众我们也称之为普通读者。

1. 年龄分布及特点

中国音像与数字出版协会发布的年度中国网络文学发展报告显示，近年来，网络文学读者覆盖范围虽然广泛，但是年轻化是网络文学读者结构的核心特征。2023 年，25 岁及以下的受众群体占比超四成，其活跃度和参与度均保持较高水平。

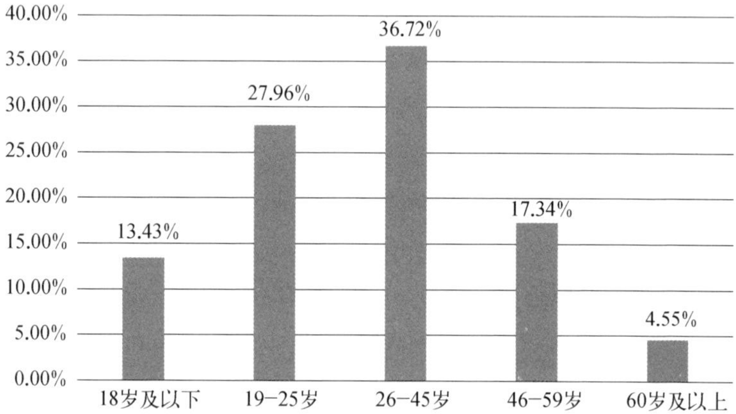

图 6-2　2023 年中国网络文学读者年龄分布

单纯输入型受众呈现出年轻化的趋势并不意外。年轻一代接触电子设备的时间越来越早，移动终端成为年轻人的主要阅读方式，这些“Z 世代”受众的固有特点，与网络文学天生的更新快、易互动、连载性，天然地互为匹配。

2. 付费意愿情况

目前，网络文学的免费阅读和付费阅读模式相辅相成，为其读者提供了更多个性化选择。中国音像与数字出版协会发布的《2021 年中国网络文学发展报告》显示，在付费意愿方面，付费用户与免费阅读用户占比相对均衡，但相较于 2020 年，用户的付费意愿有所下降。其中，单本/整部购买的占 27.92%、购买会员资格的占 11.45%、包年的占 8.04%、打赏的占 5.86%，可以看到，读者的阅读付费行为有了多重选择，活跃度持续得到激活。读者在平台运营模式长期培养下，已经形成相对稳固的消费习惯。

3. 阅读题材的偏好

近几年来，根据中国音像与数字出版协会发布的年度中国网络文学发展报告，玄幻奇幻、悬疑推理、武侠仙侠、古言现言、青春校园等依然是最受读者欢迎的网络文学题材。如图 6－3 所示，各类型题材之间，读者分布相对稳定。同时，国民综合素养、文化自豪感的增强，主题类、现实类、职业类等题材受到了很多用户的支持和欢迎，有了长足的发展，在 IP 开发、作品衍生等方面越来越成熟，读者黏性得到显著增强。

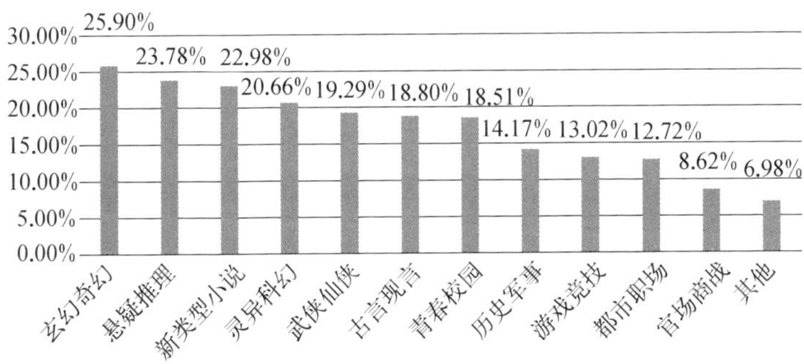

图 6－3　2023 年中国网络文学用户题材类型偏好占比

4. 海外受众群体情况

海外受众成为网络文学受众里一道新的风景线。根据中国作协发布的《2023 中国网络文学蓝皮书》，2023 年我国网络文学海外活跃用户总数近 2 亿人。

网络文学的海外受众与国内受众一样，呈现出年轻化的态势。相关统计数据显示，海外网络文学受众群体主要集中在 35 岁以下，覆盖的国家和地区主要是东南亚和北美。海外受众群体在网络文学题材的选择上，玄幻奇幻、古言现言、灵异科幻玄是其偏好的主要题材类型，与国内受众群体的选择相似，说明网络文学这种数字出版形式可以有效地在海外传播我国优秀的传统文化。

综上，我们可以看出，单纯输入型受众群体充分体现了其网生代的特点。群体年轻，接受新生事物的能力强，更乐于与平台、作者，甚至是作品人物进行互动。使作者、网络文学出版单位、读者之间可以形成良好的闭环效应，让网络文学作品离受众更近、更受其喜爱。此外，单纯输入型受众分布年轻化趋势、付费意愿相对较强、更偏向于移动阅读的偏好，形成了这一受众群体的完整画像，为我们更好地生产、创作网络文学内容指明了方向。

（二）再输出型受众

再输出型受众，是指有明确的阅读目的，即为了进行文字以外其他形式的再次创作而进行的、有选择性阅读的群体。例如进行影视、动画、有声剧、游戏等改编。

1. 受众的分布

此类受众主要是网络文学发布平台、影视制作公司、流媒体平台、游戏制作公司以及对改编有兴趣且有实力的个人。

2. 受众的特点

再输出型受众因其阅读目标明确，评判标准清晰，因此在选择阅读网络文学作品时，定向性这一特点非常突出。

再输出型受众在阅读网络文学作品时有着非常清晰的目的。他们已经有一个确定的改编类型或者改编方向，并以此对网络文学作品进行选择性定向阅读。

他们在做定向阅读时，会作以下几个维度的考量：第一，对市场热点类作品有着高度的关注。第二，根据自身业务发展特点与对市场的预判，在对海量网络文学作品进行广泛扫描后精准定位，再作定向阅读。第三，在有确定选题的情况下，与网络作品发布平台或作者进行定向沟通，最大程度地确保作品与需求的契合度。

再输出型受众最大的特点是有改编以及制作能力。此能力包括对作品进行再改编的专业能力，对进行作品购买与制作的资金能力，组建专业团队进行再次制作与发行的资源调动能力，以及播放审查的协调能力。

再输出型受众还具备对市场热点、政策风向高度了解的特点。为提升挑选作品的精准度、避免作品发行的政策风险，再输出型受众一般对市场热点类型题材以及该题材的爆发点都非常熟悉，同时对国家公开发行的各种文化作品的审查制度也有深度了解。

二、阅读习惯的变迁

阅读习惯是指由实践巩固下来的阅读方式、方法、程序等的通称，即适应阅读所需要的、熟练的行为方式与思维定式。

网络文学受众的阅读习惯与技术发展息息相关，随着电脑、手机硬件软件技术的发展与创新，受众的阅读习惯也与时俱进地在改变。

网络文学诞生至今二十多年的时间里，受众的阅读习惯变迁主要体现在以下几个方面：

（一）阅读介质的改变，从纸质图书到移动阅读

20 世纪以来，依托于现代印刷技术的革新，图书规模化印刷得以实现，出版业有了飞速的发展。长久以来，纸质图书成为传播信息的主要媒介，是人们阅读的首要选择。早期的网络小

说，虽然诞生于网络，但因为电脑不普及，以及大众习惯于阅读纸质图书，因此萌芽时期的网络小说的主要传播途径仍然是纸质图书。被称为网文小说开山之作的《第一次的亲密接触》，其大量传播就是依靠出版的纸质图书，该书销量超过了100万册。纸质图书具有阅读方便、有收藏价值等优点，但同时也存在着时效性低、不易传播，以及无法满足受众海量阅读需求等缺点。

随着人们生活水平的提高，电脑走进千家万户，逐渐成为网络文学传播的主要载体。电子图书具有时效性高、易传播、价格低、易检索、储存方便等优点，电脑成为这个时间段内主要的电子阅读介质。但电脑也存在着携带不方便的缺点，如何让阅读变得更方便，给从业者们提出了新的挑战。

2009年9月，中国移动阅读基地在浙江杭州成立，开启了移动阅读时代。手机携带方便、支付快捷，成为移动时代大多数人的阅读首选工具。截至目前，手机阅读用户已达4.59亿，占网络文学总用户的99.78%。除了手机外，还出现了Kindle、Bambook等便携式移动阅读工具。

短短二十多年的时间，从纸质图书到手机，网络文学的阅读介质经历了两次重大变革，目前，我们正在经历移动阅读时代，以后还会出现什么样的新媒介，让我们拭目以待。

（二）消费习惯的改变，从免费阅读到“付费和免费并存”

网络文学萌芽初期，受众较少，且受支付技术的限制，网站一般为读者提供免费内容，供其阅读。但这种方式易造成盗版横行，同时读者免费获取内容的背后，论坛、网站都承担着成本，作者同样没有获得收益回报，长此以往，不利于行业生态的良性发展。让内容产生经济价值，是从业者们急需解决的问题。

2003年,起点中文网率先进行了小说阅读收费模式的探索,即VIP章节付费模式。读者可免费阅读部分内容,阅读VIP内容时,则需要付费。通过这种方式,网站运营者和作者都能获得收益,有利于行业生态的良性循环。随着网络小说的质量逐渐提升,为了阅读到自己喜欢的内容,越来越多的读者愿意为其付费。为了满足读者的需求,付费模式也逐渐多元化,从按章付费发展出按本付费、包月付费、限时免费等模式。

目前,以番茄小说、七猫小说、米读小说为代表的网站推出了全站免费的模式,以广告为盈利点,平衡读者、作者、网站三方利益。正版免费模式一经推出,便吸引了大量用户,移动阅读平台月活跃用户数TOP10中,免费阅读平台的数量占据了50%,市场业已形成“付费+免费并存”的稳定商业模式,受众的阅读习惯也趋向于“付费+免费并存”。

从网络文学产生以来,受众的阅读习惯经历了免费到付费,再到“付费和免费并存”的变迁。

(三)阅读方式的改变,从“看”到“听”

长久以来,我们都是通过“看”进行阅读,无论阅读媒介是纸质图书还是电脑、手机,阅读时都是通过“看”的方式。网络文学蓬勃发展的过程中,行业在收费模式、内容创新、全版权运营等方面都进行了探索,阅读方式紧随探索潮流,也不再局限于“看”,而将创新进行到底。

为了满足读者多场景的阅读需求,行业开始在阅读方式上进行探索和创新。2011年9月,音频产品蜻蜓FM上线,成为我国第一个内容音频平台。2012年8月,喜马拉雅上线,之后短短的两年时间内,用户数量突破1亿。随后,咪咕阅读、QQ

阅读等均推出了听书功能。听书因具有使用方便、满足多场景需求等优点,越来越受到受众的喜爱。根据中国音像与数字出版协会发布的《2023年中国数字阅读报告》,2023年,包括有声书阅读、广播剧(节目)阅读和在线课程阅读在内的我国有声阅读市场营收规模达到116.35亿元,相比2022年,增长了21.6%。数字阅读用户的年人均有声阅读量为8.39本(部),较2022年增长0.95本(部)。

听书已经成了小说爱好者新的“阅读”习惯,受众的阅读方式也正在经历重大的变革。

(四)阅读内容形态多元化,从纯文字到其他形态

文字是记录语言的工具,对创作者而言,文字是其思想内涵的展现,对受众而言,文字是其获得阅读体验最直接的工具。网络文学出现后,受众很长一段时间内,都是通过阅读纯文字这一传统的方式来体验内容。

随着“Z世代”用户规模增大和消费能力的提升,网络文学的用户也在经历更新迭代,为了满足“Z世代”用户的需求,行业的发展逐渐精细化。

依托于传播载体技术的更新,诞生了听书。将文字转化成声音,以声音这种新的内容形式进行传播。听书以其更加方便、体验更加良好等优点,越来越受到网络文学受众的欢迎,其身临其境的场景体验更是文字无法比拟的。

漫画是网络文学另外一种比较受欢迎的展现形式,将网络文学的文字通过漫画更直观地展现出来,颇受读者欢迎。声音和漫画结合的动态漫画更是兼具听书和漫画的功能,这种新的展现形式带给了读者不一样的阅读体验。

动画也是网络文学的另一种形态展示。网络文学人气作品《择天记》《斗破苍穹》《斗罗大陆》《全职高手》等作品相继改编成动画系列作品，网络播放量过亿，受到读者的广泛欢迎。

将网络文学改编成为影视作品是当下网络文学的一股潮流。相较于传统的影视剧本，网络文学经过市场验证，经历过读者考验，沉淀下来的作品内容质量过关，改编起来更容易为观众所接受，大大降低了内容风险。通过优质的改编后，将原生 IP 的优势进一步放大演绎，短时间内便能迅速扩大受众圈层，缩短了影视作品的发酵周期。

随着受众需求的多样化，内容形态也越来越多元化，不断创新的内容形态满足了不断迭代的用户需求，两者相互作用，共同促进了内容形态的不断发展。

（五）阅读习惯的改变，从完整的长篇到碎片化的短篇

网络文学短则几十万字，长则几百万字，甚至上千万字。网络文学出现的前中期，读者习惯于阅读长篇。随着网络文学多元化精细化发展，读者的阅读习惯也在逐渐改变，面对着海量信息的冲击，短而小的短篇内容越来越受读者的欢迎。相对于长篇文学，短篇文学消耗时间短，情节推进快，内容更紧凑，更符合当下快节奏的生活。从几万字的中篇，到几千字的短篇，已经逐渐在阅读市场中占据了一席之地。

时代在发展，社会在变迁，用户的阅读习惯也在与时俱进，对行业的多元化发展、精细化运营不断提出新的挑战。

三、受众需求对网络文学的影响

受众需求对网络文学的影响主要体现在网络文学的内容、

载体以及付费方式三个方面：

（一）对网络文学内容的影响

网络文学首先是一种文化产品。受众作为消费者，通过消费文化产品获得主观效用，网络文学的内容则是这种文化产品的核心。受众的需求对网络文学内容的变迁有着极其重要的影响。

1. 受众需求影响创作者内容创作

不同于传统文学，网络文学的创作方式和过程具有开放性和即时性。基于交互性的技术支持，在线的网络文学文本呈现出的不是单纯的“作者文本”，而是由不断更新的“故事文本”“作者感言”和“读者评论”共同组合而成的复合文本。“评论区”“作者感言”“评分系统”等具有非常强的互动性，打通了作者和受众之间的沟通壁垒，缩短了作者和受众之间的交流“时差”，成为网络文学创作者获取受众反馈的桥梁。作者通过这些互动，能够及时收到受众的建议、了解受众的内容需求，从而在后续创作中调整内容方向。而受众通过这样的互动，更加深刻全面地了解作者的想法和感受，进一步给出内容反馈，这样的过程不断循环。

网络文学的互动性，让受众一定程度上参与到网络文学的创作中去，受众的参与感较强。甚至单纯输入型受众会因此变为输出型受众，产出原生 IP 的改编作品或者衍生产品，对内容创作产生深远影响。

另外，网络文学的盈利模式，决定了内容变现的核心在于让受众获得良好的内容体验。所以，在一定程度上，作者在创作过程当中，需要考虑核心受众的偏好。不论是以 VIP 模式为主的电子阅读变现模式，还是 IP 改编变现模式，都需要受众为其买单。

受众的偏好是网络文学创作者在创作过程当中必须考虑的因素，因此很大程度地影响了网络文学创作者的内容创作。

2. 受众偏好促进网络文学内容迭代

网络文学在经历了二十多年的发展后，用户的审美和阅读习惯也已经得到了充分的成长。同时，在网络文学发展的过程中，市场规模不断扩大，受众年龄层也不断拓展。根据中国音像与数字出版协会发布的相关数据，2021 年，“90 后”群体占网络文学受众群体的近五成，年轻读者已经成为网络文学受众的主要组成部分。

受众的成长和受众规模的扩大，受众对于内容的多元化要求也更高。年轻受众的占比增加，意味着内容迭代也将加快。网络文学内容需要不断在已有类别的基础上推陈出新。

例如，在网络文学发展阶段早期，玄幻、仙侠、宫斗等题材极其受读者欢迎，相关类别的作品数量远高于其他类别。而随着网络文学的发展，这些类别的内容数量趋向饱和，并且在内容上趋于同质化。一方面，受众对这些类别的作品逐渐失去新鲜感，早期热门的题材已经不能满足现阶段受众的需要。另一方面，早期热门的创意已经被过度挖掘，受众对新创意、新故事的需求与日俱增。

随着受众偏好的变化，网络文学创作者需要不断在原有热门题材的基础上进行微调和创新，甚至发掘出全新的内容类别。

未来，受众的偏好依旧会继续变化，网络文学的生命力就在于面对变化的市场，不断地进行创新和突破。

（二）对网络文学载体的影响

宏观来看，网络文学是以互联网为载体的文学形式。网络文学用户也是互联网用户的一部分。而随着互联网技术的发展，尤其是移动互联网和智能终端的发展，互联网用户行为习惯发生了巨大的变化，这也使得网络文学受众的阅读习惯随之发生变化。

网络文学的载体也因为受众阅读习惯的变化而产生了变化，呈现出多样化的特点。

早期网络文学多在社区论坛、个人博客等平台发布。而随着移动互联网和智能终端的发展，移动终端用户爆炸式增长，网络文学受众也从 PC 端网页逐渐向移动设备转移，进入“移动阅读”时代。

近年来，随着自媒体的发展，受众的阅读习惯再次发生了变化，大量用户被分流到各个自媒体平台和账号下，网络文学的载体也随之发生了变化，受众逐渐适应自媒体阅读形式。

随着互联网文化娱乐方式日益多样化，网络文学用户的阅读习惯不断变化，从而形成了目前网络文学多种阅读载体开花的局面。

（三）受众偏好影响网络文学付费方式

正如前文所述，在网络文学发展初期，除了一些通过出版、改编获得收益的作品，其他作品大多采用免费阅读的模式。

2003 年，起点中文网推出 VIP 付费模式与月票制度，这标志着中国网络文学从免费模式开始向付费模式探索。在很长的一段时间内，付费阅读模式成为网络文学作品的最重要的变现模式，这种付费模式也受到了业内的广泛认可。但受众对“免费”心理需求的存在使得盗版网站仍有巨大市场。

目前，番茄、七猫、米读等正版阅读平台出现，免费向读者呈现网络文学作品内容，迎合了受众“免费阅读”的心理需求。不少免费阅读 App 更采用“免费阅读＋现金奖励”为营销手段，抓住用户心理，迅速打开市场。网络文学进入了收费模式和免费模式并行的阶段。

第四节　渠道建设与拓展

一、渠道建设

网络文学之所以被称为网络文学，原因在于这种文学最早是由互联网作为载体和渠道而进行传播的。互联网的渠道由若干终端组成，具有信息整合分发的优势，对网络文学的传播具有举足轻重的作用。互联网线上阅读渠道，又可以分为电脑端的线上阅读和移动端的线上阅读。时至今日，随着网络文学的迅猛发展，优质网络文学内容也同步开始走向出版，实体端的阅读也逐渐成为网络文学阅读的重要渠道。

（一）电脑端渠道的建设

电脑端的线上阅读渠道以原创文学网站为主，作为网络文学的摇篮，原创文学网站一直以来都是网络文学最主要的载体和传播渠道。

原创文学网站发展至今，逐渐细分成诸多的分类，形成各自鲜明的特色。有包罗万象的综合性文学网站，如起点中文网、中文在线等；也有聚焦垂类的专业文学网站，如围绕女性视角的晋江文学城、潇湘书院、红袖添香等，如孵化二次元文学创作的不可能的世界等，如关注军事题材创作的铁血网等。

（二）移动端渠道的建设

移动端的线上阅读渠道以智能手机终端的移动阅读 App 为主，此外还包括以苹果 iPad 为代表的平板电脑和亚马逊

Kindle 为代表的电子阅读器，支撑移动端阅读的硬件呈现出多元化发展的趋势。

随着互联网技术的不断拓展，自媒体渠道也成为重要的移动阅读渠道。网络文学创作者或企业通过微博、微信、抖音、快手、知乎等自媒体渠道对作品推荐和宣传，加强与读者的互动，提高粉丝黏性，以达到引流和提高作品影响力的效果。甚至部分自媒体渠道能够实现直接营销，如微博可以开通付费阅读渠道，微信可以开通打赏功能，抖音可以直接附实体书的购买链接等。目前，以主要移动阅读平台为核心渠道覆盖全网，以自媒体渠道填补空白，网络文学已然形成全面立体化的移动阅读生态系统。

（三）实体端渠道的建设

网络文学是随着互联网的普及而产生的，也是依赖互联网为展示平台和传播渠道的文学形式，但是这并不代表网络文学和传统出版文学完全地割裂和脱离。网络数字传播也好，实体出版发行也罢，都只是文学作品以不同的载体和渠道进行传播的方式。早在网络文学萌芽时期，就已经在尝试着进行实体出版。且这一时期实体出版是网络文学的主要变现模式。

网络文学开始 VIP 付费模式后，标志着网络文学不再需要完全依托实体出版实现盈利的可能。然而随着网络文学创作者规模的扩展以及网络文学作品数量的激增，网络文学作品自然无法做到每部都能够进行实体出版。此时的实体出版某种意义而言又成为筛选优质网络文学作品的渠道。网络文学作品能够出版意味着能够获得来自读者的大众认可，以及来自出版社的专业肯定，纸书发行渠道的拓展也能够为作品提供更多的宣传和推荐的机会。

网络文学的实体出版，为作者、文学网站、出版社都带来丰厚的利润回报，也为读者提供多向的阅读选择，达成四方共赢的局面。

二、渠道拓展

网络文学是以互联网为载体的文学，其传播的方式往往是以文字传播为主，但随着网络文学 IP 版权的衍生开发，图片传播、画面传播、声音传播等也逐渐成为网络文学的主流传播方式，对应的传播渠道也从互联网小说阅读平台向实体书、电视剧、电影、微短剧、有声书、动漫、游戏等多元拓展。

后来更在游戏、实景娱乐、IP 衍生品等方面拓展出多种商业变现模式，网络文学 IP 价值得以持续释放，网络文学 IP 运营成为我国文化产业的新常态。

网络文学在 IP 概念中处于一个独特的位置，主要由于其本身凝聚了内容价值、粉丝价值和营销价值。也就是说网络文学内容和渠道形成的有效组合，正是培育和发掘 IP 的最佳途径。以数字付费阅读为基础，网络文学实现了最基本的自我循环，作家通过数字阅读收费得以生存，可以源源不断地向市场输送产品。而网络文学也可以借助 IP 开发放大自身的价值，在原有的版权运作基础上实现跨门类发展。

2014 年，国家新闻出版广电总局在《关于推动网络文学健康发展的指导意见》中明确指出，要推动内容投送平台建设和大力培育市场主体，鼓励企业充分利用互联网、移动互联网，以图文、音频、视频等不同形式，对优秀原创文学作品进行全方位、多终端开发利用及传播，实现一次开发生产、多种载体发布。

（一）有声渠道的拓展

用户对音频付费意愿的不断提升、有声书配套行业的逐渐成熟、网络文学市场的发展、以自然语言处理技术与音频合成技术为代表的人工智能技术的蓬勃发展等，推动了有声书市场的不断发展。

近年来，有声读物已经成为网络文学 IP 改编中最重要的类型，根据中国音像与数字出版协会的数据，网络文学作品改编为有声读物的数量占总改编数量的比例具有绝对优势。除原来就专注有声阅读的平台如喜马拉雅、懒人听书等以外，目前在许多网络文学电子阅读应用中，也都配备了相应的有声书栏目，甚至有的电子阅读平台也衍生出专门的有声平台，如“番茄畅听”“掌阅听书”等。

网络文学的有声内容改编，主要是 AI 文字转语音、真人播诵、广播剧三种模式。这三种有声内容模式都在齐头并进发展当中。AI 文字转语音是将文字利用人工智能技术转化为语音，真人播诵是由播音演员将文字书播诵出来，一般播音演员一人分饰几位角色。广播剧是由配音工作室根据剧本制作的作用于人耳的“电视剧”，往往需要编剧、配音、剪辑多方合作才能完成。

虽然网络文学 IP 有声作品数量上来了，但质量问题却被人诟病。在版权问题尚未十分明晰、网络文学有声市场尚未完全成熟的阶段，许多 IP 作品的有声作品可能只是业余爱好者朗读或是 AI 主播朗读。而专业主播录制的优质有声作品和广播剧占比其实并不高。在用户听书习惯逐渐养成、对内容的要求逐渐变高的情况下，“精品化”势必成为有声作品下一阶段的发展方向。

（二）影视渠道的拓展

近年来，随着网络文学影视化改编的不断发展，网络文学推动了大众文化与影视间的有效联系，网络文学IP作品与影视作品所具有的商品化、媒体化、娱乐性等特征，促进了双方的协同发展。网络文学有着丰富的IP资源，能够为影视作品提供大量的素材，同时，网络文学IP作品的高人气也能在一定程度上，为影视化改编提供较高的票房以及收视率，两者之间是相互影响、相互牵制的紧密关系。

影视是最具大众影响力的艺术形态，选取腾讯视频、优酷、爱奇艺等网络视频平台各自公开的播放量或热度最高的50部影视剧作品作为分析对象，发现在2018年、2019年热播的309部影视剧中，由网络文学IP改编的作品有65部，占比约21%；而在热播度最高的100部影视剧中，这一占比高至42%。2022年以来，微短剧的兴起，使得网络文学的IP价值和渠道拓展得到进一步加强。

网络文学IP的影视剧改编正在广泛进行，如何助力影视剧创作增质提效，是一项迫切且极有意义的研究工作。一方面，作为网络视听产业的重要组成部分，网络文学IP的影视剧改编，不仅卷入广泛的社会资源，也关系数字文化产业的良性发展。在国内网络文学IP影视剧改编大潮中，市场上既涌现了如《庆余年》《从前有座灵剑山》等获得市场与口碑双重认可的优质作品，但也出现了许多急功近利、粗制滥造的劣质作品。另一方面，作为一种中国独有的互联网文化形态，网络文学天然成为孕育中国故事的新鲜土壤，并且已经开始实现基于网络文学本体的对外文化输出。

以此为基础，在国家鼓励文化产业高质量发展、强调提升文化软实力的大背景下，用科学手段探索、评估海量网络文学作品的影视改编潜力，对于促进网络文学与影视产业进一步融合，推动优质 IP 的持续塑造与增值，打造具备世界影响力的中国文化符号，具有重要作用。

（三）动漫渠道的拓展

网络文学 IP 改编动漫历程已久，极大丰富了网络文学作品的内容表现。从目前发展来看，网络文学 IP 改编动漫一般由多方协同参与，共同开发，后期还会凭借凝聚的作品人气进行下游的衍生开发，全维度考量。

网络文学与动漫在很多方面存在互通性。动漫，尤其是漫画较低的开发成本和直观的表现形式能够生动呈现网络文学作品内容。同时动漫的付费订阅模式能够测试作品的受欢迎程度，判断作品是否是优质的 IP。此外，网络文学改编动漫还可以使 IP 更加形象且具体。网络文学直接进行影视或者衍生品开发，做出来的形象未必符合读者预期，做成漫画就可以先进行形象固化，提前对用户进行筛选，如果漫画市场反响不好，那再重制或者调整人设，比起其他形式来，漫画试错的成本较低。

2015 年的《莽荒纪》动漫，是较早进行网络文学动漫改编的作品之一。而后，各种玄幻、热血竞技、耽美类网络文学动漫化开始全面启动。包括《择天记》《灵域》《从前有座灵剑山》《女娲成长日记》《斗破苍穹》《全职高手》《斗罗大陆》《魔道祖师》《天官赐福》等作品涌现，并且大多跻身头部动漫作品行列。就拿 2020 年动漫热度榜 TOP10 来看，其中就有 5 部作品改编自网络文学。

对于网络文学 IP 来说，跨媒介、多渠道的内容转化，是实现商业价值的主要方式。如今，网络文学 IP 在影视市场已然实现全面开花，而想要占领二次元领域，吸引更多“Z 世代”受众，那么动漫是绕不过去的市场。当网络文学 IP 改编成动漫之后，原著作品粉丝往往也能够转化为动漫的忠实观众，与动漫作品产生独特的关联。网络文学与动漫的深度联动，是互相选择的结果。对于网络文学和动漫来说，无疑是双赢的选择。

（四）游戏渠道的拓展

网络文学 IP 改编的过程中，改编为游戏的应用场景受到越来越高的关注度。根据中国音像与数字出版协会发布的《2023年度中国网络文学发展报告》，截至 2023 年底，我国网络文学 IP 改编量达到 72 674 部(个)，较上年度增长 33.7%，影视剧、动漫、游戏、有声读物改编均有较大增长，网络文学 IP 转化在加速推进，多元化的 IP 生态体系已经形成。

网络文学 IP 改编游戏一大先天优势便是粉丝基础，网络文学的粉丝，是改编游戏的种子用户，可以针对这部分的种子用户进行游戏开发元素的调研、人物画面节奏的调研、游戏的测评和优化，以获得更好的研发效果，同时可以减少推广成本。适合改编为游戏的网络文学 IP 原著，其世界观的架构、人物的设定、主线任务的设计等都已经展现出来。越来越多 IP 改编游戏的成功，也让整个市场对 IP 改编成游戏更加有信心，团队和项目也可以更好地获得资金的支持。因此，改编成游戏的难度相对较小、原著的还原度较高，也同时更能够打动用户，给玩家更强烈的身临其境感和情感代入感。唯有以游戏情怀认真打磨的高品质游戏，才能在这个时代中脱颖而出。

目前已有多款人气网络文学作品改编成游戏，无论是产品人气还是流水表现等方面都取得了较大的成功。如《盗墓笔记》在 2016 年 10 月流水宣告破亿，《琅琊榜》上线 10 天破千万流水，《花千骨》首月流水近 2 亿，等等。网络文学 IP 的市场价值已达到千亿量级，而在游戏界的 IP 价值更是被放大。

从互联网文字阅读发展到全版权渠道多元形式的传播，网络文学已然完成其传播渠道的全面建设和拓展，形成完整的网络文学产业链路生态，以更多形式、更多渠道向读者和用户呈现网络文学优秀原创作品。

（五）海外渠道的拓展

近年来，作为中国文化“走出去”的生力军，我国网络文学日益受到海外读者的关注与喜爱，输出作品逐年递增，市场空间持续拓展，已逐渐覆盖东南亚、北美、欧洲、非洲等全球诸多区域，成为我国文化出海的新渠道，为激发世界文化交流活力，推动全球文化融合互鉴，作出了有目共睹的贡献。中国网络文学海外市场营收规模逐年扩大，营收模式从单一走向多元，形成了“用户订阅＋广告变现＋版权交易”共存格局。作品覆盖区域也从东南亚、东北亚、中东扩展到北美、欧洲和非洲；近期又向南美及西语、葡语区域扩展。随着网络文学市场的不断发展，其影响力也在不断扩大。

我国网络文学出海经历了从国内作品翻译、版权输出，到建立海外平台、输出产业模式，再到有意识地将网文出海与提升中国文化价值观的全球认同联系起来，网络文学走出了一条从“作品出海”到“模式出海”再到“文化出海”的发展路径。为讲述中国故事、弘扬中华传统文化、增强中国文化自信，推进世界文明互鉴和文化交流起到了不可替代的重要作用。

与此同时，中国网络文学的国际传播也面临很多问题，包括翻译质量问题、版权问题、内容题材同质化现象严重、人才紧缺、配套政策力度偏弱等。中国网络文学的国际传播亟须加强统筹规划，团结各方主体联合发力，运用中国网络文学独特的话语体系和时代语境，推动构建人类命运共同体，助力中国文化走出去。

思 考 题

1. 网络文学传播的主要特点是什么？
2. 网络文学传播的即时性是如何体现的？
3. 网络文学的传播机制是什么？
4. 简述网络文学近十年来的发展历程是怎样的？
5. 从网络文学内容维度来看，网络文学网站有几种类型？
6. 从内容生产模式维度来看，网络文学网站有几种类型？
7. 目前，网络文学网站所面临的问题有哪些？
8. 简述网络文学网站的发展趋势是怎样的？
9. 微博、微信推书的特点是什么？
10. 网络文学受众群体的特点是什么？
11. 网络文学受众阅读习惯有哪些改变？
12. 网络文学受众的需求对网络文学有哪些影响？
13. 网络文学的渠道建设有哪几个方面？
14. 网络文学的渠道有哪几个方面的拓展？

参考文献

1. 欧阳友权.中国网络文学二十年[M].南京：江苏凤凰文艺出版社,2019.

2.《中国网络文学发展报告》编写组.与时同行 向阳生长(2017—2021 中国网络文学发展报告)[M].北京：北京出版社,2023.

3. 邵燕君,李强.中国网络文学编年简史[M].北京：北京大学出版社,2023.

4. 中国音像与数字出版协会编著.向新而行——中国网络文学发展现状(2023)[M].北京：中国广播影视出版社,2024.

5. Mob 研究院.2020 移动阅读行业研究报告[R].上海.2020.

6. 敖然,李弘,冯思然.我国数字阅读行业的发展现状、特征与趋势[J].数字出版研究,2023(2)：67.

7. 敖然,李弘,冯思然.我国网络文学出海现状、困境、对策[J].科技与出版,2023(4)：26.

8.《2023 中国网络文学发展报告》课题组.《2023 年度中国网络

文学发展报告》解读——内容生态日趋完善，业态模式持续创新[J].中国数字出版，2024，2(04)：36－42.

9. 李弘，冯思然.2023年中国数字阅读行业观察：业态创新、技术赋能——基于《2023年度中国数字阅读报告》[J].中国数字出版，2024，2(03)：37－44.
10. 李弘.中国网络文学出版：现状、特征和价值分析——基于2022年我国网络文学相关数据[J].中国数字出版，2023，1(01)：18－25.
11. 孙寿山.我国数字出版海外传播体系建设的意义及路径[J].现代出版，2022(2)：9－11.
12. 中国社会科学院文学所“网络文学发展研究报告”课题组.2021中国网络文学发展研究报告[R].北京.2022.
13. 中国互联网络信息中心.第51次《中国互联网络发展状况统计报告》[R].北京.2023.
14. 中国互联网络信息中心.第53次《中国互联网络发展状况统计报告》[R].北京.2024.
15. 边妮.网络文学的群体传播研究[D].吉林大学，2017.
16. 李宇潇.网络小说的传播渠道及受众分析[D].山东师范大学，2015.
17. 邓祯.网络文学的海外传播与中国文化形象构建[J].中国编辑，2019(3)：8－13.
18. 陈圆圆.中国网文世界圈粉[N].人民日报，2018－02－12.
19. 徐爽.法国网络文学研究[J].网络文学评论，2018(1)：5－12.
20. 何慧龙.我国网络文学网站产业链发展研究[D].河南大学，2015.

21. 岳蓓，刘宇，邹玥.3G时代移动阅读终端探析[J].科技情报开发与经济，2012(5)：47－49.
22. 张海涛.漫谈网络文学发展二十载[J].出版广角，2019(335)：36－38.
23. 陆峰.我国移动互联网发展史话[J].互联网经济，2016(8)：86－93.
24. 王海刚.我国移动阅读面临的问题及对策探析[J].河南大学学报，2016(3)：149－155.
25. 李童彬，蔡秋洁.网络小说大众传播模式探究[J].新媒体研究，2018(11)：9－11.
26. 张莹.头部网络文学平台发展现状分析[J].科技传播，2021(8)：158－160.
27. 张窈，徐思懿.网络文学平台对写手的管理策略研究——以晋江文学城为例[J].中国数字出版.2023，1(01)：26－35.
28. 王一鸣，黄佳琪，杨雅麟.我国网络文学海外阅读发展现状、困境与对策分析——基于“起点国际”平台的考察[J].中国数字出版.2023，1(01)：36－43.
29. 赵一洲.我国网络文学版权生态治理的关键问题及对策刍议[J].中国数字出版.2024，2(04)：11－18.
30. 张楠.微信读书APP用户使用动机研究[D].云南财经大学，2021.
31. 张欣蓓.新媒体图书微博营销研究[D].广西民族大学，2021.
32. 朱丽.“微时代”的网络文学批评研究[D].山东大学，2021.
33. 顾佳.微短剧行业深度报告：“泡面番”的诱惑[R].上海.2021.
34. 欧阳友权.中国网络文学年鉴(2018)[M].北京：新华出版

社,2019.

35. 中国社会科学研究院文学所"网络文学发展研究报告"课题组.2019 年度中国网络文学发展报告[R].北京.2020.

36. 马季.网络文学渠道与内容关系解析[J].中国文学批评,2018(3):95-101.

37. 尹倩,曾军.中国网络文学的海外传播:现状及其问题[J].社会科学,2019(1):171-180.

38. 北京开卷.2021 年图书零售市场报告[R].北京.2022.

39. 北京开卷.2020 中国图书零售市场报告[R].北京.2021.